SAM KNIGHT

DAS BÜRO FÜR VORAHNUNGEN

aufbau

SAM KNIGHT

DAS BÜRO FÜR VORAHNUNGEN

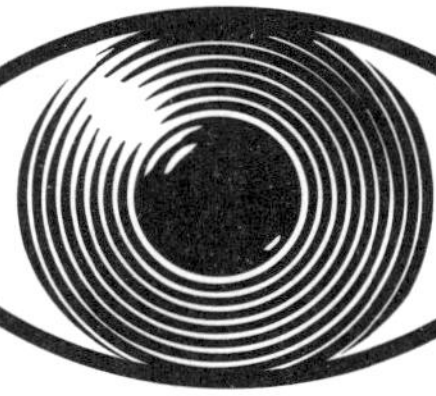

DIE GESCHICHTE EINES AUSSERGEWÖHNLICHEN EXPERIMENTS

Aus dem Englischen
von Regina M. Schneider

aufbau

Die Originalausgabe unter dem Titel
The Premonitions Bureau. A True Account of Death Foretold
erschien 2022 bei Faber & Faber, London.

Mit 30 Abbildungen

MIX
Papier | Fördert
gute Waldnutzung
FSC® C083411
FSC
www.fsc.org

ISBN 978-3-351-04196-0

Aufbau ist eine Marke der Aufbau Verlage GmbH & Co. KG

1. Auflage 2024

www.aufbau-verlage.de
10969 Berlin, Prinzenstraße 85

Einbandgestaltung Rothfos & Gabler, Hamburg
Satz LVD GmbH, Berlin
Druck und Binden CPI books GmbH, Leck, Germany

Printed in Germany

Für Polly

I.

Die Musikschule. Ein einfaches Reihenhaus mit einer Fassade aus Kieselrauputz an einer der Hauptstraßen, die aus London hinaus nach Norden führen. Mit Vorhängen aus Spitze und schön gepflegten Rosensträuchern unterhalb der Erkerfenster, ein Blendbogen aus rotem Backstein umrahmt die Eingangstür. Links daneben prangt ein schwarzes Schild mit goldenen Lettern in einer bunten Mischung an Schriftarten:

Miss Lorna Middleton
Teacher of Pianoforte &
Ballet Dancing
69 Carlton Terrace – New Cambridge Road

Kaum einer nannte sie Lorna. Ihr bevorzugter Vorname war Kathleen, ihre Briefe unterschrieb sie mit Kathy oder Kay. Und für fast alle, die sie kannten, war sie ohnehin Miss Middleton. Sie spielte wunderschön Klavier, mit ihren kleinen Händen, hatte dunkle, wellige Haare, vorstehende Zähne, dazu einen ausgeprägten New England-Akzent sowie ein gewisses Maß an natürlicher Ausstrahlung, womit sie im Edmonton der Nachkriegszeit auf viele eine eigentümliche Faszination ausübte. Die Schülerinnen und Schüler begannen schon im Alter von drei bis vier Jahren mit dem Unterricht bei ihr. Und viele behielten sie ihr Leben lang als eine einzigartige Persönlichkeit in Erinnerung.

Miss Middleton kam nie einfach nur so in einen Raum oder stand gewöhnlich herum. Alles war Bewegung. Alles war Pose. Das Konzept ihrer Schule, so ihr erklärter Anspruch, hatte vieles gemein mit dem Unterricht am renommierten Trinity College, an der Guildhall und der Royal Academy. Jede ihrer Übungsstunden begann damit, dass sie den Teppich im vorderen Salon aufrollte und sämtliche Stühle aus dem Weg schob, während sechs Mädchen und ab und zu auch ein Junge hereindefilierten, sich einen Platz suchten, um, auf ein Bücherbord gestützt, ihr Port de Bras zu üben. Miss Middleton saß dabei am Klavier, mit dem Rücken zu ihren Schülern, griff in die Tasten und wiegte sich im Takt der Musik. Das Mobiliar ringsum war dunkel und recht gediegen. Unter dem Fenster stand ein Ledersofa mit Zierbeschlägen aus Messing, ein Hinweis auf ererbten Reichtum, der nicht so recht passen wollte zu den billigen Fotoabzügen an der Wand, mit Kavalieren und genierlichen Schönheiten aus dem 18. Jahrhundert. Auch der Papieraushang, der an der Vitrine klebte und vor Fehlstunden oder Zahlungsverspätungen warnte, brach das Bild. Draußen im Flur wartete stets bereits die nächste Klasse, saß auf der Treppe, um Miss Middletons kleiner, grimmiger Mutter Annie nicht im Weg herumzugehen, die einst wohl eine wahre Schönheit gewesen war und, so munkelte man, eine Kurtisane in Paris.

Miss Middleton nannte ihre Schüler die »Merry Carltons«. Mehrmals im Jahr inszenierte sie ambitionierte Schulaufführungen, die sie jedes Mal in nervöse Anspannung versetzten.

Annie nähte die Kostüme, während Miss Middleton mit bis zu 40 Kindern probte, Musikstücke sowie ein Ensemblespiel einstudierte, das von allen zusammen aufgeführt werden sollte – eine musikalische Komödie etwa. Dafür hegte sie eine große Leidenschaft. Während der Proben zu diesen Aufführungen bekamen die »Merry Carltons« mehr als einmal zu hören, dass Miss Middleton selbst einst eine große Karriere als Tänzerin gehabt hatte. Der vordere Salon hing voll mit alten Auftrittsprogrammen, auf denen jeweils sämtliche Datumsangaben sorgsam entfernt worden waren. Darunter war ein Zeitungsausschnitt aus der Zeit, als sie an den Theatern rund um den Boston Common Park getanzt hatte, vor fünfzigtausend Zuschauern. Und auch das Foto einer jungen Frau, die ein Grand Jeté springt, aufgenommen von einem »Bruno von Hollywood«.

Aber all das verlor sich im Nebulösen. Miss Middletons Schülerinnen und Schüler teilten deshalb lediglich das diffuse Gefühl von etwas Großem, das nie geschehen war, und von verborgenen Ambitionen ihrer Lehrerin, die ihre eigenen weit übertrafen. Oft trennte sich Miss Middleton von ihren Schülerinnen und Schülern, sobald sie ins Teenager-Alter kamen und anfingen, den Unterricht weniger ernst zu nehmen. Was ihren Eleven auch auffiel, war, dass sie ihre Lehrerin außerhalb von Hausnummer 69 kaum je zu Gesicht bekamen. Sie schien nicht einmal einkaufen zu gehen. Dafür schnappten sie allerlei Gerede über sie auf, wonach ihr amerikanischer Akzent eventuell nur vorgespielt oder aufgesetzt sei. Miss Middleton war nicht alt (wie alt genau, wusste niemand so recht), und dennoch war offensichtlich, dass ihre großen Hoffnungen der Vergangenheit angehörten, dass ihre wahren Träume unerfüllt geblieben waren.

In späteren Jahren stellte Miss Middleton eine Liste mit musikdidaktischen Anleitungen zusammen. Für wen sie diese schrieb, blieb unklar. Regel No. 5 ist an Lernende gerichtet: »Nicht nach Gehör spielen.« Regel No. 7 an Lehrende: »Möglichst früh mit der Oktavenlehre beginnen.« Unter Regel No. 9 stand nichts. Viele dieser Regeln waren keine wirklichen Regeln, sondern beschrieben Miss Middletons Erfahrungen und persönliche Ansprüche:

> 12. Möglichst präzise spielen und dabei auch immer daran denken, dass Lehrer wie Schüler Kopfschmerzen bekommen und die Geduld verlieren können.
>
> 22. Es gab mal einen Schüler, der beim Üben Handschuhe trug.
>
> 26. Nicht ständig alles wiederholen.

*

An einem kalten Wintertag, als Miss Middleton ungefähr sieben Jahre alt war, kam sie zum Mittagessen von der Schule nach Hause und sah zu, wie ihre Mutter am Herd stand und Spiegeleier briet. »Nach etwa zwei Minuten, aus heiterem Himmel, stieg eines der Eier in die Luft, wie von selbst, schwebte nach oben, immer höher, bis fast an die Decke«, schrieb Miss Middleton in ihren selbstpublizierten Memoiren, die 1989 erschienen. Sie geriet ganz aus dem Häuschen und rannte zurück in die Schule, um ihren Freund:innen davon zu erzählen. »Nachdem ich die Geschichte tausendmal erzählt hatte, warteten alle förmlich darauf, dass auch ich gleich abheben und in die Wolken fliegen würde«, schrieb sie. Ihre Mutter Annie hingegen bekam es mit der Angst zu tun. Sie wandte sich an eine Wahrsagerin, von der sie erfuhr, dass ein Ei, das der Pfanne entschwebt, für den Tod eines geliebten Menschen steht. Wenige Wochen später starb eine von Annies besten Freundinnen, die frisch verheiratet war und in ihrem Brautkleid zu Grabe getragen wurde.

Plötzliche Ahnungen oder Eingebungen, in der ein oder anderen Form, hatte Miss Middleton zeitlebens. »Wie sich das genau anfühlte oder auch heute noch anfühlt, kann ich nicht sagen«, schrieb sie, verglich es aber mit dem Gefühl, bereits im Vorhinein die Antworten zu einer Klausur zu kennen. Namen oder Zahlen tauchten einfach vor ihr auf. »Ich werde gleichsam hineingesogen in diese Dinge, wie von einem gleißend hellen Licht, einer Glühbirne.« Einmal, als Elfjährige, verspürte sie den unwiderstehlichen Drang, ihren Klavierlehrer anzurufen, einen jungen Deutschen, der unlängst erst wegen psychischer Probleme in einer Klinik gewesen war. Sie gab keine Ruhe, bis ihre Eltern schließlich nachgaben und es ihr erlaubten. Sie erfuhr, dass er sich in seiner Wohnung vergiftet hatte. »Kann sein, dass das Schicksal zugeschlagen hatte und seine Zeit gekommen war«, sinnierte sie. »Aber ich wurde den Gedanken nicht los, dass, hätte ich ihn noch erreicht, er wie immer zum Abendessen bei uns gewesen wäre, und wir hätten alle Probleme besprechen können.«

Miss Middleton war ein Einzelkind mit der Gabe, andere Welten zu erfühlen, die ihr in besonderer Weise zugänglich und verständlich waren. »Alles passiert immer genau so, wie ich es vorhersehe«, schrieb sie an eine Cousine. Ihre Mutter war davon jedoch nicht sehr angetan und bat sie, doch endlich damit aufzuhören, irgendwelche Vorhersagen zu machen.

Miss Middleton betrachtete ihre Kindheit als die glücklichste Zeit ihres Lebens. Sie erzählte gerne von dem »großen Haus mit seinen zwölf Zimmern«, in dem sie als Kind gewohnt hatte, und davon, wie ihr Vater »eine Stelle in Amerika angeboten bekam«. Die Wahrheit aber war weit weniger rosig. Annie und Henry, ihr Vater, waren beide aus England. Henry stammte aus einem wohlhabenden Elternhaus. Seine Familie besaß eine Möbeltischlerei sowie 30 Liegenschaften in den Bezirken Islington und Hackney im Norden von London. Annie wuchs mit fünf Geschwistern in Liverpool auf. Kennengelernt hatten sich die beiden in Paris, kurz vor dem Ersten Weltkrieg. Auf einem Schiff namens *Bohemia* brannten sie von dort nach Amerika durch – ein Skandal geradezu (zumal Annie in Frankreich einen kleinen Sohn zurückließ).

In Boston, wo auch Miss Middleton 1914 geboren wurde, arbeitete Henry auf den North Docks, als Maschinist in einem Konserven-Lagerhaus, das für seinen »Teufelsschinken« bekannt war. Die Familie lebte in Dorchester, am Rande der Stadt. Auf Annies Betreiben erhielt Miss Middleton Klavier-, Tanz- und Sprechunterricht. Sie hatte eine russische Ballettlehrerin und besuchte eine fortschrittliche High School, wo sie in Schneiderei unterrichtet wurde, aber auch lernte, wie man Autos und Radios repariert. Sie hatte dort eine gute Freundin,

Abb. 1: Miss Middleton und ihre Mutter Annie bei einer Aufführung der »Merry Carltons« in Edmonton, im Norden von London, in den 1950er Jahren.

Gloria Gilbert, die es später bis nach Hollywood schaffte, wo sie als der »Menschliche Kreisel« Berühmtheit erlangte. Doch irgendwann versiegte Henrys Arbeitsquelle. Und so reiste die Familie 1933 über den Atlantik wieder zurück, einen Berg Schulden im Gepäck.

Die Rückkehr nach England war demütigend. Carlton Terrace, die Straße, in der sie ihr weiteres Leben lang wohnen sollte, war voll von Kürschnern, Papierschneidern und Tischlern – ein ruhiges Vorstadtreich, fernab von Paris, Hollywood und dem Rest der Familie Middleton. Henry, schon fünfzig, fand eine Arbeit als Dreher. Die Familie musste überall Abstriche machen. Miss Middleton nahm zwar am Vortanzen an der Ballettschule am Sadler's Wells teil, der führenden Londoner Bühne für modernes Tanztheater, konnte sich die erforderlichen Schulgebühren dann aber nicht leisten.

Als der Zweite Weltkrieg begann, arbeitete sie als Tanzlehrerin an der Prince's Dance Hall in Palmers Green, ebenfalls ein Stadtteil im Norden von London, zweieinhalb Kilometer entfernt von Zuhause. Abends, bei Kerzenschein, nahm sie Klavierstunden im Haus eines älteren Organisten namens E. A. Crusha, wo bei einem Luftangriff sämtliche Fensterscheiben aus dem Rahmen geflogen waren.

An einem Samstagabend im März 1941 machte sich Miss Middleton zurecht, um zum ersten Mal seit »The Blitz«, dem Beginn der deutschen Luftangriffe im vergangenen Herbst, wieder auszugehen. In der Prince's Dance Hall fand nämlich eine große Party zum St. Patrick's Day statt, und jede Menge alte Bekannte würden da sein. Draußen heulten die Sirenen, und man hörte das dumpfe Dröhnen herabfallender Bomben.

Die Party aber wollte sie sich auf gar keinen Fall entgehen lassen. Eine Freundin holte sie ab, zögerte aber zu gehen, da es da draußen viel zu gefährlich sei. Aber Miss Middleton war nicht umzustimmen, und die beiden zogen los.

Doch dann, kaum auf dem Weg, überkam sie eine Ahnung, »ein höchst merkwürdiges Gefühl«. Sie zog ihre Freundin am Arm, und die beiden machten doch wieder kehrt. Daheim angekommen, sie saßen mit Annie gerade beim Kartenspielen, passierte es: Um Viertel vor neun wurde ein deutscher Bomber vom Flakfeuer getroffen und entlud seine hochexplosive Bombenlast über Palmers Green. Die Prince's Hall war zu diesem Zeitpunkt voller Menschen, die ausgelassen feierten. Darunter auch ein 16-jähriges Mädchen namens Wyn, die in fröhlicher Runde mit ihren Freundinnen den wirbelnden Tanzpaaren auf dem Parkett zuschaute, als sie plötzlich eine gewaltige Druckwelle spürte, die eine Außenwand einstürzen ließ. »Du hörst nichts, gar nichts. Und dann fällt sie, die Bombe«, erzählte sie der BBC später in einem Interview. »Es wurde stockdunkel. Und irgendwer schrie durch die Menge, man solle sich an eine Innenwand stellen.« Wyn wurde aus den Trümmern gezogen und neben andere Verletzte auf den Gehsteig gelegt. Nur zwei Menschen waren zu Tode gekommen. Vor der Halle, mitten auf den Green Lanes, hatte die Explosion einen Oberleitungsbus in Brand gesetzt. Ein Feuerwehrmann, George Walton, eilte zu Hilfe und sprang in den brennenden Bus, der in Richtung Southgate Town Hall unterwegs gewesen war. 43 Fahrgäste, halbtot, hatten eben noch sitzend oder stehend, zum Teil in ihre Zeitung vertieft, auf ihre Haltestelle gewartet.

*

Während der Zeit des *Blitz* war es nicht ungewöhnlich, zu glauben, das eigene Leben wäre durch eine Ahnung gerettet oder verändert worden. Die zerschundenen Straßenlandschaften und die allgegenwärtige Gefahr von Tod machten die Stadt zu einem unheimlichen Ort, an dem es nicht unbedingt einfach war auseinanderzuhalten, was real existierte und was nur im eigenen Kopf. Während so gut wie jede Nacht Bomben auf London fielen, suchten die Bewohnerinnen und Bewohner der Stadt Sinn und Trost, wo immer sie konnten. Ein Wachtfeuermann, der eingesetzt war, um nach herabfallenden Bomben Ausschau zu halten und kleinere Brände zu ersticken, bemerkte, dass scheinbar jedes Mal, wenn er seine Gummistiefel reinigte, eine schlimme Nacht folgte. Also ließ er sie schmutzig.

Die britische Sozialforschungsorganisation Mass Observation (»Massen-Beobachtung«), die zum Ziel hatte, das alltägliche Leben in Großbritannien zu dokumentieren, startete im Frühjahr 1942 eine Studie, im Rahmen derer die teilnehmenden Personen nach ihrem Glauben an das Übernatürliche befragt wurden. Rund ein Viertel aller Befragten glaubten an irgendeine Art von okkulten Phänomenen, und in etwa der gleiche prozentuale Anteil glaubte an ein Weiterleben nach dem Tod. Viele kritisierten die Fragestellung an sich, wollten wissen, wie man unterscheiden wolle zwischen dem, was übernatürlich sei und dem, was erst noch erforscht und verstanden werden müsse. »Ich weiß nicht, wo das ›Übernatürliche‹ beginnt und das ›Unbewusste‹ endet«, äußerte eine 51-jährige Lehrerin aus Barnet.

Kategorisch betrachtet, gehörten spukhafte Dinge wie Geister oder paranormale Phänomene zweifellos in den Bereich des Übernatürlichen. Doch wie lassen sich Dinge wie Telepathie oder scheinbar alltägliche Vorkommnisse wie Vorahnungen einordnen, die genauso gut auf unentdeckte Bereiche der Physik und des Geistes hindeuten könnten? Über solche Fragen herrschte in Großbritannien Mitte des 20. Jahrhunderts weit weniger Einigkeit als heute. Ein Teilnehmer an der Mass Observation-Studie schrieb:

> Ich habe manchmal das sehr starke Gefühl, dass bestimmte Ereignisse stattfinden werden. Ohne erkennbaren Grund, ich weiß es einfach. Mal hat das Gefühl einen logischen Hintergrund, mal überhaupt keinen. Bis vor Kurzem habe ich so ein Gefühl gar nicht groß wahrgenommen oder beachtet, bis das Ereignis dann eintrat. Inzwischen schenke ich dem Gefühl im jeweiligen Moment Beachtung und stelle fest, dass sich die Ahnungen tatsächlich bewahrheiten.

Im Sommer 1944 wurden die gewissermaßen vorhersehbaren Schrecken der meist nächtlichen *Blitz*-Luftangriffe durch den willkürlichen Beschuss mit deutschen V1- und später auch V2-Raketen – das »V« steht hierbei für »Vergeltung« – zu jeder Tages- und Nachtzeit ersetzt. Für viele Londoner, gezeichnet von fünf Jahren Krieg, waren diese neuen sogenannten »Fliegenden Bomben« grauenvoller als alles, was sie zuvor erlebt hatten. Um deutsche Spione und auch die Soldaten an den Abschussrampen in Nordeuropa zu verwirren, wurden den Zeitungen Falschinformationen über die Einschlagzeiten übermittelt.

Es war auf allen Seiten schwer zu verstehen, was da gerade

passierte. Die Bürger stellten Spekulationen darüber an, welche Teile der Stadt sicher waren und welche nicht, ob die Raketen zielgerichtet kamen oder breit gestreut in Clustern fielen. »Kriegsangst hatte ich keine, bis die Raketen plötzlich auch zu uns herüber gefeuert wurden«, sagte Wyn, das Mädchen, das die Bombardierung der Tanzhalle überlebt hatte, in ihrem Interview mit der BBC. Eine V2-Rakete zerstörte eine Fabrik für Militäruniformen in Edmonton, nicht weit von dort, wo sie und Miss Middleton wohnten. »Zum Glück war es Nacht«, sagte Wyn. »Die Bombe hat alles plattgemacht.«

Roland Clarke, Statistiker bei der Prudential Assurance Company, der während des Krieges als Mitarbeiter des militärischen Geheimdienstes V1-Raketen analysiert hatte, veröffentlichte 1946 ein einseitiges Papier, in dem er deren Einschläge und örtliche Verteilung im Stadtgebiet London kartiert und beschreibt. Er zeigte auf, dass die meisten der V1-Raketen im Süden der Stadt niedergingen, wo sie, über eine Fläche von 144 qm^2 verteilt, nahezu vollkommen zufällig einschlugen. Dieses Muster entsprach einer mathematischen Wahrscheinlichkeitsformel namens Poisson-Verteilung, die in gleicher Weise bereits 1898 eingesetzt worden war, um die wahrscheinliche Zahl der preußischen Soldaten zu berechnen, die durch Pferde per Zufall zu Tode getrampelt würden.

*

Mitte der 1960er Jahre unterrichtete Miss Middleton im vorderen Salon der Hausnummer 69 schon seit fast einem Vierteljahrhundert. Als Henry und Annie in ihren Siebzigern waren, erbten sie vier Häuser in Holloway, einem benachbarten Arbeiterviertel im Norden von London, und starben kurze Zeit später. Miss Middleton lebte nun mit ihren Katzen zusammen, die sich munter vermehrten. Irgendwann zog dann Les Bacciarelli ein, ein polnischer Emigrant, der bei der Post arbeitete. Bacciarelli war Miss Middletons alter Schwarm aus Kriegszeiten. Und er wurde zu einem lebenslangen Begleiter. Sie bezeichnete ihn als ihren Untermieter.

Vorahnungen bestimmten weiterhin die Richtung ihres Lebens und durchdrangen es. Nach dem Tod ihrer Mutter ging Miss Middleton endlich einer Ahnung nach, die sie zum ersten Mal als kleines Mädchen gehabt hatte: dass Annies vor langer Zeit zurückgelassener Sohn in einem hübschen Haus an einem Fluss in Frankreich lebte. 1962 fand Miss Middleton mit Hilfe der US-amerikanischen Botschaft in Paris dann tatsächlich heraus, dass ihr Halbbruder Alexander in einem alten Haus in einer kleinen Stadt an den Ufern der Sarthe lebte, südwestlich von Paris. Ihre alte Ahnung hatte sich bestätigt.

Miss Middleton arbeitete nie als Hellseherin, und ihre Empfindungen und Ahnungen schienen sie auch nie groß zu beunruhigen. »Ich sehe keinerlei Grund, weshalb diese Gabe beängstigender sein sollte als ein Talent für Mathematik zu haben«, pflegte sie zu sagen. Sie brachte Skizzen von ihren jüngsten Visionen mit in den Ballettunterricht, um sie ihren Schülerinnen und Schülern zu zeigen, und klagte gelegentlich über die ganzen Informationen, die ungefragt auf sie einstürmten. »Sie sagte dann, ›Ich blende einfach alles aus. Ich bin ja beschäftigt. Ich bin viel zu beschäftigt‹«, erinnert sich Christine Williams, eine ehemalige Schülerin. »Und sie winkte ab.«

*

Muster wahrzunehmen, wo gar keine sind, wird als Apophänie bezeichnet. Bedeutungen zu erkennen, wo es gar keine gibt, ist eine schöne Definition von Wahn-Sinn. (Der Begriff Apophänie wurde 1958 von dem deutschem Neurologen Klaus Conrad geprägt, als er die Ursprünge der Schizophrenie beschrieb.) Doch Verbindungen herzustellen in allem, was wir sehen, hören oder träumen, ist auch schlicht eine Form des Denkens an sich, das definiert ist als eine höhere kognitive Funktion.

Und ein Muster zu finden, das niemand zuvor erkannt hat, in der theoretischen Physik oder in der Musik, ist das, was wir Genie nennen – solange auch andere dieses Muster sehen oder fühlen können. »Alle, die bei Tage träumen, wissen von vielen Dingen, die denen entgehen, die nur den Traum der Nacht kennen«[1], schrieb Edgar Allan Poe 1875. »Visionen lassen sie den Glanz der Ewigkeiten schauen, und in ihr Wachsein nehmen sie das erschütternde Bewusstsein mit, an der Schwelle der Erkenntnis des großen Rätsels gestanden zu haben.« Etwas mehr als ein Jahrhundert später beschrieb Barbara Brundage, eine Krankenpflegerin für psychische Erkrankungen in Minnesota, wie sie bei sich selbst beginnende psychotische Schübe erkannte: »Ich empfinde alles viel lebhafter, klarer und bedeutsamer; die einströmenden Reize sind fast mehr, als ich ertragen kann. Es gibt eine

Verbindung zu allem, was passiert – keine Zufälle. Ich fühle mich ungeheuer kreativ.«

*

Am Abend des 20. Oktober 1966, sie war zweiundfünfzig, beschloss Miss Middleton, die Nacht in der Crescent Road in Hornsey zu verbringen, in einem der ererbten Häuser ihrer Eltern. Sie quartierte sich in einem der Gästezimmer im ersten Stock ein, war aber unruhig und fand schlecht in den Schlaf. Am nächsten Morgen, gegen sechs Uhr, überkam sie das starke Vorgefühl einer Ahnung. »Ich wachte würgend und keuchend auf, hatte das Gefühl, die Wände würden einstürzen«, schrieb sie kurz darauf. Irgendwann kam Bacciarelli von seiner Nachtschicht zu ihr und traf sie völlig aufgelöst und niedergeschlagen an. Sie erzählte ihm von ihrer düsteren Ahnung, und obwohl sie morgens fast nie etwas zu sich nahm, hatte sie um acht Uhr nichts gegen eine Tasse Tee einzuwenden.

Eine gute Stunde später, auf einer riesigen Abraumhalde einer Zeche in South Wales, legte eine Gruppe von Bergwerkern ebenfalls eine Teepause ein. Zu diesem Zweck begaben sie sich in ihre Hütte, in der es eine Kohlenfeuerstelle gab, und die sich mühelos umhertragen ließ, immer dorthin, wo sie gerade arbeiteten. Es war Freitag – ein heller, windstiller, herbstlicher Morgen. Das Tal unterhalb der Halde war von einer dichten Nebeldecke verhangen, durchstoßen nur vom hohen, viereckigen Schornstein der Zeche Merthyr Vale Colliery. Seit dem Ersten Weltkrieg wurden die Flächen oberhalb des Tals zur Verkippung von Grubenaushub aus der Kohlemine im Tal genutzt, der über einen Haldenzug den Merthyr-Berg hinaufgezogen wurde. Die Abfälle aus Verbrennungsasche, Grubenschutt, Kohlerückständen, Schlämme (feinkörniges Gemisch aus Kohleteilchen und Wasser) und Abfallerzen (feinste Rückstandspartikel aus einem chemischen Filtrationsprozess) wurden mittels eines Zugseils in zehn offenen, auf Schienen laufenden Kipploren aus Stahlblech nach oben geschafft. Sobald sie oben im Fördergebäude einliefen, wurden sie auf ein separates Gleis umgelenkt und glitten sacht hinab zur Abraumkante, wo sogenannte »Anschläger« jede Lore an einem Krankopf festmachten, den der Kranführer dann über die Halde schwenkte, um das Schüttgut auszustürzen. Stunde um Stunde, Lore um Lore türmten sich die Halden, dunkel und kegelförmig, höher und höher über dem Tal. Sobald eine Halde zu hoch wurde oder hangwärts Probleme bereitete, suchten die Bergwerkingenieure einen neuen Platz zur Verkippung. Abraumhalde Nummer sieben, wo die Männer an jenem Morgen arbeiteten, war an Ostern 1958 begonnen worden, nachdem ein örtlicher Bauer sich beschwert hatte, dass Halde Nummer sechs seinen Feldern bedrohlich nahekam. Daraufhin trafen sich ein Bergwerkingenieur und der Zechenbetreiber zur Begehung des Merthyr-Bergs, und wählten, ohne eine Karte des Areals dabeizuhaben, einen neuen Ort für Halde Nummer sieben.

1963 hatte es schon zweimal Abrutschungen gegeben, und im November 1963 waren zusätzlich Teile der Halde in ein knapp 80 Meter breites Loch abgesackt. Im Herbst 1966 erhob sich Halde Nummer sieben schon 35 Meter hoch über dem Hang. Schlämme, Abfallerze und Grubenschutt dieser Halde hätten die St. Paul's Cathedral in London gut anderthalb Mal füllen können. Wochenlange schwere Regenfälle hatten die Hügel völlig durchnässt und die aufgetürmten Grubenabfälle gefährlich instabil gemacht. Als die Anschläger und der Kranführer am Morgen des 21. Oktober kurz vor halb acht oben ankamen, stellten sie fest, dass die Oberfläche über Nacht um gut drei Meter abgesackt war und ein Loch ausgebildet hatte, in das die Transportschienen gefallen waren, die normalerweise nach oben zur Abkippkante führten. Einer der Anschläger, Dai Jones, wurde den Hang hinuntergeschickt, um dem Zechenbüro im Tal die Bewegungen zu melden. Auf der Halde selbst nämlich gab es kein funktionierendes Telefon, da die Kabelleitungen vor Jahren gestohlen worden waren. Inzwischen setzte Kranführer Gwyn Brown den Kran ein Stück zurück. Als Jones gegen neun Uhr in Begleitung des Aufsichtsleiters Leslie Davies zurückkehrte, war die Spitze der Halde um gut drei weitere Meter abgesackt. Und dieser Anblick gefiel den Männern gar nicht. Die Bergwerkingenieure, so vermeldete Davies seiner Truppe, würden in der folgenden Woche eine neue Verkippungsstelle aussuchen. Abraumhalde Nummer sieben war passé. Dann schlug er noch eine kurze Teepause vor, ehe alle wieder an die Arbeit gingen, um Kran und Schienen zu versetzen, und er sich zusammen mit den Anschlägern hinauf zum Fördergebäude begab.

Brown blieb am Kran und schaute den Hang hinab. Das Tal war noch immer nebelverhangen und verdeckte die Sicht auf die dichten Häuserreihen, Kirchen und Lädchen von Aberfan. Das kleine Bergarbeiterdorf im Tal war zwar einsam gelegen, aber keinesfalls ländlich oder gar alt. Vor der Mine hatte es hier nur ein einziges Gehöft gegeben, umrahmt von Feldern voller Schafe, durchzogen vom glitzernden Wasser des River Taff auf seinem Weg ins Meer. Im 19. Jahrhundert kamen Männer aus England, Irland und Italien, um im südwalisischen Aberfan Kohle abzubauen. Sie brachten ihre Familien mit und bauten die kleine Ortschaft auf. Seither hatte der Kohlebergbau sie durch alle Höhen und Tiefen des Lebens begleitet.

Brown, der Kranführer, stand also oben am Hang und schaute hinunter, als die Halde sich plötzlich zu bewegen schien – und zwar nach oben. Es ergab überhaupt keinen Sinn. »Zuerst nur ganz langsam«, sagte er später. »Nein, dachte ich, das bilde ich mir bloß ein. Doch dann wuchs sie rasch höher und höher, in einem Höllentempo.« Und dann verstand er: Weit unten, am Fuß der Halde, hatten sich tausende Tonnen, vom Wasser gesättigter Grubenabfälle verflüssigt und waren abgesackt. Dann, urplötzlich, brach eine dunkle, gleißende Welle aus dem Hang heraus, ergoss sich bergab und riss die restliche Halde mit sich. »Sie schoss irgendwo aus der Senkung hervor, wurde zu einem gewaltigen Strom – ich kann es nicht anders beschreiben«, sagte Brown. »Nichts wie runter vom Berg! ... Runter ins Dorf, nach Aberfan! ... Rein in den Nebel und durch!«, schrie Brown der Truppe zu. Die Männer kamen aus der kleinen Hütte, sahen, was los war, stürmten den Hang hinunter, Warnungen schreiend. Umstürzende Bäume, Loren, Schlacke und Schlamm versperrten ihnen den Weg. Das Getöse war ohrenbetäubend. Abrutschungen von ein paar hundert Metern hatten die Männer alle schon erlebt. Aber das hier war eine gewaltige Lawine. Die Bewohner von Aberfan verglichen den Höllenlärm der abrutschenden Halde später mit dem Dröhnen eines Tieffliegers oder einem krachenden Donnerschall.

Schafe, Umzäunungen, Vieh sowie ein Bauernhaus mit drei Menschen darin wurden niedergemäht, einfach so.

Die westlichste Straße des Dorfes, die Moy Road, verlief am unteren Saum des Berghangs. Dort befanden sich die beiden Schulen von Aberfan, die Pantglas Junior School (Grundschule) und die Pantglas Secondary School (Mittelschule). Wie jeden Tag begann der Unterricht in der Junior School um neun Uhr, in der Secondary School um halb zehn. Um Viertel nach neun raste die Welle auf die Junior School zu, erfasste sie und begrub sie unter sich. Zu diesem Zeitpunkt war die Schule voller Kinder, die gerade zur Anwesenheitskontrolle nacheinander aufgerufen wurden, den Regenmesser ablasen, das Wort P-a-r-a-b-e-l buchstabierten, ihr Essensgeld bezahlten, Schulsportberichte ablieferten oder sich auf den Zeichenunterricht vorbereiteten. Dann krachten Loren und Felsbrocken durch die Wände. Der hintere Teil der Schule wurde unter einem zehn Meter hohen dunklen Trümmerhaufen begraben, nur die Giebelseiten des Daches ragten heraus. Die Senior School wurde nur teilweise erfasst. Howard Rees, ein 14-jähriger Junge auf dem Weg zum Unterricht, sah, wie die Welle sich an einem alten Bahndamm oberhalb des Dorfes brach, »ganz schnell rollte, so schnell wie ein Auto auf dem Weg in die Stadt«, drei seiner Freunde niederwalzte, die auf einer Mauer saßen, ebenso wie acht Häuser dahinter. George Willams, ein Friseur, sah den Druck der Lawine laut krachend ganze Mauern samt Türen und Fenster in die Gebäude auf der Moy Road schieben. Ziegel flogen. Er selbst wurde unter einem Stück

Wellblech eingeklemmt. Irgendwann hörte der Höllenlärm auf, und es war so, erzählte er später, wie wenn man das Radio ausschaltet. »Eine Stille, in der nichts zu hören war, nichts, kein Vogel, kein Kind.« Der erste Notruf aus dem Mackintosh Hotel, einem Pub ein Stück weiter die Moy Road hinunter, ging um 9:25 Uhr ein. Bergleute, die Gesichter kohlschwarz, die Helmlampen angeschaltet, stiegen aus den Gruben unter dem Tal und waren innerhalb von 20 Minuten am Ort des Geschehens. Wasser aus geborstenen Rohren flutete die Straßen, reichte den Rettern bis an die Knie. Der Haldenabrutsch von Aberfan riss 144 Menschen in den Tod, darunter 116 Kinder im Alter von sieben bis zehn Jahren.

Um 10:30 Uhr unterbrach die BBC ihr Programm für eine Eilmeldung. In den Mittagsnachrichten, aus denen Harold Wilson von der Katastrophe erfuhr, wurde die Opferzahl mit 26 angegeben. Zu diesem Zeitpunkt war der kleine Ort Aberfan, versteckt im Tal zwischen Merthyr Tydfil und Cardiff, bereits verstopft mit Pressefahrzeugen, Krankenwagen, mobilen Küchenwagen und schwerem Räumgerät. Aus nahegelegenen Minen wurden alle möglichen Arten von Schaufeltraktoren, Bulldozern, Erdbaggern und Lastwagen geschickt, um Trümmer wegzuräumen, doch der enge, verwinkelte Schulhof sowie die leise Hoffnung, unter dem Schlamm noch Überlebende zu finden, ließen meist gar nichts anderes zu, als einfach mit bloßen Händen zu graben. Jedes Mal, wenn ein Retter glaubte, auf ein Opfer gestoßen zu sein, ertönte eine Trillerpfeife, und alles andere wurde still. Nach elf Uhr an jenem Morgen wurde niemand mehr lebend aus den Trümmern gezogen. Ein totes Mädchen wurde geborgen, einen Apfel in der Hand. Ein Junge, vier Pence fest umkrallt. Einige Körper waren grausam entstellt.

Alle Helfer arbeiteten in dem verzweifelten Willen zu retten, das gerade Geschehene ungeschehen zu machen. Jeder wollte sich nützlich machen, auch wenn das unmöglich war. Im Krankenhaus von Merthyr standen die Menschen Schlange, um Blut zu spenden, obwohl gar kein Bedarf bestand. Die Telefonzentrale des Kohlebergwerks war völlig überlastet mit Anrufern, die Hilfe in allen Bereichen anboten, was es unmöglich machte, eine freie Amtsleitung nach draußen zu bekommen. Zwischen ein- und zweitausend Menschen eilten herbei, um sich den Grabungen in der Moy Road anzuschließen. Männer schnitten sich an scharfkantigen Trümmern, und Blut tropfte in den Schlamm. Oben auf der Abraumhalde standen Menschen und brachten sie einmal mehr ins Rutschen, was die Rettungsarbeiten verzögerte. Der Fahrer eines Bulldozers schlief mittendrin vor Erschöpfung über seinen Steuerknüppeln ein. Auf dem Hang oberhalb des Dorfes waren Bergleute und Ingenieure zugange, den Rest von Abraumhalde Nummer Sieben mit Sandsäcken zu stabilisieren, die sie mit dem Schlamm und Schlick befüllten, in dem sie standen. Nahe der Schule hielten sich rund einhundert Krankenwagenfahrer bereit, die dienstfrei hatten, aber gar nicht daran dachten, nach Hause zu gehen. Am Nachmittag wurden Glühlampen mit höherer Wattstärke in die Straßenlaternen von Aberfan eingesetzt, Flutlichter wurden aufgestellt und die Grabungsarbeiten fortgeführt. Mit Einbruch der Dunkelheit wurde es kalt. Der Premierminister reiste an und wieder ab. Lord Snowdon, der Schwager der Königin, traf gegen drei Uhr morgens ein, mit einem kleinen Koffer und einer Schaufel. Er wurde in die Bethania-Kirche geführt, der größten Kirche im Dorf, wo die Leichen auf dunklen Holzbänken aufgebahrt waren – jeweils versehen mit einer Kreidemarkierung: »M« für *male* (männlich), »F« für *female* (weiblich), »J« für *juvenile* (jugendlich) –, und wo eine Gruppe Kriminalbeamter ihre Arbeit aufgenommen hatte. Vor der Kirche standen rund 50 Eltern, hauptsächlich Väter, harrten stundenlang aus, um ihre toten Kinder zu identifizieren.

Am nächsten Morgen, einem Samstag, war der Himmel bedeckt. Es sah nach Regen aus. Kaum einer im Dorf hatte mehr als ein oder zwei Stunden geschlafen. »Überall nichts als Grau«, hieß es im *Merthyr Express*. »Grau die Gesichter von Ermüdung und Angst; grau die Häuser und Straßen vom triefnassen Schlamm der Halden.« Es gab etwas mehr Ordnung im Chaos an diesem Morgen, dafür weniger Hoffnung, die fieberhafte Tatkraft vom Tag zuvor jedoch war ungebrochen. Durch das ganze Dorf zogen sich Kolonnen von Lastwagen, um Schutt und Dreck abzutransportieren. Innerhalb von 24 Stunden hatte sich die Nachricht von der Katastrophe wie ein Lauffeuer verbreitet, und alle Welt kannte den Namen Aberfan und seine Bedeutung: Es war der Ort, wo Kinder unter Kohleschutt, aufgehäuft von ihren Vätern, lebendig begraben worden waren. Das Rote Kreuz verteilte zehntausend Zigaretten.

Die Tierschutzvereinigung *RSPCA* (Royal Society for the Prevention of Cruelty to Animals) entsandte eine mobile Truppe sowie fünf tierärztliche Beschauer, die von Haus zu Haus gingen, um nach verstörten und hilfsbedürftigen Haustieren zu suchen. (Fehlanzeige.) Was auch immer benötigt wurde, war prompt und in rauen Mengen verfügbar. Kaum wurden Rufe nach Handschuhen laut, waren sie schon da. Die Polizei orderte ein Grabungsgerät mit der Bezeichnung »955 shovel« und erhielt stattdessen 955 *shovels* (Schaufeln). Lastwagen, die keiner angefordert hatte, fuhren auf das Zechengelände, brachten Fleischkonserven, Hemden und tonnenweise Obst. Kaugummi, Seifen, Suppen und Schnapsflaschen stapelten sich in jeder freien Ecke.

*

Eine Straßensperre wurde eingerichtet, um den Zugang zum Unglücksort zu kontrollieren, doch mehr oder weniger jeder in einer Uniform oder einem offiziell wirkenden Fahrzeug schaffte es irgendwie durchzukommen. Am Morgen des 22. Oktober schob sich ein dunkelgrüner Ford Zephyr in das Dorf. Am Steuer John Barker, ein 42 Jahre alter Psychiater mit einem ausgeprägten Interesse an ungewöhnlichen Geisteszuständen. Barker war groß und breit gebaut, trug Anzug und Krawatte. In seinen Dreißigern war er stark übergewichtig gewesen. Seitdem er regelmäßig Sport trieb und sich von Zwieback ernährte, schlackerte ihm die Kleidung nun um den Körper, und er sah älter aus, als er war. Er hatte Tränensäcke unter den Augen, fleischige Lippen und dunkles Haar, das er in die Stirn gekämmt trug. Barker war leitender Facharzt am Shelton Hospital, einer psychiatrischen Anstalt außerhalb von Shrewsbury, rund 160 Kilometer östlich des Merthyr-Tals, auf der anderen Seite der Grenze zu England. Er schrieb damals ge-

Abb. 2: Schadenskarte 21. Oktober 1966 aus dem Bericht des ernannten Tribunals zur Untersuchung der Katastrophe von Aberfan.

rade an einem Buch über die Frage, ob es möglich sei, sich zu Tode zu ängstigen.

Aus ersten Meldungen über die Katastrophe von Aberfan hatte Barker erfahren, dass ein Junge heil und unversehrt aus der Schule entkommen, später aber an einem Schock verstorben war. Er wollte den Fall genauer recherchieren, merkte aber schnell, dass er damit viel zu früh dran war. Als er das Dorf erreichte, wurden noch immer Verschüttete ausgegraben. »Mir war rasch klar, dass es ziemlich unangebracht gewesen wäre, Recherchen über diesen Jungen anzustellen«, schrieb er danach. Was er sah, setzte ihm schwer zu. Barker war verheiratet und selbst Vater von drei kleinen Kindern. »Die Erfahrung ging mir richtig unter die Haut«, schrieb er. Die Verwüstung erinnerte Barker an den *Blitz,* den er als Teenager im südlichen London erlebt hatte, wo er aufgewachsen war. Doch der Verlust an Menschenleben in Aberfan war schlimmer, mit so vielen und so jungen Toten an einem einzigen Flecken Erde. »Eltern, die ihre Kinder verloren hatten, standen auf der Straße, benommen, hoffnungslos, weinend. Fast jeder, dem ich begegnete, hatte jemanden verloren.«

Schaulustige und Außenstehende, die ohne triftigen Grund nach Aberfan kamen, waren leicht auszumachen. Sie pöbelten Polizisten an, die herumstanden und Tee tranken, und irgendwer ging auf einen Fotografen los, bewarf ihn mit einer Tabakdose und zerschlug seinen Kamerablitz. Im Laufe des Tages setzte leichter Regen ein, spülte noch mehr Schlamm auf die Straßen, durchnässte Hunderte von Rettern, die ohnehin schon zentimetertief im Dreck standen, und schürte die Angst, die Abraumhalde könne erneut schlagartig ins Rutschen geraten und die nächste Tragödie auslösen. Das ganze Dorf stand unter schrecklicher Anspannung. Erste-Hilfe-Stationen am Fuß des Hügels zogen langsam ab. Ein Signalhorn wurde vorbereitet, um jeden Moment Alarm schlagen zu können.

Barker jedoch stieg nicht wieder in sein Auto und fuhr davon. Er interessierte sich schon lange für Themen, die anderen unheimlich oder unerklärlich erschienen. Er war, von außen betrachtet, in jeglicher Hinsicht ein konventioneller Arzt für Psychiatrie. Er hatte an der Cambridge University und an der Londoner St. George's Medical School studiert. Aber er kratzte auch an den Grenzen seines Wissenschaftsgebiets. Barker glaubte, dass die Psychiatrie um eine »neue Dimension« erweitert werden könnte, die nur darauf wartete, in die derzeitige etablierte Wissenschaft integriert zu werden, sofern Ärzte sich nur davon überzeugen lassen wollten, (psychische) Störungen oder Zustände zu erforschen, die gemeinhin als randständig oder übernatürlich galten.

Er war Mitglied der British Society for Psychical Research (Organisation zur Erforschung paranormaler Phänomene), gegründet 1882 in London. Seit einigen Jahren beschäftigte er sich mit dem Phänomen der Präkognition, dem »Vorauswissen«, wonach Menschen scheinbar im Vorhinein wissen, was passieren wird, bevor es tatsächlich passiert. Barker war ein moderner Arzt; er verfolgte seine eher esoterischen Nachforschungen mit einer »rationalen Denkweise«, wie er es beschrieb. Doch war er sich im Klaren darüber, dass diese Nachforschungen auch eine nicht bewusst gesteuerte Seite hatten und er selbst von tiefsitzenden und impulsiven Einflüssen getrieben wurde. In entscheidenden Momenten seines Lebens, wann immer er mit einer Grenze oder einem *Memento Mori* konfrontiert war, drängte er weiter voran.

In Aberfan hatte Barker das Gefühl, dass er hier Zuschauer eines bedeutsamen Geschehens war, obgleich er es noch nicht recht zu deuten wusste. Im Gespräch mit Augenzeugen begegneten ihm »etliche merkwürdige und ergreifende Umstände« im Zusammenhang mit der Katastrophe: Ein Schulbus, vollbesetzt mit Kindern aus der Gemeinde Merthyr Vale, hatte sich aufgrund des Nebels verspätet und erreichte die Moy Road erst, nachdem die Halde abgerutscht war – die Verspätung rettet ihnen das Leben. Ein Junge hatte verschlafen, zum ersten Mal überhaupt, woraufhin ihn seine Mutter zur Eile trieb, damit er es noch pünktlich in die Schule schaffte – jetzt war er tot und die Mutter in Tränen aufgelöst. Unschuldige, beiläufige Entscheidungen in Momenten, kurz bevor die Lawine ins Rutschen kam – noch eine Tasse Tee vor der Arbeit, ein zufälliger Blick in die andere Richtung –, verschonten das eine Leben und beendeten das andere.

Barker interessierte sich für das Wesen und die Auslöser dieser Entscheidungen. Hatten die Menschen bewusste Befürchtungen oder unbewusstes Wissen? Die dunklen, unnatürlichen Abraumhalden oberhalb von Aberfan hatten die Gemüter der Einheimischen schon lange bedrückt. Angehörige der Opfer berichteten von Träumen und Vorzeichen. Wochen nach der Katastrophe fand die Mutter eines achtjährigen Jungen namens Paul Davies, der in der Schule gestorben war, eine Zeichnung ihres Sohnes vom Abend vor dem Abrutsch: Unter der Überschrift »Das Ende« hatte er viele Personen gezeichnet, die am Hang gruben.

Abb. 3: John Barker.

Barker hörte auch die Geschichte von Eryl Mai Jones, einem zehnjährigen Mädchen, das »nicht gerade zu überbordender Phantasie neigte«. Zwei Wochen vor der Katastrophe erzählte Eryl ihrer Mutter Megan, dass sie keine Angst vor dem Tod habe. »Wie kommst du denn dazu, vom Sterben zu reden, du bist doch noch so jung?«, hatte die Mutter erwidert. »Magst du einen Lolli?«

In einem Bericht, verfasst von Glannant Jones, einem örtlichen Pfarrer, unterzeichnet von Eryl Mais Eltern und später von Barker herausgegeben, heißt es:

> Am Tag vor der Katastrophe sagte sie zu ihrer Mutter, »Mummy, hör mal, was ich letzte Nacht geträumt habe.« Ihre Mutter antwortete lächelnd: »Schätzchen, ich habe gerade keine Zeit. Erzähl es mir später.« Daraufhin Eryl, »Nein, Mummy, jetzt. Ich habe geträumt, dass ich zur Schule ging, aber da war keine Schule mehr. Irgendwas Schwarzes war draufgefallen.«

Am nächsten Morgen wurde Eryl Mai unter den Trümmern der Schule begraben.

Barker hatte schon länger ein Experiment im Sinn und kam in den Tagen nach seinem Besuch in Aberfan auf eine ungewöhnliche Idee. In Anbetracht der Einzigartigkeit der Katastrophe und der Tatsache, dass sie das Bewusstsein der ganzen Nation durchdrungen hatte, beschloss er, so viele Vorahnungen wie möglich über das Ereignis zu sammeln und sich die Menschen, die diese Vorahnungen gehabt hatten, genauer anzuschauen.

Barker wandte sich an Peter Fairley, Wissenschaftsredakteur des *London Evening Standard,* und bat ihn, seine Idee publik zu machen. Die beiden hatten sich im Jahr zuvor kennengelernt, als Fairley einen doppelseitigen Artikel über Barkers Arbeiten zum Thema Angst und Tod geschrieben hatte. Sie schienen sehr verschieden. Barker, spröde und mitunter recht scharfzüngig. Fairley, sechs Jahre jünger, klein und dick, charmant und ehrgeizig. Als Junior-Reporter, einige Jahre zuvor, hatte er mit einem Kollegen im Two Brewers, dem Pub gegenüber der Hauptgeschäftsstelle des *Evening Standard* in der Shoe Lane, eine Flasche Mâcon-Villages geleert und eine Münze geworfen, um zu entscheiden, welche journalistische Richtung sie einschlagen sollten. Fairley war daraufhin mehrere Jahre als Wissenschaftsjournalist tätig, schrieb brisante, überaus engagierte Artikel über Atomenergie, Experimente im Tiefseetauchen oder den Wettlauf ins All. Er war auch im Fernsehen zu sehen und bereiste die Welt. Eine Zeitlang lebte er auf einem Hausboot in Chelsea, im Westen von London, und jagte auf einem Faltkraftrad seinen Geschichten nach. Fairley war eine Art journalistischer Allesfresser, gnadenlos und unermüdlich.

Als Fairley 1998 starb, erfuhren seine Witwe und seine vier Kinder, dass er 20 Jahre lang eine zweite Familie gehabt hatte. Wie das sein konnte, erklärte sich eines seiner Kinder damit, dass er stets darauf aus war, bei allem vorneweg zu sein, jeder Spur nachzujagen, so dass er auch im privaten Leben nie zu fassen war.

Dabei war Fairley nicht wirklich ein unkonventioneller Typ. An seiner Schule, einer staatlichen Schule im kleinen Ort Sutton Valence in der englischen Grafschaft Kent, war er

Schulsprecher gewesen und später Hauptmann beim Militär. Aber er hatte auch einen absoluten Glauben an die Wissenschaft, daran, dass sie eines Tages eine Antwort auf alle Fragen der Menschheit finden würde. Er war offen für Theorien über Telepathie, außerirdisches Leben oder das Rätsel scheinbarer Zufälle. Einen wichtigen Teil seiner Karriere verdankte er einer vagen Ahnung, einem Bauchgefühl: Im April 1961, auf Grundlage von kaum mehr als einer Warnung für Schiffe auf dem Pazifik und dem vagen Gefühl, dass sich da irgendetwas zusammenbraute, hatte er vorhergesagt, dass die UdSSR im Begriff stünde, ihren ersten bemannten Raumflug zu starten. Mit dieser Geschichte schaffte er es auf die Titelseite des *Evening Standard*: »Erster Raumfahrer – Reise ins All steht kurz bevor«. Fairley war damals 30 Jahre alt. Als er heim nach Bromley fuhr, vorbei an seiner fetten Schlagzeile an jedem Kiosk, war ihm richtig schlecht vor lauter Bange.

Zwei Tage später flog Yuri Gagarin ins All. Am Telefon wimmelte Fairley seinen Chef, den Zeitungsverleger, ab, der wissen wollte, wie um alles in der Welt er *das* gewusst haben konnte. Sein Honorar wurde fast verdoppelt. Der Wettlauf ins All sollte schon bald zur journalistischen Story seines Lebens werden: Gegen Ende der 1960er Jahre kommentierte Fairley die Mondlandungen im britischen Fernsehen.

Keine Selbstverständlichkeit, denn zum Zeitpunkt der Aberfan-Katastrophe 1966 war er noch dabei gewesen, sich von einer kurzen Phase der Erblindung zu erholen, ausgelöst durch eine Kombination aus Diabetes und Überarbeitung. Im Dezember zuvor hatten seine Augen angefangen verrücktzuspielen, als er ständig zwischen Cape Canaveral (Florida) und dem Mission

Control Center der NASA in Houston (Texas) hin und her hetzte und über das erste gesteuerte Weltraum-Rendezvous der beiden bemannten Raumschiffe Gemini 6 und Gemini 7 berichtete. Völlig erschöpft kehrte er heim nach England, wachte am Weihnachtsmorgen auf und konnte nichts mehr sehen. Drei Monate lang war Fairley daraufhin blind. Die (unfreiwillige) Pause zwang ihn innezuhalten und bestimmte Themen in seinem Leben neu zu überdenken. In dunklen Stunden der Verzweiflung tastete er sich in seinem Haus die Treppe hinunter und hörte sich Aufnahmen der Kriegsreden des britischen Premierministers Winston Churchill an, immer und immer wieder.

Da er dachte, seine Erblindung könne von Dauer sein, kam ihm die Idee, einige Beschreibungen der amerikanischen und sowjetischen Raumfahrtprogramme für andere blinde Menschen aufzuzeichnen. Doch er fühlte sich plötzlich mutlos und nutzlos, und sein Eifer hielt sich in Grenzen. Eines Tages dann, im Frühjahr 1966, er war gerade dabei, das Geschirr vom Mittagessen abzutrocknen, klingelte das Telefon. Ein Hörfunkproduzent namens Ron Hall war dran: Ob Fairley interessiert sei, eine Sendung zum Thema Wettlauf ins All für blinde Patienten des National Health Service, dem staatlichen Gesundheitssystem in Großbritannien und Nordirland, zu machen? In der folgenden Woche kam Hall, begleitet von seinem Blindenhund, zu Fairley nach Hause, um die Sendung aufzuzeichnen. »Man kann es Zufall nennen oder nicht«, sagte Fairley später. »Aber wenn solche Zufälle ein paarmal hintereinander passieren, fängt man schon an, sich zu wundern.«

*

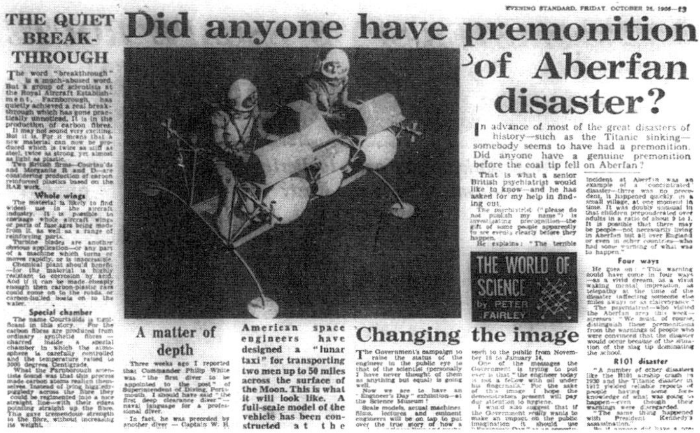

EVENING STANDARD, FRIDAY, OCTOBER 28, 1966—23

Did anyone have premonition of Aberfan disaster?

In advance of most of the great disasters of history—such as the Titanic sinking—somebody seems to have had a premonition. Did anyone have a genuine premonition before the coal tip fell on Aberfan?

That is what a senior British psychiatrist would like to know—and he has asked for my help in finding out.

The psychiatrist ("please do not publish my name") is investigating precognition—the gift of some people apparently to see events clearly before they happen.

He explains: "The terrible incident at Aberfan was an example of a 'concentrated' disaster—there was no precedent, it happened quickly in a small village, at one moment in time. It was doubly unusual in that children preponderated over adults in a ratio of about 9 to 1. It is possible that there may be people—not necessarily living in Aberfan but all over England or even in other countries—who had some warning of what was to happen."

THE WORLD OF SCIENCE by PETER FAIRLEY

Four ways

He goes on: "This warning could have come in four ways—as a vivid dream, as a vivid waking mental impression, as telepathy at the time of the disaster (affecting someone else miles away) or as clairvoyance."

The psychiatrist—who visited the Aberfan area this week—stresses: "We must, of course, distinguish these premonitions from the warnings of people who were convinced that the disaster would occur because of the situation of the slag tip dominating the school.

R101 disaster

"A number of other disasters like the R101 airship crash in 1930 and the Titanic disaster in 1912 yielded reliable reports of people having some foreknowledge of what was going to happen—even though their warnings were disregarded.

"The same thing happened with President Kennedy's assassination."

THE QUIET BREAK-THROUGH

The word "breakthrough" is a much-abused word. But a group of scientists at the Royal Aircraft Establishment, Farnborough, has quietly achieved a real breakthrough which has gone practically unnoticed. It is in the production of carbon fibres.

It may not sound very exciting. But it is. For it means that a new material can now be produced which is twice as stiff as steel, twice as strong, yet almost as light as plastic.

Two British firms—Courtaulds and Morganite R and D—are considering production of carbon reinforced plastics based on the RAE work.

Whole wings

The material is likely to find widest use in the aircraft industry. It is possible to envisage whole aircraft wings or parts of fuselages being made from it as well as a range of reinforcing parts.

Turbine blades are another obvious application—or any part of a machine which turns or moves rapidly, or is inaccessible.

Chemical plant should benefit—for the material is highly resistant to corrosion by acid. And if it can be made cheaply enough then carbon-plastic cars could come on to the roads, or carbon-hulled boats on to the water.

Special chamber

The name Courtaulds is significant in this story. For the carbon fibres are produced from ordinary synthetic fibres—charred inside a special chamber in which the atmosphere is carefully controlled and the temperature raised to 3000 degrees Centigrade.

What the Farnborough scientists found was that this process made carbon atoms realign themselves. Instead of lying higgledy-piggledy across the fibre they could be regimented into a nice straight line—with their edges pointing straight up the fibre. This gave tremendous strength to the fibre, without increasing its weight.

A matter of depth

Three weeks ago I reported that Commander Philip White was "the first diver to be appointed to the post" of Superintendent of Diving, Portsmouth. I should have said "the first deep clearance diver"—naval language for a professional diver.

In fact, he was preceded by another diver — Captain W. H.

American space engineers have designed a "lunar taxi" for transporting two men up to 50 miles across the surface of the Moon. This is what it will look like. A full-scale model of the vehicle has been constructed at the

Changing the image

The Government's campaign to raise the status of the engineer in the public eye to that of the scientist (personally I have never thought of them as anything but equal) is going well.

Now we are to have an "Engineer's Day" exhibition—at the Science Museum!

Scale models, actual machines, films, lectures and eminent engineers will be on tap to put over the true story of how a … open to the public from November 18 to January 14.

One of the messages the Government is trying to put over is that "the engineer today is not a fellow with oil under his fingernails." For the sake of this image I hope the demonstrators present will pay due attention to hygiene.

I would also suggest that if the Government really wants to make an impact on the public imagination it should use

Abb. 4: Peter Fairleys Kolumne »The World of Science«, vom 28. Oktober 1966.

Am 28. Oktober 1966 stellte Fairley John Barkers Idee in seiner freitäglichen Kolumne »World of Science« vor und startete einen Aufruf: »Hatte irgendjemand von Ihnen eine authentische Vorahnung, kurz bevor die Abraumhalde auf Aberfan stürzte? Genau das will ein erfahrener britischer Psychiater gerne wissen«, schrieb Fairley und führte aus, an welchen Formen von Visionen Barker besonders interessiert war: »lebhaft ausgestaltete Träume«, »lebendig erinnerte Träume direkt nach dem Aufwachen«, »Telepathie zum Zeitpunkt der Katastrophe (bezogen auf jemanden meilenweit entfernten)« und »Hellsicht«.

Fairleys Kolumne implizierte, dass die Studie in gewisser Weise unautorisiert durchgeführt wurde: Barker hatte gebeten, anonym zu bleiben. Platziert war Fairleys Artikel neben der Impression eines Künstlers von einem Mondtaxi (das die NASA gerade für Erkundungsfahrten ihrer Astronauten auf dem Mond entwickelte), und er erinnerte seine Leser an vermeintliche Vorahnungen zum Untergang der Titanic im Jahr 1912 oder zu der Absturzkatastrophe des Luftschiffs R101 im Jahr 1930.

Der *Evening Standard* hatte eine Auflage von knapp 600 000. Miss Middleton blätterte ihn gerne nachmittags im Bett durch. Am 1. November reichte sie eine Schilderung ihrer Vorahnung ein.

Ihr Schreiben landete in Barkers Büro, im ersten Stock des Shelton Hospital, einem langgestreckten, roten Backsteinbau, drei Kilometer westlich von Shrewsbury, der von der Straße aus verborgen hinter dem blickdichten Schutz riesiger Kiefern lag. Es war ein Spital aus viktorianischer Zeit im gotischen Stil. Über dem Haupteingang befand sich ein Glockenturm mit einem hübschen Erkerfenster und spitzen Dachgauben. Die Fenster im Spitalgebäude, die mit kleinen Bleiglasscheiben versehen waren, ließen sich nur einen Spaltbreit öffnen. Der Architekt war George Gilbert Scott gewesen, der auch das Bahnhofsgebäude St. Pancras in London entworfen hatte. 1843 erhielten er und sein Partner William Moffatt eine Anfrage der *Shropshire Society for Improving the Condition of the Insane* (einer Gesellschaft, die sich für die Behandlung und Gesundung psychisch schwer kranker Menschen einsetzt), auf einem Hügel oberhalb der kleinen Ortschaft Shelton in der Grafschaft Shropshire ein Hospital mit Platz für 60 Patienten zu errichten.

Im Laufe von 40 Jahren beherbergte das Shelton Hospital über 800 Menschen. Der Baukörper des ausgedehnten Hospitals glich einer Stabheuschrecke mit entfalteten, symmetrisch angeordneten Flügeln – ein langgestreckter Korpus in der

Mitte, und damit über Korridore verbunden die einzelnen Gebäudeflügel zur räumlichen Trennung der männlichen und weiblichen Bewohner. Der gesamte Baukomplex lag hinter hohen Backsteinmauern auf einem sechs Hektar großen Grundstück. Mehr als ein Jahrhundert lang war das Hospital eine geschlossene Anstalt, in die Gerichtsherren und Ärzte vergreiste und wirre Menschen aus weiten Teilen der Midlands und walisischen Grenzregionen einweisen ließen. Rund ein Viertel der Patienten stammte aus Shrewsbury, die übrigen kamen aus ländlichen Gemeinden und kleineren Marktstädten. Einige sprachen nur Walisisch, wenn sie denn überhaupt sprachen. Und es gab einige Polen, die nach dem Krieg dageblieben waren.

Shelton Hospital war so konzipiert, dass es seinem Zweck auf Dauer dienen konnte. Es gab eine eigene Dampfwäscherei, Friseurläden, eine Polsterwerkstatt und eine Brauerei, die hauseigenes Bier mit einem Alkoholgehalt von einem Prozent braute. »Alles, was anfiel, konnte erledigt werden«, erinnerte sich Harry Sheehan, ein ehemaliger stellvertretender Pflegeleiter. In den Produktionswerkstätten bauten Patienten Schraubenzieher zusammen oder zerlegten ausrangierte Telefone. Hinter der Kapelle lagen Nutzgärten und ein Schweinestall. Es gab Obstgärten mit Pflaumen-, Birn- und Apfelbäumen sowie einen kleinen Bauernhof, auf dem nahezu alle Arbeiten noch von Hand ausgeführt wurden. Wenn Markttag war, wurden Schweine, Schafe und Ayrshire-Rinder den Hügel hinunter nach Shrewsbury getrieben. Bis in die 1930er Jahre hinein wurden Pflegerinnen in hauseigenen Pferdekutschen zur Arbeit gebracht. Der Cricket-Platz des Hospitals galt als einer der schönsten der ganzen Gegend. Nur gesund wurde hier keiner.

Aber dies war auch gar nicht das erklärte Ziel von Shelton, und ebensowenig von all den ähnlichen Einrichtungen im Land. Es ging vielmehr darum, die psychisch kranken Patienten von der Außenwelt abzuschotten. Mitte des 20. Jahrhunderts, als die Bewohnerzahl von Shelton auf über 1000 angestiegen war, waren etwa zwei Drittel der Patienten »chronisch Kranke« – Langzeitpatienten, deren Entlassung nicht zu erwarten stand. Vor allem ältere mittellose Frauen tauchten einfach auf, ohne Papiere oder Diagnose, überstellt von der einen oder anderen Kreisbehörde, und alle fanden hier Quartier. Rund ein Drittel von ihnen erhielt nie Besuch. In den 1960ern gab es einen taubstummen Mann, der bereits 45 Jahre im Shelton Hospital lebte. Es gab auch rund 50 Personen mit Lernbehinderungen (etwa sechs Prozent der Gesamtbewohnerschaft), die keine psychische Erkrankung hatten, aber hier zusammen mit psychotischen Männern und Frauen untergebracht waren, da ihre Familien sie abgeschoben hatten. Hin und wieder wurden auch Alkoholsüchtige aus ganz Shropshire zu einem mehrwöchigen Entzug in das Hospital eingewiesen. Viele der Patienten erhielten überhaupt keine Behandlung, in keinerlei Weise. Etwa die Hälfte der männlichen Langzeitpatienten verbrachte den ganzen Tag mit Nichtstun. Sie spielten Karten oder führten zwanghaft ihre immer wieder gleichen Handlungen aus. Aber auch ehemalige Pfarrer, Auktionatoren oder Geschäftsleute waren hier untergebracht. Es gab mindestens einen Jesus, der Wunder wirken wollte, wenn, ja wenn die Pfleger ihn nur endlich rauslassen würden. Fast alle hier trugen

Kleidung, die unsagbar verdreckt war, waren eingesperrt und fast völlig isoliert.

Hin und wieder wurde einem Patienten ein falsches Heilmittel verabreicht, ein Antidepressivum statt eines Sedativs, und es kam vor, dass der betreffende Patient nach jahrelanger Stummheit wieder zu sprechen begann. Oder es gab Patienten, die Jahrzehnte auf der Geschlossenen verbracht hatten, immer mal wieder spazierengeführt wurden und irgendwann völlig erstaunt den regen Verkehr auf der belebten Straße nach Welshpool wahrnahmen. An einem Frühlingstag Mitte der 1960er Jahre kam ein Mann nach Shelton, um den Leichnam seiner Frau abzuholen, die 21 Jahre lang dort gelebt hatte. Aber es hatte eine Verwechslung gegeben. Sie war gar nicht tot. Er ging wieder nach Hause.

Ärzte, die im Shelton Hospital arbeiteten, nannten den abgelegenen Ort einen »Abfallbehälter«, eine »Müllkippe«. In Shrewsbury hieß das Hospital nur die »Irrenanstalt«. In Wahrheit aber war der Ort damals nicht besser und nicht schlechter als viele andere Bezirksheime. Doch im Shelton Hospital steckte man mitten in einer Art Reformprozess. 1964 wurden überall die Schlösser entfernt, außer auf zwei Stationen. Die Männerstationen wurden nach »berühmten Söhnen« der Grafschaft Shropshire benannt, wie etwa Charles Darwin oder A. E. Housman, und die Frauenstationen nach Bäumen, da sich keinerlei Eintragungen über »berühmte Töchter« der Grafschaft finden ließen. Gitter und Mauern auf dem Gelände wurden durch Bäume und Sträucher ersetzt. Es gab einen Psychologen und Beschäftigungstherapie. Auch Jazz-Bands von außerhalb traten auf.

Das Hospital selbst jedoch blieb in ein starres Korsett gezwungen, in seiner ganzen Struktur. Es gab Angestellte, die genauso zu psychiatrischen Fällen geworden waren wie die Patienten. So zum Beispiel der Leiter des Hospitals, John Littlejohn, ein ehemals leitender Kolonialbeamter, der ständig krank war und sich schwertat, Entscheidungen zu treffen. Enorme Kraftanstrengungen waren nötig, um den Betrieb von Tag zu Tag am Laufen zu halten. Allein der Milchverbrauch im Hospital lag bei gut 500 Litern pro Tag. Verwilderte Katzen auf dem ganzen Gelände waren eine Plage und Überträger der infektiösen Ringelflechte. Am Haupteingang gab es nur einen einzigen Briefkasten, der meistens so vollgestopft war, dass er überquoll und Briefe verlorengingen. Das Pflegepersonal rauchte in einem fort, wohl auch, um den penetranten Geruch im Shelton Hospital zu überdecken: von einem Haus, in das jahrelang nicht einmal ein Luftzug hineingelassen wurde und in das auch mal streunende Tiere gepinkelt hatten. In der Küche arbeitete ein Metzger mit einem Konzentrationsproblem, und in der Waschküche ging öfter mal was schief, was dazu führte, dass Patienten regelmäßig Socken trugen, die auf die Hälfte ihrer ursprünglichen Größe zusammengeschrumpft waren. Das Besteck musste vor und nach jeder Mahlzeit einzeln abgezählt werden. In den Produktionswerkstätten wurden Patienten durch Stromschläge verletzt oder kamen gar dadurch ums Leben. Manche Männer schlichen sich aus dem Haus, betranken sich im örtlichen Pub und belästigten auch schon mal eine zufällig vorbeikommende Pflegerin. Auf dem Hof war das Dach der Scheune undicht.

Die Straße zur Mytton Villa, einem Übergangsheim für genesende männliche Patienten, war bei Regen unpassierbar. Nachbarn beschwerten sich, dass ihre Häuser durch die völlig verwilderten Bäume rings um das Shelton Hospital keine Sonne mehr abbekamen. Wenn ein Patient aus dem Hospital ausbüxte, wurde Alarm geschlagen, und Freiwillige aus dem ganzen Kreis Shrewsbury halfen mit, die umliegenden Felder und Gräben zu durchkämmen.

»Ich hatte nicht das Gefühl, dass irgendetwas unter den Teppich gekehrt wurde oder es irgendwelche Grausamkeiten gegeben hätte«, erinnerte sich ein Stationshelfer, der damals im Shelton Hospital gearbeitet hatte. »Aber es war ein sehr, sehr schauriger Ort.« Bevor er als Stationshelfer begann, hatte er in einer Hühnerfabrik gearbeitet. Doch die Schichten im Shelton Hospital waren besser bezahlt. Morgens lieferte er Medikamente in Weidenkörben auf die Stationen. »Die Leute saßen auf Stühlen, schaukelten vor und zurück, und die Pflegerinnen hatten alle Hände voll zu tun, hinter den inkontinenten Patienten herzuwischen«, erzählte er. Für ihn war meist wenig zu tun. Wenn er Leerlauf hatte, begab er sich öfter in den Keller, setzte sich an einen kleinen Holzschreibtisch und las handgeschriebene Patientenakten, las von Manien und Depressionen im Shropshire des 19. Jahrhunderts. Zu seinen Aufgaben gehörte auch der Abtransport von Leichen. Gegenüber der Schneiderei lag die Leichenhalle, ein roter Backsteinbau mit drei vorspringenden Marmorplatten. Jeden Monat starben im Shelton Hospital etwa ein Dutzend Menschen, meist an Altersschwäche. Aber alle paar Wochen stürzte sich jemand aus dem Badezimmerfenster, erhängte sich an einem Baum beim Cricket-Platz oder büxte aus und

Abb. 5: Shelton Hospital.

warf sich vor ein Auto. Das bevorzugte Mittel der Wahl also, sich selbst aus dem Hospital zu entlassen, war der Tod.

*

Im Sommer 1963 nahm Barker seine Arbeit im Shelton Hospital auf. Er gehörte zu einem Team aus vier leitenden Fachärzten, die jeweils für rund 200 Patienten sowie für ein bestimmtes Teilgebiet von Shrewsbury samt Umland zuständig waren. In Barkers Fall waren das die Gebiete im Norden und Osten, wo er ambulante Patienten in den Städten Whitchurch, Market Drayton und Telford betreute. Er unterstützte den revolutionären Geist im psychiatrischen Krankenhauswesen. Die riesigen, überfüllten Kliniken in Großbritannien verleiteten zu stumpfer Trägheit, doch politische Reformen, pharmazeutische Behandlungsmöglichkeiten sowie die ganze intellektuelle Atmosphäre der 1960er Jahre entfachten eine lebhafte Kontroverse. Besonders gut verstand sich Barker mit David Enoch, einem anderen jungen leitenden Facharzt am Shelton Hospital, der aus Wales kam, lange Haare, ein selbstbewusstes Auftreten und eine einnehmende Art hatte. Enochs Vater war Bergmann gewesen; er selbst hatte als Armee-Offizier in Indien gedient (bis die Teilung des Landes in die beiden unabhängigen Staaten Pakistan und Indien das Ende der britischen Kolonialherrschaft besiegelte) und begann danach eine Ausbildung zum Psychiater. Enoch hatte die Stelle im Shelton Hospital ein Jahr vor Barker angetreten. Er kam vom Runwell Hospital, einer fortschrittlichen psychiatrischen Klinik in Essex, und war geschockt von den Zuständen extremster Verwahrlosung und Apathie im Shelton Hospital.

»Die alten Kerle meinten, ›Du kannst alles machen, David, aber geh uns nicht auf den Geist‹«, erzählte Enoch. »Nach dem Motto, wer erstmal drin war, kam nicht wieder raus.« Enoch ließ die Fenster entriegeln und verkleinerte die Stationen, auf die er seine Patienten verteilte, so dass es ihm überhaupt erst möglich wurde, sich um alle regelmäßig zu kümmern. Er ermunterte sie, ihre Betten zu verlassen. Er forderte abschließbare Spinde an, damit sie ihre Besitztümer aufbewahren konnten, ebenso wie Ersatzkleidung für die Männer und Frauen, die Arbeiten verrichteten, bei denen man besonders schmutzig wurde. Enoch erbte zusätzlich 64 ambulante Patienten in Oswestry. Mit der Zeit wurde ihm klar, dass es vielen von ihnen eigentlich recht gut ging und sie nur weiter in die Sprechstunde kamen, um ihn nicht zu enttäuschen.

Barker hatte zuletzt im Herrison Hospital in Dorset gearbeitet, wo er Hunderte von Langzeit- und Kurzzeit-Patienten erfolgreich wieder eingegliedert hatte. »Er und ich, wir waren Seelenverwandte«, erinnerte sich Enoch. Gemeinsam arbeiteten die beiden Psychiater daran, die Zustände im Shelton Hospital zu verbessern. Sie schafften die »direkte« Elektroschocktherapie (Elektrokrampftherapie EKT) ab, die ohne Medikamentierung direkt am Patienten durchgeführt wurde. Enoch organisierte interne Fortbildungen, die bei Mitarbeitern ebenso wie bei Patienten großen Anklang fanden. »Mit uns beiden hat sich dort eine ganze Menge getan«, so Enoch. »Wir haben uns gegenseitig inspiriert. Die alte Garde machte weiter ihr eigenes

Ding.« 1965 schrieben die beiden gemeinsam einen Artikel für das medizinische Fachblatt *The Lancet,* in dem sie aufzeigten, dass viele Krankenhäuser ihre Befugnisse gemäß den Gesetzgebungen zur psychischen Gesundheit missbrauchten; sie wurden daraufhin nach London ins Gesundheitsministerium beordert, um ihre Ergebnisse näher zu erläutern. Sie fuhren mit dem Zug, morgens hin und abends wieder zurück, und fühlten sich dabei enorm wichtig.

Was die beiden Männer zudem verband, war eine Faszination für, wie Enoch es bezeichnete, »psychiatrische Orchideen« – höchst ungewöhnliche psychische Störungsbilder. Ende der 1950er Jahre hatte Barker seine Dissertation über das Münchhausen-Syndrom geschrieben, eine schwere psychische Störung, bei der Betroffene körperliche Beschwerden zwanghaft vortäuschen oder sich absichtlich selbst verletzen, um in ein Krankenhaus eingeliefert zu werden, wo sie sich oft unnötigen Operationen unterziehen.

Enoch, der an einer eigenen umfassenden Studie über seltene psychische Zustandsbilder mit dem Titel *Some Uncommon Psychiatric Syndromes* arbeitete (1967 erstmals veröffentlicht und heute ein Standardwerk), bat Barker, ein Kapitel über das Münchhausen-Syndrom beizusteuern. In der Originalausgabe haben die Fallstudien über Erotomanie (Liebeswahn, die wahnhaft ausgeprägte Liebe zu einer meist unerreichbaren Person), das Othello-Syndrom (Eifersuchtswahn, die wahnhafte Überzeugung von der Untreue des oder der Liebsten) und das Couvade-Syndrom (das Phänomen von scheinbaren Schwangerschaftsbeschwerden beim Mann, die er zeitgleich mit seiner schwangeren Partnerin empfindet) eine geradezu märchenhafte, poetische Anmutung, durchzogen von einem gleichsam bitteren Staunen darüber, wozu die menschliche Psyche imstande ist. Barkers Kapitel beginnt mit einem Zitat von Karl Menninger, einem amerikanischen Psychiater und Mitbegründer der *Menninger Foundation* in Topeka (Kansas): »Dennoch ist es wahr, daß sich letztlich jeder Mensch selbst tötet, auf seine eigene, selbst gewählte Weise, schnell oder langsam, früher oder später.« Und Enoch führt Dostojewskis Novelle *Der Doppelgänger* an, um seine Studie über das Capgras-Syndrom einzuleiten, »ein sehr seltenes, vielgestaltiges Syndrom, bei dem der Betroffene wahnhaft glaubt, eine üblicherweise nahestehende Person sei durch einen identisch aussehenden Doppelgänger ersetzt worden«. Im Runwell Hospital hatte Enoch einen Mann behandelt, der glaubte, seine Frau sei eine Kopie.

Die jungen Fachärzte am Shelton Hospital fühlten sich ganz wohl inmitten dieser Aufmerksamkeit. Vor allem der gutaussehende Enoch wurde von den jüngeren Klinikkollegen sehr bewundert. Er forderte zwei Telefone für seinen Schreibtisch an und war regelmäßiger Gast bei *Let's Face Facts*, einer Wissenssendung im Regionalfernsehen, was ihn im westlichen England und in Wales zu einer kleinen Berühmtheit machte. »Was meinen Wunsch, selbst Arzt zu werden, besonders entfacht hat, war meine große Verehrung für Menschen wie David Enoch«, sagte der einstige Stationshelfer am Shelton Hospital, der danach ein Medizinstudium aufnahm und ein erfolgreicher Chirurg wurde. Auch Barker war hungrig nach öffentlicher Aufmerksamkeit. Er war mit zahlreichen Artikeln im *The Lancet* und *British Medical Journal* (*BMJ*) vertreten. Während seiner Zeit im Herrison Hospital in Dorset hatte er einen zweiwöchigen Patienten-Austausch mit dem Fulbourn Mental Hospital in Cambridge organisiert und in der britischen Boulevard-Sonntagszeitung *The Sunday People* darüber berichtet. Im Jahr 1965 sichtete Barker sämtliche Broschüren und Werbesendungen, die er von Pharmafirmen erhielt (ganze zwölf Kilogramm Papier!) und lud einen Fotografen der *Birmingham Post* ein, ein Bild von ihm zu machen, am von Papierfluten überschwemmten Schreibtisch. Er schaffte es auf die Titelseite.

Es gab Zeiten, da hielt Enoch seinen Kollegen Barker für überengagiert. »Im Aufenthaltsraum haben wir über irgendetwas gesprochen, und schon machte er einen Artikel daraus«, erzählte Enoch. Aber das waren nur kleine Verstimmungen im Rahmen des ungleich größeren Projekts, die moderne, experimentelle Psychiatrie an einen so trägen Ort wie Shelton zu bringen. Enoch räumte ferner ein, dass Barker ganz eigene Forschungsinteressen hatte. Die meisten von Barkers veröffentlichten Arbeiten befassten sich mit der Aversionstherapie, einer Methode, bei der leichte Elektroschocks sowie Übelkeit verursachende Medikamente zum Einsatz kommen, um Suchterkrankungen oder andere unerwünschte Verhaltensweisen mit unangenehmen Reizen zu koppeln und so zu kurieren zu versuchen.

Zu Beginn seiner Laufbahn hatte Barker einen Mann behandelt, der die Kleider seiner Frau anzog und Angst hatte, als Transvestit strafrechtlich verfolgt zu werden. Zwei Ingenieure im Banfield Hospital in Surrey, wo er damals arbeitete, entwickelten eine leitfähige Gummimatte. Hinter einem Wandschirm neben der Aufnahmestation spielten die Ärzte einen grellen Piepton ab und leiteten elektrische Reize in die Füße und Knöchel des Mannes, während er die Frauenkleidung immer wieder an- und auszog. »In den ersten vier Tagen der Behandlung war es offensichtlich, dass der Patient die Methode als unangenehm, anstrengend und stressig empfand«, berichteten Barker und Kollegen im Fachblatt *Behavior Research and Therapy*. Aber sie schien zu funktionieren. Barker experimentierte und hoffte. Er strebte nach großen Erkenntnissen. Eines Tages, so glaubte er, könnte die Aversionstherapie eingesetzt werden, um jeden von seinem unerwünschten Verhalten zu kurieren – seien es notorische Raser oder esssüchtige Menschen im Kampf gegen die Kilos.

Vor seinem Büro im ersten Stock des Shelton Hospital ließ Barker einen Münzspielautomaten installieren, der Spielsüchtigen im Gewinnfalle kein Geld ausgab, sondern einen Stromschlag von 70 Volt verpasste. Zusammen mit Mabel Miller, einer Ärztekollegin, filmte er die Patienten auch auf dem Weg in ihr jeweiliges Wettbüro. Diese Aufnahmen spielten sie den Spielsüchtigen dann vor, während sie ihnen Stromschläge zufügten, und zwar mit einem Gerät, das ursprünglich für Experimente mit Affen entwickelt worden war. Darüber hinaus spielte Barker seinen Patienten auch Aufnahmen ihrer Familien vor, die ihre Wut und Verzweiflung gegenüber den Süchtigen deutlich zeigten.

»Viele seiner Denkansätze waren ein bisschen futuristisch«, sagte Harry Sheehan, der Pflegeleiter. »Und auf viele im Shelton Hospital wirkte Barker autoritär und zu geradeheraus. Dummköpfe konnte er nicht ertragen«, fuhr er fort. »Wenn er etwas brauchte und man ihm zusicherte, es zu besorgen, dann erwartete er, dass es auch prompt geschah.« Ebenso wie Enoch machte auch Barker sich die lasche Klinikverwaltung zunutze, um seine eigenen Ideen voranzutreiben. »Wenn er eine Sache angefangen hatte, ein Therapie- oder Behandlungsverfahren, dann brachte er das auch zu Ende«, so Sheehan. »Und keiner redete ihm rein, von wegen: ›Nein, das machst du nicht, das geht nicht.‹ Er zog sein Ding durch.«

Barkers Kompetenz aber verbarg eine Schwäche. Der Wechsel nach Shelton kam unerwartet und war eine Degradierung. Im Herrison Hospital war Barker Chefarzt gewesen. Im Alter von 38 Jahren war ihm die Leitung der Klinik übertragen worden. Aber diese Stelle bekleidete er nur wenige Monate. Ein Kollege erinnerte sich an ihn nur als einen korpulenten Arzt, einzig an der eigenen Karriere interessiert, wenig bemüht um einen freundlichen Umgang mit den Kollegen. Es gab Gerüchte über einen Nervenzusammenbruch und mögliche Entgleisungen. In manchen Momenten seines Lebens litt Barker unter »emotionaler Belastung bis kurz vor dem ›Zusammenbruch‹«, wie er es beschrieb. Als er nach Shelton kam, war er in einem labilen Zustand, litt unter Gewichtsschwankungen, hatte vorquellende Augen und vermittelte keinen wirklich gepflegten und gesunden Gesamteindruck. »Er war richtig neben der Spur«, sagte Enoch. »Richtig verlottert, dachte ich, als ich ihn das erste Mal sah … und die Leute fragten sich, ›Was macht der denn hier im Shelton Hospital?‹ Schutz suchen, wenn man so will.« Doch Enoch war überaus dankbar, in Barker einen gleichgesinnten Kollegen zu haben, ohne ihn jemals groß nach seiner Vergangenheit gefragt zu haben. »Er war äußerst fähig«, sagte er. »Mehr wollte ich gar nicht wissen.«

*

Auf seinen Aufruf zur Aberfan-Katastrophe erhielt Barker 76 Zuschriften: Ein 63 Jahre alter Mann namens J. Arthur Taylor aus Stacksteads, einem Dorf am Rande der Hochmoore von Lancashire, hatte zwei Nächte vor der Katastrophe geträumt, er sei in Pontypridd im südlichen Wales gewesen, wo er jahrelang nicht mehr war. Er wollte ein Buch kaufen und stand plötzlich vor einer großen Maschine mit Tasten. »Nun, ich hatte noch nie einen Computer gesehen. Das hier war wohl einer, keine Ahnung. Und wie ich so vor dieser Maschine stand, schaute ich hoch und sah den Schriftzug ABERFAN, weiße Buchstaben, quasi freischwebend, vor einem schwarzen Hintergrund. Einige Minuten lang, so schien es. Dann drehte ich mich um, schaute in die andere Richtung, sah durch ein Fenster auf ganze Häuserzeilen, und alles schien verfallen und verwüstet.« ABERFAN, der Name sagte Taylor nichts (obgleich er an dem kleinen Ort schon oft vorbeigefahren war), bis er ihn dann am Tag der Katastrophe im Radio hörte.

Eine 47 Jahre alte Frau namens Constance Milder aus Plymouth hatte während einer spiritistischen Sitzung am Abend vor dem Haldenabrutsch eine Vision: Vor sechs Zeugen erzählte sie, sie habe ein altes Schulhaus gesehen, einen walisischen Bergmann und »eine Kohlelawine«, die einen Berg hinabschoss. »Am Fuße des Hangs mit der bergab rasenden Kohle stand ein kleiner Junge mit langen Ponyfransen, zu Tode erschrocken. Dann ›sah‹ ich eine ganze Weile lang den einsetzenden Rettungsarbeiten zu. Ich hatte den Eindruck, dass der kleine Junge zwar zurückgelassen, letztlich aber gerettet wurde. Er sah todtraurig aus.« Milder erkannte den Jungen später in den Abendnachrichten.

R. J. Wallington aus Rochester in der englischen Grafschaft Kent war Tage vor dem Aberfan-Unglück überzeugt, dass sich an besagtem Freitag eine nationale Katastrophe ereignen würde: »Es überkam mich derart stark, so, als würde dir kurz vor knapp noch einfallen, dass deine Frau morgen Geburtstag hat«, schrieb er. Als er am 21. Oktober zur Arbeit kam, sagte er zu seiner Sekretärin: »Heute ist es soweit.«

In Hillingdon, einem Viertel am äußeren westlichen Stadtrand von London, hatte Grace Richardson, eine 30-jährige Filmtechnikerin, die ganze Woche lang immer wieder einen lästigen Geruch in der Nase gehabt, erdig und faulig, den sie als Geruch des Todes wahrnahm. Etwa eine Stunde vor der Katastrophe fragte sie George Jordan, einen Kollegen, der neben ihr arbeitete, ob er ihn denn nicht auch riechen könne, diesen komischen Geruch. Er verneinte. Etwa 15 Minuten nachdem die Schule verschüttet worden war, sprang Richardson auf, völlig bestürzt, und meinte, dass etwas Schreckliches passiert sei. »Ihr Gesicht war puterrot, und sie keuchte schwer«, schrieb Jordan in einer Begleitnote an Barker. »Weder sie noch ich noch sonst irgendwer im Technikraum hatte von irgendeiner Katastrophe gehört oder gesprochen.«

Barker antwortete den »Perzipienten« (den Wahrnehmenden), wie er sie nannte, und bat um nähere Einzelheiten und Zeugen. Unter 60 glaubhaften Vorahnungen waren 22, deren Beschreibung erwiesenermaßen erfolgt war, bevor sich Abraumhalde Nummer sieben in Bewegung setzte. Das vorliegende Material bestärkte Barker in seiner Überzeugung, dass Präkognition, die Fähigkeit, ein zukünftiges Ereignis wahrzunehmen oder vorherzusagen, in der breiten Bevölkerung gar nicht so selten vorkam – und vielleicht genauso verbreitet sein könnte wie Linkshändigkeit. Für ihn war die Vision von Eryl Mai Jones, dem Mädchen, das beim Haldenabrutsch in Aberfan ums Leben kam, »ein Beispiel purer Präkognition«, und die detaillierte Beschreibung von Constance Milder auf der spiritistischen Sitzung in Plymouth nicht minder erstaunlich.

Als Arzt galt Barkers Augenmerk insbesondere sieben Personen, deren Vorahnungen sowohl von körperlichen als auch von psychischen Symptomen begleitet wurden. Die meisten von ihnen, Männer wie Frauen, bezeichneten sich selbst als »regelmäßige Seher«, deren Vorahnungen sich über die Jahre hinweg stets erfüllt hatten. Zu ihnen zählten Grace Richardson, die Filmtechnikerin, Miss Middleton, die morgens mit zugeschnürtem Hals aufgewacht war, sowie eine Frau, die in der Forschungsabteilung der Bank of London and South America arbeitete und im Vorfeld der Katastrophe alle zwei Stunden »sehr starke positive ›Wellen‹« erlebt hatte, die ihre Konzentration störten.

Auch Alan Hencher, der in der internationalen Telefonzentrale des General Post Office (GPO) arbeitete, war einer der sieben. Henchers Brief war auf den 29. Oktober datiert, dem Tag nach Erscheinen von Fairleys Aufruf. Doch im Gegensatz zu den meisten anderen Briefeschreibern, die entweder unsicher wirkten oder auch übereifrig bemüht, um ja glaubhaft zu erscheinen, klang Hencher fast gleichgültig: »Ich kann gut leben mit der Gabe, bestimmte Ereignisse vorherzusagen zu können, aber ich habe keinen blassen Schimmer, wieso und warum das so ist, wie es ist«, schrieb er.

24 Stunden vor der Aberfan-Katastrophe hatte Hencher

Überstunden in der internationalen Telefonzentrale des General Post Office (GPO) im Faraday House gemacht, unweit der Blackfriars Bridge in London. Laut Hencher gingen den meisten seiner Vorahnungen qualvolle Kopfschmerzen voraus – »als hätte ich eine Stahlschelle um den Kopf« –, die sich über Tage hinweg verschlimmerten. Die körperlichen Empfindungen, die er vor dem Aberfan-Unglück verspürte, waren völlig unvermittelt:

> Es traf mich schlagartig, ohne Vorwarnung. Ich begann am ganzen Körper zu zittern, mir war flau, und ich konnte mich kaum mehr auf meine Arbeit konzentrieren. Ob ich mich krank fühlte, fragte die Kollegin am Arbeitsplatz neben mir, woraufhin ich nur meinte, dass sich gerade irgendwo in diesem Land eine große Katastrophe ereignete, die viele Menschen das Leben kosten könnte. Wo genau, konnte ich nicht sagen, aber das konnte ich auch sonst noch nie. (Die Kollegin sah mich äußerst besorgt an und scheint mir seither aus dem Weg zu gehen.)

Als wolle er ein weiteres Kapitel für Enochs Studie über seltene psychische Zustandsbilder schreiben, postulierte Barker die Existenz eines »Präkatastrophen-Syndroms«, wie er es nannte, das sich auf die (außersinnliche) Wahrnehmung kommender Ereignisse bezieht und als solches nur einer kleinen Teilgruppe der Gesamtbevölkerung erfahrbar sein könnte. Barker theorisierte, dass bevorstehende wichtige oder emotionale Ereignisse bei manchen Menschen von körperlichen Empfindungen begleitet werden, ähnlich wie bei Zwillingen, die den Schmerz des jeweils anderen spüren, selbst dann, wenn sie sich viele Hunderte Kilometer voneinander entfernt befinden. »Ist dies vielleicht ein bislang unerkanntes medizinisches oder psychosomatisches Phänomen, ähnlich dem, das als ›sympathetische Schmerzprojektion‹ bekannt ist?«, fragte Barker in einem 1967 im *Journal of the Society for Psychical Research* erschienenen Artikel. »Gründen die auftretenden Symptome möglicherweise in einer Art telepathischer ›Schockwelle‹, ausgelöst durch eine Katastrophe? Und wenn ja, warum werden sie zeitlich vor einem eintreffenden Ereignis empfunden und nicht zur gleichen Zeit …? Gewiss, diese ›menschlichen Frühwarnsysteme‹ müssten noch viel genauer untersucht werden, erfordern vielleicht auch umfassende psychiatrische Studien.«

Barker sah in den Aberfan-Vorahnungen ein vielversprechendes Forschungsthema, war sich aber auch der Schwierigkeiten bewusst, die dem im Wege stünden. Sie waren, wie die meisten anderen Beschreibungen prognostischer Intuitionen auch, allesamt nach Eintritt der Katastrophe zusammengetragen worden. Es erhob sich außerdem die metaphysische Frage, was genau die Menschen wohl wahrnähmen: Das Unglück selbst? Den emotionalen Schock? Oder den dadurch ausgelösten Schmerz? »Die Aberfan-Katastrophe kann nicht getrennt von den Meldungen darüber betrachtet werden«, schrieb Barker.

Doch was ließ sich mit diesen Informationen anfangen? Selbst wenn man all diese Träume und Warnungen damals öffentlich gemacht hätte, so Barker, gab es keinerlei Grund, warum man ihnen hätte glauben oder entsprechend darauf reagieren sollen: »Erstens wären die Vorahnungen wohl nicht eindeutig genug gewesen«, schrieb er, »und zweitens fehlte es den Leuten an Mitteln und Wegen, sie den zuständigen Behörden zu übermitteln.« Viele der Perzipienten, die sich auf Fairleys Aufruf hin gemeldet hatten, waren einfach nur dankbar, Gehör zu finden. »Soweit meine Fakten!«, schrieb die Frau aus der Forschungsabteilung der Bank of London and South America. »Ich freue mich über die Gelegenheit, Sie über diese Dinge informieren zu können, wo die meisten Leute dazu neigen, einen für verrückt zu erklären, sobald man davon anfängt.«

*

Abb. 6: Internationale Telefonzentrale des General Post Office (GPO), Arbeitsplatz von Alan Hencher.

Am 26. Oktober wurde ein Tribunal ernannt, ein Sondergericht, um Ursachen und Umstände der Aberfan-Katastrophe aufzuklären. Am 29. November, einem Dienstag, etwas mehr als einen Monat nach dem Haldenabrutsch, begann die öffentliche Untersuchung der Katastrophe von Aberfan mit der Anhörung von Zeugen am College of Further Education in Merthyr Tydfil. Das College war ein modernistischer Flachbau, der 1952 im Zuge der örtlichen Sanierungen fertiggestellt worden war. Dichter Nebel lag über dem ganzen Land, und Schnee und Eis bedeckten den Boden. Vier überlebende Lehrer der Pantglas Junior School waren anwesend.

Eine der zentralen Fragen drehte sich darum, ob man das Unglück nicht hätte vorhersehen und vermeiden können. Schließlich hatte es im Dezember 1939, acht Kilometer südlich von Aberfan, im gleichen Tal, schon einmal einen Haldenabrutsch gegeben, bei dem fast 200 000 Tonnen Kohleabfälle einen Hang hinabgestürzt waren. Die schwarze Lawine setzte sich damals um 13:40 Uhr in Gang, begrub einen gut 150 Meter langen Abschnitt der Hauptstraße nach Cardiff unter sich und füllte das Flussbett des River Taff bis zu viereinhalb Meter hoch auf. Nur durch riesengroßes Glück kam an jenem Nachmittag niemand ums Leben. Doch es entstand ein Schaden von 10 000 britischen Pfund, und der anschließend erstellte Bericht mit dem Titel »The Sliding of Colliery Rubbish Tips« (Abrutschungen von Abraumhalden), der unter Bergwerkingenieuren in South Wales in Umlauf gegeben wurde, wurde ordnungsgemäß abgelegt, meist ungelesen.

1944, wenige Jahre danach, geriet Abraumhalde Nummer vier, oberhalb von Aberfan, in Bewegung und rutschte 550 Meter tief über den Merthyr Mountain hinab ins Tal. Und 1963 war es auf Abraumhalde Nummer sieben bereits zu einem Teilabbruch gekommen.

Das Tribunal kam zu folgendem Schluss: Drei beunruhigende Abrutschungen auf der Zeche Merthyr Vale hatten dem Betreiber eine mögliche Tragödie durchaus angekündigt, waren aber wohl immer noch selten genug, um »unbeachtet im Reich des Vergessens zu landen«. Bevor in Aberfan 144 Menschen starben, hatte der Betreiber, das staatliche National Coal Board (NCB), keinerlei Konzept entwickelt – weder für den sachgerechten Verbleib noch für die sichere Kontrolle der

Abermillionen Tonnen von Abraum. Im Zuge der Befragungen wurde Joseph Baker, der Bergwerkingenieur, der mit dem Zechen-Betreiber zusammen den Standort für Abraumhalde Nummer sieben ausgewählt hatte, als Zeuge geladen. Baker war 63 und gerade erst in den Ruhestand eingetreten. Seit er 14 war, hatte er in den Minen gearbeitet. Er brachte vor, dass eine Abraumhalde so lange als sicher gilt, solange sie sich nicht in Bewegung setzt. So sei es immer schon gewesen, sagte er. »Ist das nicht ein völlig falscher Ansatz?«, fragte ihn ein Anwalt. »Wahrscheinlich, Sir«, erwiderte Baker. »Wir haben es nicht kommen sehen.«

Nachdem sich die Leute 1960 über die Abraumhalde Nummer sieben beschwert hatten, war Joseph Baker den Hügel hinaufgestiegen, und er trieb ein paar Pflöcke in den Boden vor der Halde, die er von Zeit zu Zeit kontrollierte. Stück für Stück versanken sie im Schlamm, dagegen unternommen aber hatte er nichts. In den Jahren 1963 und 1964 schrieben ein örtlicher Amtsingenieur und ein Stadtrat an das National Coal Board, voller Sorge vor »der Gefahr durch Kohleschlamm, der gleich hinter den Pantglas-Schulen verkippt wird«. Selbst der Parlamentsabgeordnete von Aberfan war in Sorge wegen der Abraumhalden, scheute sich aber, irgendetwas zu unternehmen, was den Fortbestand der Mine gefährden könnte. Niemand hätte gedacht, dass Menschen sterben könnten. Dabei wusste jeder im Dorf, dass sich unter der Kippstelle von Abraumhalde Nummer sieben eine Quelle befand, deren Wasserlauf sogar auf einer offiziellen Karte, der Ordnance Survey-Map, eingetragen war. Früher hatten Kinder noch in einem Teich gespielt, der die Quelle speiste. Seit 1949 hatten sich die Dorfbewohner, darunter auch die Schulleiterin der Pantglas School sowie die Anwohner der Moy Road, mehrfach beim Minenbetreiber darüber beklagt, dass die Halden das von den Hügeln herabfließende Wasser verschmutzten, was zu Überflutungen mit schmieriger, schwarzer Kohlebrühe führte. Der Abrutsch im Jahr 1963 hatte den Teich vollständig verschüttet, und in den drei Jahren danach wanderte der Fuß der Halde immer weiter ins Tal hinein, »so als würde Druck von hinten ihn nach vorne wälzen«, so ein Zeuge. Kinder und Schafe blieben im Morast stecken und mussten herausgezogen werden.

Monate vor der Katastrophe meldeten Anschläger, dass sich die Haldenspitze um sechs bis zehn Meter nach unten bewegt hatte, gemessen an einem toten Baum (dem Henkersbaum, wie sie ihn nannten), den sie als Bezugspunkt nahmen. »Klar sinkt sie ab, untendrunter ist ja auch ein Fluss«, sagte Leslie Davies seinen Männern. Vor dem Tribunal erklärte Davies, es sei nicht seine Aufgabe, das, was er auf dem Hügel über dem Dorf gesehen habe, zu interpretieren. »Ich werde schließlich nur dafür bezahlt, Abraum zu verkippen und ihn zu beseitigen«, sagte er. »Für nichts anderes.«

Anzeichen im Vorfeld der Katastrophe gab es zuhauf. Aber niemand nahm sie ernst genug oder fürchtete sich genug, um eins und eins zusammenzuzählen und die Folgen abzusehen. Im Fazit des Tribunals hieß es unter anderem:

> 17. Nach unseren Feststellungen waren viele der Zeugen, nicht ausgenommen diejenigen, die gebildet und bemüht waren, uns zu unterstützen, blind gegenüber dem, was direkt

vor ihren Augen lag. Es drang nicht in ihr Bewusstsein. Sie waren wie Maulwürfe, die man zu den Gewohnheiten von Vögeln befragt.

Noch während die Anhörungen liefen, kam Chuck Rapoport, ein US-amerikanischer Fotograf für das *Life Magazine,* nach Aberfan, um das Leid zu dokumentieren. Rapoport war 29 und hatte einen sechs Monate alten Sohn. Er nahm sich ein Zimmer im obersten Stockwerk des Hotel Mackintosh auf der Moy Road, wo der erste Notruf abgesetzt worden war. Von seinem Fenster aus hatte er einen guten Ausblick auf die Verwüstung. Das Dorf war von Reportern und Schaulustigen aller Art überrannt worden. »Wie wilde Tiere, die unsere Seelen plündern«, sagte ein alter Mann zu Rapoport, gleich als er ankam. Gerade wäre die Queen dagewesen.

Rapoport war nie zuvor in Wales gewesen. Für seinen letzten *Life*-Artikel hatte er Polizisten durch Manhattan begleitet und rund um den Times Square Straßenprostituierte und andere Menschen vom Rande der Gesellschaft fotografiert. »Wales, das war in meiner Vorstellung ein dunkler, düsterer, regnerischer, deprimierender Ort, und genau so fand ich es auch vor, als ich hier ankam«, sagte er. »Es war Winteranfang. Es schneite. Es regnete viel. Und der Schlamm vom Haldenrutsch türmte sich noch immer in den Straßen, meterhoch.« Rapoport kaufte sich ein Paar Gummistiefel, die er so gut wie gar nicht mehr auszog. In seinem Zimmer war es furchtbar kalt. Er beschaffte sich zusätzliche Heizgeräte, die für einen Kurzschluss im Rest des Gebäudes sorgten. Er verbrachte viel Zeit im Pub im Erdgeschoss, wo die Männer von Aberfan zusammenkamen, um auch mal über andere Dinge zu reden und zu scherzen.

Doch er beobachtete auch, dass sie oft weinten, wenn sie allein in einer Ecke saßen. »Sie wussten, ich war fremd hier und bald wieder weg.« Sie sahen ihn nicht als Gefahr.

Und ihm fiel auf, dass es im Dorf zwei Lager gab: Diejenigen, die so eine Katastrophe für undenkbar gehalten hatten, und diejenigen, die sie hatten kommen sehen und sich nun niemals verzeihen würden, sie nicht aufgehalten zu haben. »Da gab es die Jungs im Pub … die man sagen hörte, ›Chuck, hättest du jemals geglaubt, dass so etwas passiert und alle unsere Kinder dabei sterben würden?‹ In einem fort ging das so, als wären sie völlig erstaunt darüber«, erinnerte sich Rapoport. »Das waren die einen. Und die anderen sagten: ›War doch absehbar. Sie hätten im Frühjahr hier sein müssen, als das Wasser unter der Halde nach oben drängte; man konnte förmlich sehen, wie es überall hervortrat. Da war nichts, was diese Halde stabil hielt. Alle wussten das.‹«

Während seines Aufenthalts in Aberfan hörte Rapoport auch die Geschichte von Eryl Mai Jones, dem Mädchen, das geträumt hatte, etwas Schwarzes sei auf die Schule gefallen, bevor es an jenem Morgen in den Trümmern starb. Er verbrachte viel Zeit mit Eryls Mutter Megan. Die Familie führte eine Eisenwarenhandlung. Die Menschen im Dorf interpretierten die düstere Vision des Kindes nach ihrer eigenen Fasson, je nach eigenem Blick auf die Katastrophe. Rapoport wusste nicht, was er davon halten sollte. Vielleicht war es ein prophetischer Traum, gut, vielleicht war es aber auch nur kindliches Geplapper an einem x-beliebigen Morgen. »Ich kann verstehen, wenn man an so einen Kram nicht glaubt«, sagte Rapoport. »Woher will man denn wissen, ob dieses Mädchen tatsächlich eine dunkle Vorahnung hatte, oder ob es einfach nach einer Ausrede suchte, nicht in die Schule zu müssen.«

Rapoports fotografische Aufnahmen vom Ort der Katastrophe gehen unter die Haut. Leid und Trauer grenzen an Wahnsinn. Er hörte von einem Mann, der alles verloren hatte: John Collins, ein technischer Kontrolleur, hatte in Cardiff zu tun, als die tödliche Lawine nicht nur sein Haus in der Moy Road niederwalzte, sondern ihm auch Frau und beide Söhne nahm – Peter (daheim im Haus) und Raymond (auf dem Weg zur Schule). Alles war weg. Rapoport und *Life*-Reporter John Hicks trafen Collins etwa einen Monat nach der Katastrophe im Haus seiner Schwägerin. Er saß im Wohnzimmer, in einem geliehenen Anzug (eigene Kleider hatte er nicht mehr), und rauchte eine Zigarette.

Hicks interviewte den gebeutelten Mann. Danach wollte Rapoport ein Foto von ihm machen und stockte. »Zum ersten Mal während meiner Zeit in Aberfan war ich wie gelähmt von seinem Schmerz«, sagte er. »Ich hatte einfach das Gefühl, es wäre mehr als geschmacklos, meine Kamera auf ihn zu richten.« Doch Collins ermutigte ihn. »Nur zu, mein Freund«, sagte Collins. »Ist schließlich Ihr Job.« Und Rapoport verschoss eine ganze Filmrolle. Die Bilder sind erschütternd, bizarr. Eine Tapete mit Blättermuster. Ein Hochzeitsfoto auf einem Sekretär. Collins verbirgt sein Gesicht.

Rapoports Fotoreportage wurde 1967 in der Februarausgabe des *Life*-Magazins veröffentlicht. Eine amerikanische Linguistin, die nach ihrer gescheiterten Ehe mit einem tsche-

Abb. 7: Bergungshelfer, Aberfan.

chischen Sportler, der sich in den Westen abgesetzt hatte, in Brüssel lebte, kaufte die Zeitschrift. Ihre Mutter stammte gebürtig aus Newport in Wales. Sie sah Collins' Porträt und schrieb ihn an. Am Ende waren die beiden 22 Jahre lang glücklich verheiratet, bekamen eine Tochter, die sie Bernice nannten, und Collins hatte eine neue Familie – dank Rapoports Foto.

*

Welche Bedeutung misst man Zufällen im eigenen Leben bei? Für unsere Hochzeitseinladungen wählten meine Frau und ich zwei Elstern als Symbol für Freude und Eheglück. Zu diesem Zeitpunkt, meine Frau war damals auch schwanger, war unser Blick für Elstern unglaublich geschärft, und wir erzählten es uns jedes Mal, wenn wir eine gesehen hatten. Eines frühen Morgens, ein paar Wochen vor unserer Hochzeit, mitten im Trubel der Vorbereitungen für unseren offiziellen Start in ein gemeinsames Leben, schauten wir aus dem Schlafzimmerfenster in unseren Garten – und was sahen wir? Drei Elstern, die nach altem Volksglauben die Geburt eines Mädchens verheißen, hüpften friedlich umher. Wir haben danach nie einen Test zur Bestimmung des biologischen Geschlechts unseres Babys machen lassen, weil wir das sichere Gefühl hatten, es bereits zu kennen.

Es kann sehr schwierig sein, ein Ereignis von der Bedeutung zu trennen, die wir ihm geben wollen, selbst dann, wenn noch so auffällige Dinge passieren. Mit der Zeit, sobald ein unwahrscheinliches Ereignis sich mit der Geschichte eines Lebens oder eines Todes verbindet, wird es praktisch unmöglich, al-

Abb. 8: John Collins, Aberfan.

ternative Szenarien zu sehen, die zuvor genauso möglich gewesen wären. Das Erzählen selbst, als narrativer Akt zur Wiedergabe eines Geschehens, ist auch ein Akt der Eingrenzung, der Ausklammerung abzweigender Zukünfte, bis es so aussieht, als ob es für den Lauf der Dinge nur den einen Weg hatte geben können. Wir schreiben den Dingen Sinn und Bedeutung zu, um unser Dasein unter Kontrolle zu halten, um das Leben lebbar zu machen. Die Alternative nämlich macht uns Angst: Reine Zufälligkeit ist banal und macht uns selbst ganz klein. Mindestens genauso oft aber verschließen wir die Augen vor der Bedeutung einer Realität. Wir wollen sie nicht wahrhaben, um uns das Leben zu erleichtern und uns zu schonen: Nein, auf keinen Fall konnten wir sie kommen sehen, die Katastrophe. Keine Chance. Also ist es einfacher, ein Maulwurf zu sein, der keine Ahnung hat von den Gewohnheiten der Vögel. Den Dingen ihren Lauf zu lassen, sich den Zufällen ergeben, ist ein eigener narrativer Akt, nur sprechen wir darüber sehr viel seltener – über die Elstern, die sich im Garten niederlassen (und ungezählt bleiben); Visionen und Traumbilder, die wir beiseite wischen; Zusammenhänge, die wir uns nicht eingestehen wollen; Tragödien, die nicht aufzuhalten waren. Aber wie unterscheiden wir, welchen Zufällen wir eine Bedeutung beimessen und welchen nicht? Und inwiefern beeinflusst dies die Entscheidungen, die wir daraufhin in unserem Leben treffen? – All das sind zirkuläre Fragen, die sich in den eigenen Schwanz beißen und die wir als Individuen möglicherweise überhaupt nicht beantworten können. Wir können das eigene Leben nicht von außen betrachten. Und würden dies auch nicht wollen.

Die meisten von uns lassen es mehr oder minder gut sein mit solcherlei Fragen, sofern wir uns überhaupt mit ihnen beschäftigen.

Aber es gibt sie, die wenigen Menschen, die Zufälligkeiten nicht einfach ausklammern können. Im Dezember 1931 beschloss Arthur Koestler, ein junger österreichisch-ungarisch-britischer Wissenschaftsjournalist in Berlin, sein Leben umzukrempeln, nachdem er in einer fatalen Nacht ein Vermögen beim Kartenspiel verzockt, mit einer Frau, die er nicht mochte, geschlafen und obendrein sein Auto zu Schrott gefahren hatte. Ein paar Tage später trat er der Kommunistischen Partei bei und schrieb *Sonnenfinsternis*, einen klassischen Roman über totalitäre Macht. Nach dem Krieg ließ er sich in Großbritannien nieder. In den 1960er Jahren, während Barker sich mit ähnlichen Fragen auseinandersetzte, blieb auch Koestler von der Bedeutung des Zufalls verfolgt, insbesondere von merkwürdigen Ereignissen, die sich zu häufen schienen. »Wenn sich große und kleine Katastrophen in kurzer Zeit aneinanderreihen, scheinen sie wie eine symbolische Warnung, als zöge dich eine stumme Macht am Ärmel«, schreibt er in seiner Autobiographie *Pfeil ins Blaue. Bericht eines Lebens* im Rückblick auf jene ausschlaggebende Nacht in Berlin. »Dann liegt es an dir, die Bedeutung der unausgegorenen Botschaft zu entschlüsseln. Ignoriert man sie, wird wahrscheinlich gar nichts passieren; aber möglicherweise hat man eine Chance verpasst, sein Leben neu zu gestalten, und damit auch einen möglichen Wendepunkt.«

*

Barker war fest entschlossen, sein Aberfan-Experiment auszuweiten. Nach Fairleys Artikel hatten auch andere Zeitungen davon berichtet. Das Institute of Psychophysical Research in Oxford startete einen eigenen Aufruf zu Vorahnungen in Bezug auf die Katastrophe und erhielt 200 Zuschriften. Barker spielte mit dem Gedanken, ein Buch über das Thema zu schreiben. Seine Arbeitstage im Hospital waren lang. Aber wenn er abends heimkam, in sein Haus namens »Barnfield«, wo er mit seiner Frau Jane und den drei Kindern lebte, verzog er sich dennoch in sein Arbeitszimmer im Erdgeschoss. Barnfield lag außerhalb der kleinen Ortschaft Yockleton, an einer ruhigen Straße nach Wales.

Seine Frau, Jane Homfrey, hatte Barker 1946 an der St. George's Medical School in London kennengelernt. Er war damals Medizinstudent, sie machte eine Ausbildung zur Krankenschwester. Die Homfrays stammten aus Gloucestershire, die Männer in Janes Familie dienten beim Militär oder bekleideten verschiedene Ämter in den Kolonien. Ihr Vater war Bezirksamtsleiter in Nigeria und starb dort in einem Krankenhaus für Tropenkrankheiten, als sie sieben Jahre alt war. Jane wuchs mit ihrer Mutter und zwei jüngeren Geschwistern in einem kleinen Landhaus unweit von Cheltenham auf. Sie hatte braunes Haar, einen breiten Mund und pflegte eine gute Aussprache. Durch ihre medizinische Ausbildung konnte Jane gut mithalten, wenn es um Barkers Forschungen ging. Sie blieb lange auf und diskutierte mit, wenn seine Kollegen vorbeikamen. Für Barkers Dissertation über das Münchhausen-Syndrom steuerte sie eine Tuschezeichnung bei, die den »Hirsch mit dem Kirschbaum« zeigte und die gleichnamige Geschichte des Lügenba-

Abb. 9: Jane Barker.

rons Münchhausen illustrierte. Sie neckte ihn gerne, und er brachte sie zum Lachen. Im Winter 1966 war Jane mit ihrem vierten gemeinsamen Kind schwanger. Sie liebte ihren umtriebigen, wachsenden Haushalt. Barnfield, das sie gemietet hatten, war eine große, freistehende Villa mit einem weitläufigen Garten, der an eine benachbarte Farm angrenzte. Die Kinder, Nigel, Josephine und Julian, hatten viel Auslauf und Platz zum Toben. Ihr Nachbar baute Geigen in einer Werkstatt auf ihrem Grundstück.

Barkers plötzlicher Weggang aus dem Herrison Hospital, drei Jahre zuvor, hatte ihre Ehe auf eine harte Probe gestellt. Doch Barkers Leben und Karriere hatten sich in Shropshire erholt und stabilisiert. Die ländliche Ruhe, die er in Barnfield fand, schätzte er vor allem beim Schreiben. Neben seinem

»Vorahnungs«-Projekt erregten auch seine schulmedizinischen Forschungen Aufmerksamkeit.

Im September, wenige Wochen vor der Aberfan-Katastrophe, hatte ein Fernsehteam der BBC drei Tage im Shelton Hospital gedreht, um für die Wissenschaftssendung *Tomorrow's World* seine Arbeit mit Spielsüchtigen aufzuzeichnen. Im Dezember sorgte ein weiterer Fall aus der Aversionstherapie, den Barker und Miller im Fachblatt *Pulse* beschrieben, weltweit für Schlagzeilen. Barker und Miller berichteten, einen 33 Jahre alten verheirateten Mann, den sie »Mr. X« nannten, erfolgreich von einer außerehelichen Affäre kuriert zu haben. Der Mann hatte sich in seine Nachbarin verliebt, woraufhin seine Ehefrau versuchte, sich in der Badewanne zu ertränken.

In einem abgedunkelten Raum im Shelton Hospital hatten sie Mr. X abwechselnd Bilder seiner Geliebten und seiner Ehefrau gezeigt und ihm in halbstündigen Sitzungen Elektroschocks von 70 Volt über das Handgelenk zugeführt. »Unmittelbar nach der ersten Sitzung entwickelte er tiefe Schuldgefühle und brach völlig zusammen«, schrieben sie. »Die Folgesitzungen schienen weniger traumatisch, hinterließen aber dennoch tiefe Spuren.« Nach sechs Sitzungen beschrieben Miller und Barker den Mann als »völlig gleichgültig seiner ehemaligen Geliebten gegenüber«. Eheliche Untreue identifizierten sie als »ein verbreitetes und faszinierendes Problem«, das sie unbedingt weiter ergründen wollten.

Die Geschichte erschien unter anderem in allen Zeitungen in ganz Nordamerika. »Psychiater legen Schalter um«, titelte die *Sacramento Bee*, eine lokale Tageszeitung aus dem kalifornischen Sacramento. »Für Mr. und Mrs. X mag das eine gute

Nachricht sein, aber die futuristische Conclusio, wonach Dreiecksbeziehungen, die so alt sind wie die Menschheit, ab sofort von einem Elektroinstallateur ›ausgeschaltet‹ werden können, ist deprimierend«, schrieb Russell Baker, Kolumnist der *New York Times*. In einer Zeit des großen Fortschritts und Experimentierens stellte Baker sich vor, Menschen würden durch Pharmaka und Elektroschocks einfach umprogrammiert, damit sie immer nur das wollen, was gut für sie wäre: »Die Therapie könnte eingesetzt werden, damit Jugendliche samstagabends wieder gerne nach Hause kommen, Mütter wieder gerne den Abwasch machen und Väter sich wieder lieber um ihre Familien kümmern als Fußball schauend vor dem Fernseher zu kleben.«

In Bezug auf Aberfan war Barker sehr darauf aus, so viel Aufmerksamkeit wie möglich zu erregen. Und Fairley, bekannt durch seine Zeitungsartikel, war regelmäßiger Wissenschaftskommentator für *BBC* und *ITV*, den ersten kommerziellen Fernsehsender Großbritanniens. Die beiden Sender entwickelten ein gemeinsames Format, um Barkers Projekt der Vorahnungen publik zu machen. Am 2. Dezember, fünf Wochen nach Erscheinen des ersten Aufrufs im *London Evening Standard*, wurden Fairley, Barker und einige der Aberfan-»Seher« zu einem Live-Interview in die Sendung *The Frost Programme* eingeladen, moderiert von David Frost, dem 27-jährigen Star des Late-Night-Programms. Die Sendung wurde an drei Abenden in der Woche nach den Zehn-Uhr-Nachrichten ausgestrahlt. Für Frost waren es die ersten Schritte auf dem Gebiet des seriösen Journalismus, nachdem er sich Anfang der 1960er

Jahre einen Namen als Satiriker gemacht hatte. Tagsüber arbeitete er mit seinem Redaktionsteam im Television House, der Zentrale von Associated-Rediffusion TV in Holborn (dem heutigen Stadtteil Camden), verbrachte die Mittagspause oft im L'Escargot in Soho und fuhr am Abend dann in die Studios nach Wembley Park, etwas außerhalb des Stadtzentrums. Rund ein Dutzend von Barkers »Sehern« wurde in die Sendung eingeladen, darunter auch Miss Middleton und Grace Richardson (die Filmtechnikerin, die den Tod gerochen hatte). Einige reisten Hunderte Kilometer weit an, um dabei zu sein.

Am Abend der Ausstrahlung begegneten Fairley und Barker den meisten ihrer Aberfan-Perzipienten zum ersten Mal persönlich. Und Fairley war entsetzt, als er sie im Garderobenraum versammelt sah. »›Verrückte‹ wäre zu hart gesagt, aber sie waren definitiv ›anders‹«, schrieb der Journalist später. Ungefähr 20 Minuten vor Beginn der Sendung kam Frost herein, parlierte ein wenig und verschwand dann wieder. Im ersten Teil der Show interviewte Frost den mit dem höchsten Preis für Dichtkunst ausgezeichneten John Betjeman, den *Poet Laureate,* den »lorbeergekrönten Dichter«. Dann ging es in die Werbepause, und danach sollten Barker und seine Perzipienten ihren Auftritt haben. Während der Pause jedoch sah die kleine Gruppe auf einem Monitor, wie Frost mit seinem Produktionsteam diskutierte. Dann war die Pause vorbei, und Frost führte das Interview mit Betjeman einfach fort. Auf ihren Aufruf warteten sie vergeblich. Der Rest der Sendung war reine Improvisation, ein erweitertes Solo für Betjeman, der die Studiogäste animierte, ihre Lieblingsgedichte vorzutragen. »Die 40 Minuten verflogen im Nu«, erinnerte sich Frost später.

Nach der Sendung schaute Frost noch einmal durch die Tür, um sich zu entschuldigen.

Mit einer Stinkwut im Bauch fuhr Barker zurück nach Shrewsbury. Er hatte Enoch erzählt, er würde nach London fahren, um im Fernsehen aufzutreten, mehr aber nicht. »Er war stocksauer, und wie«, erinnerte sich Enoch. Fairley indes konnte gut verstehen, dass Frost Vorbehalte hatte, die kleine Gruppe in einer nationalen Fernsehshow zu präsentieren, zumal er sie hinter den Kulissen in der Studiogarderobe erlebt hatte. Und im kollektiven Bewusstsein war Aberfan noch immer eine offene Wunde. Die Visionen der »Seher« waren bruchstückhaft und leicht zu zerpflücken. Er schlug Barker daher vor, einen ambitionierteren, ergebnisoffenen Ansatz zu verfolgen: die Vorahnungen zu dokumentieren, sobald sie auftauchen, um dann zu sehen, wie viele davon sich verwirklichen. »Die Welt ist voll von Menschen, die behaupten, etwas kommen gesehen zu haben, bekunden dies aber immer erst nach dem Ereignis«, schrieb Fairley.

In den Wochen vor Weihnachten traten Barker und Fairley an Charles Wintour heran, Chefredakteur des *London Evening Standard*, um ihm ihre Idee zu unterbreiten. Sie hatten vor, in den Räumen der Redaktion ein »Premonitions Bureau« einzurichten, wie sie es nannten – ein »Büro für Vorahnungen«. Ein Jahr lang sollten die Leser der Zeitung die Möglichkeit haben, ihre Träume und Vorahnungen einzureichen, die im Büro für Vorahnungen gesammelt und mit tatsächlichen Ereignissen rund um die Welt abgeglichen würden.

Wintour war ein elegant gekleideter, anspruchsvoller Redakteur. 1946 war er als Kommentator zum *Evening Standard* gekommen. Langjährige Weggefährten sagten über ihn, dass ihn der plötzliche Tod seines ältesten Sohnes Gerald, der Ende der 1950er Jahre bei einem Verkehrsunfall ums Leben gekommen war, schlagartig verändert hatte. 1959 brachte »Chilly Charlie«, so sein Spitzname, die Abendausgabe des *Evening Standard* auf ein hohes journalistisches Niveau. Wintour engagierte junge Autoren und Redakteure, sah ihnen genau auf die Finger, las jedes ihrer Manuskripte durch, die er dann mit knappen, scharfen oder auch lobenden Anmerkungen versah und an sie zurückschickte. (Wer sich traute, machte sich einen Spaß daraus und hängte die Seiten auch schon mal in den Redaktionsräumen aus.) Wenn Wintour hochzufrieden war, pflegte er mit dem Mittelfinger auf den Schreibtisch zu klopfen.

Herzstück der Zeitung waren die Klatschkolumne *The Londoner's Diary* und das Feuilleton. Beide Redaktionen dafür befanden sich direkt vor Wintours Büro. Wenn er gerade mal nichts zu tun hatte, lud er einen ihrer vielversprechenden Autoren ins Savoy zum Mittagessen ein. Die meisten Fachjournalisten, so wie Fairley einer war, arbeiteten für die Nachrichtenredaktion und waren daher weniger interessant für ihn. Fairley aber war eine Ausnahme – der Weltraum-Spezialist mit dem scharfen Gespür, das sich schon öfter als nachgerade übernatürlich erwiesen hatte. Seine Artikel fanden besonders bei jungen Lesern großen Anklang, und er hatte ein Talent zur Selbstdarstellung. Wie alle großen Zeitungsredakteure, so war auch Wintour offen für ausgefallene Ideen und ließ sich auf das Experiment ein. Für das Premonitions Bureau ließ Fairley eigens einen Datumsstempel anfertigen und entwarf einen Elf-Punkte-Schlüssel zur Bewertung der Vorhersagen: fünf Punkte für Ungewöhnlichkeit, fünf Punkte für Treffsicherheit und einen Punkt für genaues Timing.

*

In der ersten Woche des Jahres 1967 legten Barker und Fairley los und begannen zunächst damit, die eingereichten Vorahnungen zu protokollieren.

Um diese Zeit, genauer gesagt schon seit der Zeit vor Weihnachten, trainierte der Rennbootfahrer Donald Campbell auf dem See Coniston Water im englischen Lake District für einen neuen Geschwindigkeitsweltrekord auf dem Wasser, und der *Evening Standard* hatte, wie fast alle großen Zeitungen des Landes, einen Reporter vor Ort, um darüber zu berichten. Campbell war ein Idol des britischen Rennsports der Nachkriegszeit, ein Rekordjäger zu Lande und zu Wasser. All seinen dafür eingesetzten Fahrzeugen gab er den Namen *Bluebird,* nach einem gleichnamigen Theaterstück des belgischen Dramatikers Maurice Maeterlinck. Den Drang, immer höhere Geschwindigkeiten erreichen zu wollen, verglich er mit dem menschlichen Forscherdrang. »Umso schneller der Mensch reist, umso mehr Schwierigkeiten schlagen ihm entgegen, und umso entschlossener ist er, sie zu überwinden und zu verstehen; und umso weiter er vorstößt, Schritt für Schritt, umso tiefer dringt er ein in das Unbekannte«, schrieb Campbell 1955. »Ein innerer Drang, der zu einer Art Krankheit wird, die man im Blut hat, die sich nährt von der Lust und vom Zauber.«

In den 1960er Jahren war Campell quasi der ungeschlagene Held im Motorrennsport. Er setzte auf leistungsstarke Technologien – und er war sehr abergläubisch. In das Armaturenbrett seines Schnellboots war ein Emaille-Medaillon des Heiligen Christophorus eingelassen, des Schutzpatrons der Reisenden. Und auch Mr. Whoppit, sein Glücksteddybär, war immer mit an Bord. Er hasste die Farbe Grün. Auf dem Coniston Water, im Winter 1966, sprach er seine Ängste laut in den Wind, um sie zu verscheuchen. Am 13. Dezember, einem heiteren, frostig kalten Wintertag, jagte er im *Bluebird K7*, einem sogenannten Hydroplane mit Jet-Triebwerk, mit knapp 450 km/h über den See und erfasste eine Möwe, was er als schlechtes Omen betrachtete. Die Kollision hinterließ eine Delle am Boot, die er aber nicht reparieren lassen wollte. Einem Fernsehteam erzählte er von einem Erlebnis, das er 1964 in Australien gehabt hatte: In seinem *Bluebird CN7*, einem von einer Gasturbine angetriebenen Rennfahrzeug, war es ihm gelungen, auf dem feuchten, tückischen Salzbett des Lake Eyre mit knapp 650 km/h den bestehenden Geschwindigkeitsrekord zu Lande zu brechen. Dabei traute er sich zunächst nicht, sein Fahrzeug zu wenden, um den Rekordversuch abzuschließen, und hielt an. Und während er im ausgetrockneten Lake Eyre verharrte, spiegelte sich in der Windschutzscheibe plötzlich ein Bild seines Vaters, ebenfalls Geschwindigkeitsrekordler, der 1946 verstorben war. »Keine Angst. Es wird gutgehen, mein Junge«, sprach sein Vater, und Campbell beendigte die Runde schneller als je zuvor. »Macht daraus, was ihr wollt – ich kann es euch nicht erklären. Aber so war es«, sagte er den begeisterten Reportern am Ufer des Coniston Water.

Am ersten Weihnachtstag 1966, ohne Techniker oder Sicherheitsteam, überredete Campbell einen Freund aus dem

Dorf, ihm dabei zu helfen, *Bluebird K7* zu Wasser zu lassen, und donnerte dann alleine los. Auf einer Silvesterparty im Sun Pub prostete er ein paar Tage später um Mitternacht den Presseleuten zu: »Ich weiß, dass ihr alle darauf wartet, dass ich mir das Genick breche«, tönte er.

In den ersten Neujahrstagen vertrieb sich Campbell gerne die Zeit mit Kartenspielen, während er darauf wartete, dass sich die Wasserfläche wieder beruhigte. Eines Abends, nach einem Tag mit Schnee und Eis, saß Campbell in seinem Bungalow und legte eine Patience, während er in seinem Bungalow auf seine Kartenspielfreunde wartete. Er legte das Pik-Ass, gefolgt von der Dame. Nachdem seine Freunde eingetrudelt waren, erzählte er einem von ihnen, David Benson, der für den *Daily Express* schrieb, dass Maria Stuart, Königin von Schottland, vor ihrer Enthauptung im Jahr 1587 die gleichen Karten gelegt hatte. Campbell blieb an jenem Abend lange auf. »Ich habe die böse Ahnung, dass es mich diesmal erwischen wird«, waren Campbells Worte, an die Benson sich später erinnerte. »Seit Tagen schon habe ich dieses Gefühl.«

Der nächste Morgen war der 4. Januar, ein Mittwoch. Campbell hatte Cornflakes zum Frühstück und eine Tasse Kaffee mit einem Schuss Brandy. Das Wasser auf dem See war leicht bewegt, aber ruhig genug, um *Bluebird K7* um 8:40 Uhr zu Wasser zu lassen. Wenn er seinen eigenen Geschwindigkeitsrekord brechen wollte, musste Campbell zwei Läufe über 1000 Meter mit einer durchschnittlichen Geschwindigkeit von 480 km/h absolvieren – einmal quer über den See und wieder zurück.

Um 8:50 Uhr ging der *Evening Standard* in Druck, mit einem ersten Artikel über die Eröffnung des Büros für Weissagungen – »If you dream of a disaster …« (*Wenn du von einer Katastrophe träumst …*) lautete die Überschrift. In derselben Minute, auf dem Coniston Water, setzte Campbell zu seinem zweiten 1000-Meter-Lauf an, erreichte eine Höchstgeschwindigkeit von 520 km/h und lag damit weit jenseits des Weltrekords. Er machte kehrt, wartete aber nicht ab, bis sich die Heckwelle im aufgewühlten Wasser gelegt hatte, und so lag das Boot nicht stabil, schlug in einem wilden Auf und Ab immer wieder hart auf die Wasseroberfläche, stieg plötzlich senkrecht auf, kippte, überschlug sich mehrfach und tötete ihn. Bis zum späten Nachmittag füllten Fotos des Rennboots sowie die Geschichte von Campbells ominösen Patience-Karten die Titelseite nicht nur des *Evening Standard*. Der Funkverkehr hält Campbells letzte Worte fest, während er in den Tod rast: »Hallo, das war's … Ich gehe«, sagt er, gefolgt von einem letzten leisen Seufzen.

II.

Vorahnungen sind unmöglich – und sie werden andauernd wahr. Nach dem Zweiten Hauptsatz der Thermodynamik können sie gar nicht passieren, aber trotzdem denkst du an deine Mutter, und schon ruft sie an. Wir können Dinge unmöglich sehen oder fühlen, bevor sie eintreten. Trotzdem scheinen sie oft irgendwie vorhanden. Zufallsbegegnungen, alte Freundschaften, Liebesbeziehungen oder Todesereignisse schießen uns plötzlich in den Sinn. In *G.*, einem Roman des britischen Schriftstellers John Berger, denkt der Erzähler beim Rasieren an einen alten Freund aus Madrid und fragt sich, ob er ihn auf der Straße wohl noch erkennen würde, nach 15 Jahren. Dann geht er nach unten zum Briefkasten und findet einen langen Brief von eben diesem Freund:

> Solche »Zufälle« sind nichts Ungewöhnliches; jedermann ist mit ihnen mehr oder weniger vertraut. Sie vermitteln uns die Einsicht, wie approximativ und willkürlich unser normales Zeitgefühl ist. Kalender und Uhren sind nur höchst unvollkommene Erfindungen in unserem Dasein. Die Struktur unseres Verstandes ist so, dass uns das wirkliche Wesen der Zeit meist entflieht. Und doch wissen wir, dass es dort ein Geheimnis gibt. Wie es uns mit einem noch nie gesehenen Gegenstand im Dunklen geht: wir können unseren Weg er-

Abb. 10: Der Tod von Donald Campbell auf dem See Coniston Water.

tasten, indem wir etwas von seiner Fläche fühlen. Doch identifizieren können wir ihn nicht.[2]

In die Zukunft zu sehen war in der Vergangenheit sehr viel verbreiteter. Die Bibel ist voll von (erfüllten) Prophezeiungen. Im Buch Samuel erfahren wir, dass Propheten, bevor sie Propheten waren, als *ro'aeh* oder *hozaeh* bezeichnet wurden, vom Hebräischen »sehen«. »Eure Söhne und Töchter werden aus göttlicher Eingebung reden, eure jungen Männer werden Visionen haben und die alten Männer prophetische Träume«[3], spricht der Herr zu Joël. Ich kannte weder diesen Bibelvers noch das Buch Joël, bis ich ihn im November 2019 als Widmung in der Denkschrift für Miss Middleton las. Am nächsten Morgen, gleich nach dem Aufstehen, hörte ich denselben Vers im Radio.

Vorahnungen seien reine Zufälligkeiten, so die rationale Erklärung. Doch tun wir uns nicht leicht damit, den Zufall zu akzeptieren und anzuerkennen. Unser Gehirn nämlich argumentiert dagegen. Als Lebewesen bevorzugen wir Muster gegenüber Musterlosigkeit. Ende des 18. Jahrhunderts postuliert Immanuel Kant, dass unser menschlicher Geist die Dinge, die uns als reales Etwas begegnen, nicht einfach nur passiv aufnimmt, hintereinanderweg, sondern dass er überaus rege und konstruktiv arbeitet – wir sind es, die konkludieren, imaginieren, unsere Wahrnehmungen formen und begrenzen, noch während wir sie erleben. »Die Gegenstände«, so schreibt er 1787, »müssen sich nach unserem Erkenntnis richten«.[4]

Kant war sicher, dass er damit richtig lag: Es ist allein unsere subjektive »Vorstellung«, mit der wir die Welt um uns herum formen, nicht umgekehrt. Er verglich sich mit Kopernikus, der bewiesen hat, dass die Erde sich um die Sonne bewegt, nicht die Sonne um die Erde. Aber Kants empirische Psychologie der Wahrnehmung war überladen und schwer zu beweisen. Viele Philosophen fanden sie geradezu beschämend. Doch dann, Mitte des 19. Jahrhunderts, knüpfte der deutsche Universalgelehrte Hermann von Helmholtz an Kants Ausführungen zur Sinneswahrnehmung an und gab ihm recht. In seinem Werk *Handbuch der Physiologischen Optik* legt er dar, dass vieles in unserer visuellen Wahrnehmung aus dem »unbewussten Schluss« entstehe, aus dem, was wir zu sehen erwarten, nicht aus einer unmittelbaren Verarbeitung von Licht und Formen.

Vorstellungen wie etwa von Raum und Zeit, die in unseren Köpfen existieren, helfen unserem visuellen System dabei, die andernfalls nicht entzifferbare Folge von auf dem Kopf stehenden Teilbildern, die in einem fort über unsere Netzhaut blitzen, zu einem kohärenten Bild zu ordnen. In einer Vorlesung, die er 1855 hielt, erzählte Helmholtz von dem Moment, da ihm als kleiner Junge in Potsdam das perspektivische Sehen bewusst wurde: »Ich entsinne mich selbst noch deutlich des Augenblicks, wo mir das Gesetz der Perspektive aufging, dass entfernte Dinge klein aussehen. Ich ging an einem hohen Turm vorbei, auf dessen oberster Galerie sich Menschen befanden, und mutete meiner Mutter zu, mir die niedlichen Püppchen herunterzulangen, da ich durchaus der Meinung war, wenn sie den Arm ausstrecke, werde sie nach der Galerie des Turmes hingreifen können«[5], sagte er. Bis dahin sei ihm nicht klar gewesen, dass Dinge, die weiter entfernt sind, kleiner erscheinen. Helmholtz bemerkte, dass diese (unbewussten)

»Schlüsse«, einmal erworben, einzig und allein in unserem Gehirn wohnen, von dort aus aber die Macht haben, unsere Realität zu formen. Einmal erkannte Wahrheiten können nie mehr unerkannt bleiben. Die »Püppchen« hoch auf dem Turm sah Helmholtz so nie wieder. »Kurz: die Qualitäten können wir hinwegdenken, den Raum nicht. Dies ist nun wohl nicht so zu fassen, dass wir immer Raum vorstellen müssten, auch im tiefsten traumlosen Schlaf, sondern bedeutet nur, dass wir ihn, wenn wir wollen oder überhaupt zum Vorstellen disponiert sind, vorstellen können, ohne Qualitäten mitvorzustellen, aber nicht umgekehrt«[6], schrieb Helmholtz 1878.

Sich auf diese »Vorstellungstätigkeit«[7] zu verlassen, ist vielleicht die einzige Möglichkeit, mit der Informationsflut fertig zu werden, die auf uns einstürmt. Und das hat offensichtliche evolutionäre Vorteile. Indem wir aus Teilinformationen extrapolieren und uns auf »Erinnerungsbilder« verlassen, können wir uns schneller durch die Welt bewegen und so Fehlschlüsse auf unserem Weg vermeiden. Es ist sicherer für uns zu prognostizieren, was es ist, das wir da sehen (*Ist das ein Tiger dort im Schatten?*), als abzuwarten und erst später zu etwaigen Schlüssen zu kommen. Schon aus kleinsten Hinweisen entstehen in unserem Kopf Bilder (Stuhl, Hund, Vogel), die wir als gültig annehmen. Ein Kleinkind muss sich nicht erst 350 mögliche Hunderassen einprägen, um draußen im Park einen Dackel von einem Eichhörnchen unterscheiden zu können.

Seit den 1990er Jahren wird Helmholtz von Neurowissenschaftlern als Urvater der Theorie der »prädiktiven Verarbeitung« angeführt, wonach unser Gehirn ganz genau so funktioniert – wie eine »Vorhersagemaschine«, die das gespeicherte

Vorwissen über die Welt nutzt, um aus eingehenden Sinnesinformationen Schlüsse zu ziehen. So wie bei Kant stößt die Helmholtzsche Wahrnehmungstheorie das klassische Erfahrungsmodell um. Anstatt die Welt »von unten nach oben« (bottom up) wahrzunehmen, durch sensorische Signale über Augen, Ohren, Nase, Zunge und Haut zum Gehirn, arbeitet das Gehirn nach der Theorie der Vorhersagemaschine in genau umgekehrter Richtung von oben nach unten (top down), schöpft aus einem ganzen Wasserfall von Signalströmen aus inneren Hypothesen und Überzeugungen, erinnerten Erfahrungen und Erwartungen, die unsere Wahrnehmungen steuern, um dann durch Rückmeldungen aus der realen Außenwelt korrigiert und aktualisiert zu werden. Wenn wir unsere Küche betreten, sehen wir nur das, was unser Gehirn dort *nicht* schon dauerhaft abgelegt hat. *Sitzt dort ein Fuchs im Waschbecken?* Nein, unmöglich, sagt das Gehirn und arbeitet angestrengt, um so einen »Vorhersagefehler« – eine Sinnestäuschung – zu beseitigen und neue Hypothesen über die Welt um uns herum zu generieren. »Das geschieht vollkommen gleitend. Und es ist, wie ich denke, genau das, was unsere bewusste Wahrnehmung sichert«, erklärte Phil Corlett, Professor für Psychiatrie in Yale.

Den wohl besten Beweis für die These, dass unser Gehirn permanent Vorhersagen über unsere Außenwelt macht, anstatt sie bloß wahrzunehmen, liefern Fehlermeldungen im Gehirn, die uns sodann zu falschen Schlüssen führen, die nicht der Realität entsprechen. In einem bekannten Experiment präsentierten Forscher den Probanden zwei Bilder, und zwar jedem Auge simultan ein anderes, beispielsweise ein Gesicht und ein Haus, um zu erforschen, wie das Gehirn diese Situation auflöst. Dabei kommt es offenbar nicht über die Vorstellung hinaus, dass sich von zwei Objekten immer nur eines am gleichen Ort zur gleichen Zeit befinden kann. Anstatt die Seheindrücke in jedem Auge zu einem einzigen neuen und unbekannten Bild zu verschmelzen, neigt unser Gehirn dazu, in kurzen, aufeinanderfolgenden Intervallen nur das Gesehene des einen und dann des anderen Auges wahrzunehmen. Gesicht. Haus. Gesicht. Haus. Die Bilder bewegen sich in und aus dem Fokus, bis sich wieder ein stimmigeres Bild der Welt ergibt. Ernstere Sinnestäuschungen oder Wahnbildungen, wie etwa Halluzinationen oder Paranoia, beides Symptome einer Schizophrenie oder schizophrenen Psychose, können ebenfalls durch das Modell des prädiktiven Gehirns erklärt werden. Der einflussreichste Verfechter dieser Theorie ist der britische Neurowissenschaftler Karl J. Friston, Experte für Neuro-Imaging, der in den 1980er Jahren als Psychiater in einer psychiatrischen Klinik außerhalb von Oxford arbeitete. Einer seiner Patienten war besessen von »Engelskacke«. Friston war sehr überrascht davon, wie ein Mensch sich in solch ein Thema hineinsteigern konnte. Doch wie kommt es zu derartigen Fehlleistungen der Wahrnehmung? Laut Friston entstehen sie dann, wenn, aus dem einen oder anderen Grund, die Beziehung zwischen den »Erwartungen« des Gehirns und dem Feedback der Außenwelt anfängt schiefzulaufen. Wir schaffen es nicht, unsere Hypothese zu korrigieren, auch wenn sie falsch ist – *sie liebt mich.* Oder wir reagieren zu stark auf bestimmte Reize und sehen Bedeutungen, wo keine sind. Der Schatten, der aussieht wie ein Tiger wird zu einem Tiger – *und warum bin ich schon wieder mit Engelskacke zugesch …?*

Die Kaskade aus Vorstellungen, Erinnerungen und Theorien, die unsere Vorhersagen formen, spielt sich in den Frontallappen der Großhirnrinde ab, die beim Menschen viel größer sind als bei anderen Tieren. Krankheiten oder Verletzungen, die diesen Teil des Gehirns schädigen, können dazu führen, dass Menschen nicht mehr in der Lage sind, die Zukunft als solche wahrzunehmen oder mögliche Folgen ihrer Handlungen zu ermessen. Bei der verhaltensbetonten Variante der frontotemporalen Demenz zeigen sich erste Anzeichen darin, dass die Betroffenen oft ein bisschen verrückt wirken. Sie stellen Fremden intime Fragen. Sie ziehen sich alles aus, weil ihnen heiß ist. Sie beleidigen ihren Chef vor versammelter Mannschaft. Sie geben Geld aus, als gäbe es kein Morgen, weil sie kein Morgen mehr kennen. Im Jahr 2015 berichtete das *New England Journal of Medicine* über einen Patienten mit frontotemporaler Demenz, genannt »Case 9«, dessen erstes Symptom sich darin zeigte, dass er seine Frau seinen iPod nicht mehr benutzen ließ. Der einst so gesprächige, gesellige Mann hörte auf, mit Leuten sprechen zu wollen. Er aß und trank, bis ihm schlecht wurde. Die Fähigkeit, von einer Sache auf eine andere zu schließen, ging ihm verloren. Er hörte die immer gleichen Hörbücher in Dauerschleife. Als seine Frau in die Wehen kam und sich auf die Geburt ihres ersten gemeinsamen Kindes vorbereitete, musste sie ihn explizit bitten, doch endlich die Kopfhörer abzunehmen und Harry Potter Harry Potter sein zu lassen. Wenn wir aufhören zu erkennen, was gerade passiert, hören wir auf, wir selbst zu sein. Vorausschauendes Denken ist eine Fähigkeit, die uns Menschen innewohnt. Und weil Vorahnungen dieser wichtigen Denkform eine eigene Sichtbarkeit verleihen, sind wir so fasziniert davon. Was ist der Unterschied zwischen einer unmöglichen Hypothese über die Welt und einer Einsicht, die außer uns bisher niemand erlangte? »Wir begeistern uns für Dinge, die uns in der Welt des vorausschauenden Denkens einen Vorsprung zu verschaffen scheinen, weil genau das wirklich, wirklich vorteilhaft ist«, sagte Corlett. »Und eigentlich sind wir doch dafür in die Welt gesetzt worden.« Ein besser vorhersagbares Dasein ist weniger beängstigend, theoretisch zumindest. Gesellschaften haben immer Propheten ersehnt, die von sich behaupten, um die nächste Ecke sehen zu können.

*

Am Morgen nach Campbells Tod auf dem Coniston Water brachte der *BBC Home Service* (ein nationales Hörfunkprogramm der BBC) einen Beitrag über das Büro für Vorahnungen. In der Sendung *Today* hieß es, dass »diese Art der Voraussicht jetzt erheblich ernster genommen wird«. In einem Interview mit Fairley, das kurz vor 7:20 Uhr ausgestrahlt wurde, erfuhren Millionen von Hörern im ganzen Land, dass der *Evening Standard* 70 scheinbare Vorahnungen zur Aberfan-Katastrophe gesammelt und ein einjähriges Experiment gestartet hatte, um das Phänomen tiefergehend zu untersuchen.

»Bitte rufen Sie uns an, wenn Sie einen ahnungsvollen Traum haben, eine Vision oder ein sehr starkes Gefühl des Unbehagens, sei es, ob andere involviert oder gefährdet scheinen oder Sie selbst«, sagte Fairley und gab die entsprechende Telefonverbindung bei der Zeitung durch: Fleet Street 3000. »Wir werden die Zuschriften protokollieren, sie sehr sorgfältig prüfen und ein kleines Team von Forschern wird den Wahrheitsgehalt der Vorahnungen zu belegen versuchen«, fuhr Fairley fort. Auf die Frage, ob er denn mit vielen Visionen von bestimmten Ereignissen rechnete, sagte er: »Nun, ich befürchte, dass einige Zuschriften und Anrufe auch von Spinnern kommen werden oder von Leuten mit besonders blühender Phantasie. Von mir aus gerne, denn gerade sie besitzen mitunter die Gabe der Vorahnung.«

Das Büro für Vorahnungen wurde zu einer eigenen Abteilung mitten in Fairleys kleinem Reich, einem völlig überladenen Büro im Zentrum der Nachrichtenredaktion des *Evening Standard,* in dem sich die Schreibtische für Fachjournalisten aneinanderreihten. Nach zwölf Jahren bei der Zeitung und mit dem Titel *Wissenschaftskorrespondent,* den er sich selbst verliehen hatte, verfügte Fairley über einen eigenen Schreibtisch, einen eigenen Bücherschrank, ein paar Aktenschränke und ein eigenes Mikrofiche-Lesegerät.

Er hatte auch eine persönliche Assistentin, Jennifer Preston, die wenige Monate zuvor von der Londoner Tageszeitung *Evening News,* dem Konkurrenzblatt des *Evening Standard,* hierhergekommen war. Die 30-jährige Jennifer Preston war in Elmers End aufgewachsen, einem ruhigen Vorort im Süden von London an der Grafschaftsgrenze zu Kent. Sie hatte zwei kleine Söhne und lebte mit ihrem Ehemann Michael, der als Fernsehapparatverleiher und später als Taxifahrer arbeitete, in einer Einzimmerwohnung in West Grove, in einem heruntergekommenen Herrenhaus mit Blick auf Blackheath, eine Heidelandschaft, die wohl einst als Massengrab für Pesttote gedient hatte und nun gern als Kulisse für Horrorfilme beansprucht wird.

In der Nachrichtenredaktion war Jennifer Preston eine auffällige Erscheinung. Sie hatte schwarze Haare, hohe Wangenknochen und eine klassisch-römische Nase. Bei den *Evening News* war sie Assistentin des Feuilleton-Chefs gewesen. Sie unterstützte Reporter bei Recherchen, führte Interviews und behielt an allen Ecken und Enden den Überblick. Sie erledigte Dutzende Dinge gleichzeitig, blieb dabei selbst aber stets ruhig und ausgeglichen. »In der Armee hätte sie eine hervorragende Mannschaftskapitänin abgegeben«, erinnerte sich ihr Kollege Bob Trevor. Preston war Autodidaktin, regelrecht getrieben von Wissbegierde. Sie las mühelos lateinische Lektüren, war fasziniert von Pflanzen und der Antike sowie begeisterter Fan der nationalen Cricket-Meisterschaften. Als irgendwann einmal das Backsteinmauerwerk des Familienhauses ausgebessert werden musste, mietete sie kurzerhand ein Gerüst und machte es selbst. Sie stand in regem Briefwechsel mit dem französischen Präsidenten François Mitterrand, als wäre es die selbstverständlichste Sache der Welt.

»*Einfach Machen* war ihre Devise. Sich zu vertrödeln oder herumzubummeln war nicht ihr Ding«, sagte ihre Tochter Arabella. »Und Selbstmitleid schon gar nicht.« Obendrein hatte Preston ein ausgeprägtes Interesse an allem Okkulten. An einer Lavendel verkaufenden Romni kam sie nicht vorbei, ohne sich mit ihr zu verplaudern.

Barker korrespondierte mit den Perzipienten seiner Aberfan-Studie, während die Zuschriften aus der breiten Öffentlichkeit beim *Evening Standard* landeten, auf Fairleys Schreibtisch im Premonitions Bureau. Fairley selbst war die meiste Zeit gar nicht da, und so war es Preston, die Telefonanrufe protokollierte, Briefe abheftete, die geschilderten Visionen mit Querverweisen versah, um sie dann mit Inhalten aus einem Dutzend Tageszeitungen abzugleichen und auf mögliche Übereinstimmungen zu überprüfen. Sie sortierte die im Büro eingehenden »Warnungen« in 14 Kategorien, darunter »Königshaus«, »Persönlichkeiten«, »Rennsport«, »Feuer« und »nicht spezifizierte Katastrophen«. Jeder Absender erhielt eine formelle Rückantwort.

> Mr. Peter Fairley, Wissenschaftskorrespondent des *Evening Standard*, dankt Ihnen für Ihr freundliches Schreiben über Ihre Vorahnungen. Das von Ihnen zur Verfügung gestellte Material wurde für seine Unterlagen erfasst. Er würde sich freuen, neuerlich von Ihnen zu hören, falls Sie im Laufe des Jahres 1967 weitere Vorahnungen haben.

Fairley hatte einen Hang zum Glücksspiel. Vor allem Pferdewetten zogen ihn an. Dabei tippte er munter drauflos, befeuert von irgendwelchen komischen Namen und Nummern, die er irgendwo im Hinterkopf hatte – ein mentaler Vorgang, den er für eine Form von Vorahnung hielt. An ruhigen Morgen in der Redaktion durchforstete er gerne die von Preston eigens angelegte »Rennsport«-Kategorie nach möglichen Tipps.

Auf die offizielle Frage, ob es denn tatsächlich möglich sei, in die Zukunft zu sehen, äußerste Fairley sich stets vorsichtig und neutral. »Aber zwei Versprechen kann ich ablegen«, schrieb er im *Evening Standard* in der ersten Woche nach Eröffnung des Premonitions Bureau. »Niemand wird ausgelacht. Und alle Zuschriften werden im Rahmen der Studie

Abb. 11: Nachrichtenredaktion des *Evening Standard.*

streng vertraulich behandelt. Es geht einzig darum, hinter die Wahrheit zu kommen.« Privat jedoch hatte Fairley so seine eigenen Theorien darüber, wie Vorahnungen funktionieren könnten. Er fragte sich, ob die Menschen vielleicht durch eine Art Telepathie einen Blick in die Zukunft erhaschen. Gedanken stellte er sich als Funkwellen vor, als eine Frequenz auf mentaler Ebene, welche übersinnlich veranlagte Menschen, zeitweise zumindest, auffangen können. Er war der Meinung, dass das Phänomen der telepathischen Verbindung, so es denn real existierte, nahezu vollständig im Unbewussten abläuft und sich der bewussten Kontrolle des Perzipienten entzieht.

Doch Fairleys Profession und Talent waren die eines populärwissenschaftlichen Journalisten. »Einmal Weltall und zurück«, schrieb Fairley am Morgen von Gagarins Weltraumflug 1961. »Glorreich, an Bord einer mächtigen russischen

Rakete, schoss er steil hinauf in den Orbit. Durchgerüttelt. Ertaubt. Gekrümmt. Aber heil und wohlauf zurück.« Den wissenschaftlichen Fortschritt des Jahrzehnts kommentierte Fairley in einem bildhaften Erzählstil, heroisch, packend, gefärbt mit einem Hauch von Risiko und Abenteuer. Seine Erklärungen setzte er gerne in Bezug zu Dingen des alltäglichen Lebens: Gagarins Rakete wog so viel wie 60 von Londons roten Doppeldeckerbussen. Er prägte den Begriff *Brain Drain* (Talentabfluss), um den Verlust hochqualifizierter britischer Wissenschaftler an den führenden Universitäten und Unternehmen des Landes zu beschreiben. 1962, noch vor Erscheinen eines bahnbrechenden Artikels zur Entstehung des Universums in der Fachzeitschrift *Nature*, der auf Messungen von Radioteleskopen in Cambridge basierte und die Urknalltheorie zur Entstehung des Universums bestätigte, bekam Fairley einen Tipp. Um der Konkurrenz mit dieser Sensationsmeldung zuvorzukommen, schickte der *Evening Standard* einen als Zeitungsverkäufer getarnten Mitarbeiter zu einer Pressekonferenz, damit er dort Kopien von Fairleys sensationeller Titelstory an die Konkurrenten verteilte, die zuhauf herbeiströmten, um sich über die Erkenntnisse zu informieren. Woche für Woche nutzte Fairley seine Kolumne »Welt der Wissenschaft«, um das baldige Kommen verschiedener Zeitalter zu verkünden: das Computerzeitalter, das elektronische Zeitalter, das Weltraumzeitalter. Er bejubelte Lasertechnik, Atomraketen, Supraleitung und Hochdruckphysik. Er schrieb ein Buch über Schmerzen. »Dein Ansehen breitet sich so schnell aus wie das Universum«, schrieb ihm Wintour nach seinem sensationellen Erstbericht über die Urknalltheorie.

Der Wettlauf ins All nahm zunehmend Fahrt auf, und Fairleys Fernsehauftritte bei *BBC* und *ITN* häuften sich. Immer öfter wurde er auf der Straße erkannt. In seiner Vorstellung richtete er all seine Geschichten an eine ganz bestimmte imaginäre Leserin: an eine Frau aus der Arbeiterklasse im braunen Kleid, die mit einem Lastwagenfahrer verheiratet war und in Wapping lebte, einem heruntergekommenen Viertel an der Themse im Londoner Osten – eine Figur, die an seine Großmutter angelehnt war, was Fairley aber erst in späteren Jahren aufging.

Indessen erfüllten leise ahnungsvolle Töne in Form von Telefonanrufen, bangen Briefen oder zaghaften Notizen das Premonitions Bureau, verbanden sich fließend mit dem kakophonen Blätterrauschen der Nachrichtenredaktion des *Evening Standard*. Die weitläufige Redaktion im zweiten Obergeschoss war durchdrungen von einer lärmenden Geschäftigkeit: dem lauten Geklapper unzähliger Schreibmaschinen, dem pausenlosen Geklingel der Telefone, dem quietschenden Kratzen der Stuhlbeine auf Linoleum, dem leisen Surren des Zugrollensystems, das Fotos von einem Schreibtisch zum nächsten beförderte; dazwischen immer wieder das laute Fluchen der Laufburschen, die auf Abruf standen, um innerhalb und außerhalb des Gebäudes hin und her zu eilen – und ganze neunmal am Tag wackelte der Boden, wenn im Keller die Druckerpressen anliefen und losrumpelten.

Unabhängig von der Jahreszeit waren die Büroräume von morgens bis abends durch grelles Neonlicht erhellt, die Luft schwer von Zigarettenqualm, schlechtem Atemgeruch und hemdsärmeligem Sexismus. Alle arbeiteten fieberhaft und konzentriert im intermittierenden Rhythmus der Redaktionsschlusszeiten, lachten und scherzten, um von jetzt auf gleich wieder rastlos auf ihren Schreibmaschinen herumzuhacken, während zwischen den Schreibtischen die fast unsichtbare, scharfsichtige Gestalt namens Wintour umherschlich. Alle »Neuen« im zweiten Obergeschoss des Zeitungsgebäudes an der Shoe Lane waren in den ersten sechs Wochen meist von fürchterlichen Kopfschmerzen geplagt, konnten sich danach aber kaum mehr vorstellen, irgendwo anders zu arbeiten.

In den ersten 48 Stunden nach Eröffnung gingen im Premonitions Bureau 20 Warnungen ein. Darunter eine, die ein Zugunglück weissagte. Zwei, die den Absturz von Passagierflugzeugen über dem Atlantik prophezeiten. Und eine andere, die einen Deckeneinbruch in einem Kaufhaus namens John Barker & Company auf der Kensington High Street voraussagte. (Kleine Bemerkung am Rande – der gleichlautende Namensteil mit *unserem* John Barker, der nicht in der Zeitung genannt wurde, ist reiner Zufall.)

»Wir werden sehen …«, schrieb Fairley am 6. Januar im *Evening Standard*. Sollte sich das Experiment im ersten Jahr als erfolgreich erweisen, wollte Fairley die Ergebnisse dem Parlament und dem Medical Research Council vorlegen, um zu prüfen, ob sie möglicherweise so etwas wie die Einrichtung eines offiziellen nationalen Frühwarnsystems rechtfertigten. In einem Interview der BBC wurde Fairley gefragt, was er täte, wenn ihn beispielsweise 15 ähnliche Vorwarnungen auf eine drohende Katastrophe erreichten. »Wenn es deutliche Ähnlichkeiten in einer Vielzahl von Vorahnungen gibt, die sich auf

Abb. 12: Peter Fairley.

ein ganz bestimmtes Ereignis beziehen«, sagte er, »kann ich natürlich unmöglich tatenlos danebenstehen.«

*

Sigmund Freud hatte in einem Regal über seiner berühmten Couch ein Exemplar von Helmholtz' Werk *Handbuch der Physiologischen Optik* stehen. Wie Kant, so schlug auch Freud ein Wahrnehmungsmodell vor, in dem sich das Konzept des vorhersagenden Gehirns bereits abzuzeichnen scheint. Freud beschreibt ein Zusammenspiel zwischen den ungezähmten Urtrieben, die er das »Es« nennt, und dem »Ich«, das abwägt zwischen eben jenen Wünschen des Es und der Realität. Beides in Einklang zu bringen – angeborene Triebansprüche mit unserem tatsächlichen Leben, Lustprinzip mit Realitätsprinzip – sei die elementare Aufgabe einer gesunden Psyche und nicht ganz einfach.

In Bezug auf das Okkulte konnte er sich nie so recht positionieren. Rund um das Thema Präkognition entbrannte im April 1909 ein heftiger Streit zwischen Freud und C. G. Jung, der dem Konzept der außersinnlichen Wahrnehmung sehr viel offener gegenüberstand. Während einer lebhaften Diskussion in Freuds Wohnung in Wien verspürte Jung plötzlich ein seltsames heißes Gefühl in der Brust – »(...) Es schien mir, als ob mein Zwerchfell aus Eisen bestünde und glühend würde – ein glühendes Zwerchfellgewölbe. Und in diesem Augenblick ertönte ein solcher Krach im Bücherschrank, der unmittelbar neben uns stand, daß wir beide furchtbar erschraken.« Beide sprangen auf. Jung meinte, dies sei ein Beispiel außersinnlicher

Wahrnehmung. »Ach«, erwiderte Freud, »das ist ja leibhaftiger Unsinn«. Jung darauf: »›Aber nein, [...] Sie irren, Herr Professor. Und zum Beweis, daß ich recht habe, sage ich nun voraus, daß es gleich nochmal einen Krach geben wird.‹ Und tatsächlich: Kaum hatte ich die Worte ausgesprochen, begann der gleiche Krach im Schrank!«[8]

Den Schrank inspizierte Freud danach ganz genau.

Freud befürchtete, dass die Psychoanalyse, mit ihrem Fokus auf die Geheimnisse des Unbewussten, ein ähnliches Feld beharken könnte wie die Parapsychologie und damit nach außen hin am Ende schrecklichen Schaden nehmen könnte, sofern er persönlich den Anschein erweckte, dieser zweifelhaften Wissenschaft allzu sehr zugeneigt zu sein. Er fürchtete die Gefahr, dass sich ein einziges okkultes Phänomen durch »Tatsächlichkeit« bestätigen könnte. »Ein fürchterlicher Zusammenbruch des kritischen Denkens, der deterministischen Forderung, der mechanistischen Wissenschaft mag dann bevorstehen«[9], schrieb er 1924. Gleichwohl beschäftigte sich Freud sehr viel mit dem Phänomen Zufall. Dabei sind Psychoanalytiker nicht sonderlich erpicht auf Zufälligkeiten. Für sie sollte sich Sinn und Bedeutung sauber, Schicht für Schicht, ergeben. Doch eine Welt ohne Zufälle ist zugleich eine Welt der verborgenen Zusammenhänge, der vorherbestimmten Lebenswege. Um dem Chaos Raum zu geben, sich zugleich aber auch vom Übersinnlichen zu distanzieren, traf Freud eine Unterscheidung, und zwar zwischen dem *Unfall*, einem rational erklärbaren Ereignis, und dem reinen *Zufall*, einem nicht erklärbaren Ereignis.

Am Phänomen der Telepathie jedoch, einer unbewussten Kommunikationsform zwischen Sender und Empfänger, von der Freud glaubte, sie mit seinen Patienten selbst erfahren zu haben, kam er nie ganz vorbei. So wie für viele Denker, die den technologischen Fortschritt des 19. Jahrhunderts miterlebt hatten, wo Botschaften und Stimmen wie Geistererscheinungen plötzlich per Telegramm und Telefon kamen, über zuvor unüberwindbar geglaubte Entfernungen hinweg, war die Telepathie für Freud lediglich ein Problem, das es zu lösen galt. Freud war, wie Barker auch, Mitglied in der Society for Psychical Research, der er seit 1911 angehörte. »Ich gehöre nicht zu denen, die ein Studium der sogenannten okkulten psychischen Phänomene als unwissenschaftlich, als unwürdig oder gar als gefährlich von vorneherein ablehnen«[10], schrieb er zehn Jahre später an den parapsychologischen Forscher Hereward Carrington. »Wenn ich zu Beginn einer wissenschaftlichen Laufbahn stände, anstatt wie jetzt am Ende, würde ich mir vielleicht trotz aller Schwierigkeiten kein anderes Arbeitsgebiet wählen.« Freuds schwache Momente gegenüber dem Okkulten gingen vielen seiner engsten Schüler auf die Nerven, die mit plausiblen Erklärungen dagegenzuhalten versuchten oder ihn anflehten, sich doch bitte zu besinnen. Ernest Jones, Freuds langjähriger Freund und Biograph, war über die ganze Sache sehr verärgert. In einem Brief von 1926 versuchte Freud (ohne Erfolg), ihn zu beschwichtigen: »Sag doch einfach in aller Ruhe, dass meine Akzeptanz der Telepathie allein meine Sache ist«, schrieb er, »wie mein Bekenntnis zum Judentum und meine Leidenschaft für das Rauchen.«[11]

*

John Barker wuchs in einer Gesellschaft auf, in der eine Gewissheit nach der anderen begraben werden musste. Sein Vater Charlie war Buchhalter, Barker beschrieb ihn als »einen präzisen, sachlichen Mann«. Charlie war Internatsschüler am St. Lawrence College in Ramsgate an der Südküste Englands. Als der Erste Weltkrieg ausbrach, war er 23. Er meldete sich freiwillig zum Auxiliary Service Corps, der Transporteinheit der britischen Armee. Im Januar 1915 kam er in Frankreich an und diente die nächsten drei Jahre in mechanisierten Versorgungstruppen, manövrierte schwere Munitions- und Lebensmitteltransporter durch Bombenhagel und Schlamm zu den Soldaten an den Frontlinien.

Charlie trat als Gefreiter in die britische Armee ein und verließ sie als Captain. Zweimal bekam er die militärische Auszeichnung für Tapferkeit verliehen. Wie viele Soldaten an der Westfront hatte auch er im Krieg übersinnliche Erfahrungen gemacht. Der moderne Waffeneinsatz und das massenhafte Sterben machten die Schlachtfelder in Nordfrankreich zu einem Ort der Visionen und sonderbaren Geschehnisse. Soldaten auf beiden Seiten sahen Kreuze am Himmel und hörten Stimmen, die ihnen das Leben retteten. Den eigenen Tod vorauszuahnen, oder den eines Kampfgenossen, war eines der häufigsten Phänomene. »The Call« nannten die britischen Soldaten diesen »Ruf des Todes«. Jede Armee hatte ihre eigenen Omen. Den französischen Truppen beispielsweise galt es als böses Vorzeichen, von einem Bus zu träumen.

Oft trat das Vorausgeahnte nicht ein. »Ich weiß von einigen, die öfter solche Vorahnungen hatten, aber ich weiß auch, dass sie ebenso oft falsch wie richtig damit lagen«, bemerkte ein kanadischer Infanterist namens Charles Savage. »Aber Statistiken sind ein schwacher Trost, wenn du dieses innere Gefühl verspürst.« 1917 rief die offizielle französische Kriegszeitung *Bulletin des armées de la République* die Soldaten dazu auf, ihre Vorahnungen aufzuschreiben und einzusenden, damit sie überprüft werden konnten.

Als kleiner Junge lauschte Barker vielen okkulten Kriegsgeschichten, die sein Vater Charlie ihm erzählte, konnte sich aber an Einzelheiten nicht mehr erinnern. Eine der bekanntesten Legenden ist jene über die »Engel von Mons«, wonach britischen Soldaten ein ganzes Bataillon leuchtender übernatürlicher Wesenheiten in Gestalt von Bogenschützen erschienen sein soll, zum schützenden Geleit auf ihrem Rückzug aus der Schlacht von Mons am 23. August 1914. Über die Engel von Mons wurde erstmals in den *Evening News* berichtet, einen Monat nach der Schlacht. Die Geschichte wurde anschließend in religiösen Broschüren landesweit nachgedruckt und für wahr gehalten. Im Frühjahr 1915 gab es auch in Belgien Soldaten, die schworen, die Engel ebenfalls gesehen zu haben.

Daheim in Großbritannien boten spiritistische Medien Familien die Möglichkeit, mit ihren gefallenen Söhnen in Kontakt zu treten. Berühmte Intellektuelle wie Arthur Conan Doyle oder Oliver Lodge, englischer Physiker und Pionier der Funktelegraphie, veröffentlichten herzergreifende Geschichten über ihre Unterhaltungen mit ihren toten Söhnen. Rudyard Kipling hingegen wollte von alledem nichts wissen. »Ich habe zu viel Böses gesehen, zu viel Leid, zu viele zerstörte gute Seelen«, schrieb er in Bezug auf die Anziehungskraft jenseitiger Welten. Ein paar Jahre nach dem Krieg hatte Kipling einen Traum: In bestem Sonntagsstaat stand er in einer großen Halle auf einem Boden aus Steinplatten mit groben Fugen. Er hatte das Gefühl, in einer Menge zu stehen, irgendeiner Zeremonie beizuwohnen, konnte aber nichts Genaues erkennen, da ihm ein dicker Mann zu seiner Linken die Sicht versperrte. Am 19. Oktober 1926 war Kipling in der Westminster Abbey, zur Enthüllung einer Gedenktafel für die Millionen von Kriegstoten, für die er die Inschrift geschrieben hatte. Es war ein feierlicher Festakt. Die Abbey voller Männer in dunklen Anzügen. Aber Kiplings Sicht wurde von einer großen Gestalt neben ihm verstellt. Er ließ den Blick schweifen, still und leise, und erkannte plötzlich den Steinfußboden aus seinem Traum. »Genau hier habe ich gestanden«, schrieb er später. »Wie und warum konnte es sein, dass ich eine Szene aus meinem Lebensfilm gezeigt bekam, die noch gar nicht stattgefunden hatte?«

John Barker war Einzelkind, eine kleine familiäre Besonderheit. Sein Vater Charlie war eines von vier Geschwistern, aber der Einzige, der jemals geheiratet und den Heimatort verlassen hatte. Die anderen drei, seine beiden Onkel Theodore und Arthur sowie seine Tante Adelina, lebten alle zusammen in einem großen Haus in Shooter's Hill östlich von Blackheath, das zuvor ihren Eltern gehört hatte. John kannte es gar nicht anders. Theodore bastelte an Autos herum; Adelina malte. Alle waren tiefgläubige Christen. Nachdem Charlie aus der Armee ausgeschieden war, bekam er eine Stelle als Buchhalter und Geschäftsführer in einem Autohaus in Bromley und heiratete

Norah Hyne, eine Pfarrerstochter aus Bedfordshire. Während der kleine John die Bickley Hall besuchte, die private Vorschule im Ort, zog er mit seinen Eltern mehrfach um, und sie lebten in verschiedenen komfortablen Vorstadtvillen. Ein früher Schnappschuss zeigt ihn beim Cricket-Spielen mit seinen Eltern – ein paar Gestalten auf weitem, plattem Land.

Im Mai 1938 erhielt Barker ein Stipendium für die Tonbridge School, ein Privatinternat für Jungen in der Grafschaft Kent. Er war groß und sportlich. Beim Rugby gewann er mühelos Sprints über 200 Yards. Als der Zweite Weltkrieg begann, war er 15. Sein Vater Charlie trat erneut in die Armee ein und wurde in Belfast stationiert. Seine Familie nahm er mit. 1941 schrieb John sich an der Queen's University Belfast für Medizin ein. Etliche Fotos vom September in jenem Jahr zeigen ihn in dunklem Jackett und Krawatte, ein weiches Lächeln um den Mund. In Belfast brillierte er und wechselte im Frühjahr 1943 an die Cambridge University, wo er seinen Tutoren durch Scharfsinn und Fleiß auffiel. »Ein bisschen unreif noch, gutes Urteilsvermögen, wird mal ein erstklassiger Mediziner«, sagte sein Biochemie-Mentor über ihn am Ende des zweiten Studienjahres. Und auch in Cambridge war John sportlich aktiv, er schwamm, spielte weiterhin Rugby und war Schriftführer im Rugbyverein.

Im Herbst 1945 kehrte Barker nach London zurück, um an der St. George's Hospital Medical School, dem Lehrkrankenhaus der Medizinischen Fakultät St. George's am Hyde Park Corner zu studieren. Die Gebäude des in den 1830er Jahren erbauten Krankenhauses waren nach dem Krieg baufällig und veraltet. Barker empfand die Korridore als düster, stickig und seltsam still, trotz Straßen- und Verkehrslärm von draußen. Die Bibliothek war von einer Bombe getroffen worden. Studenten, die dort alleine bis spät in die Nacht arbeiteten, oder auch das Personal, berichteten mitunter von einem plötzlichen Gefühl der Kälte und Beklemmung, von unerklärbaren Schrittgeräuschen, vom Gefühl einer unsichtbaren Präsenz ganz in der Nähe. Barker, damals 21, begann, die Berichte über ihre Erfahrungen zu sammeln. Er sprach mit Krankenpflegern über einen Geist, der schwerkranken Patienten auf den Stationen Williams und Marie Tempest immer wieder erschien und angeblich deren Tod voraussagte. Und es gab noch einen anderen Geist (vielleicht war es auch derselbe), nämlich den einer jungen Krankenschwester, die 1926 nach einer Affäre mit einem Patienten auf einer steilen Treppe in den Tod gestürzt war. Eine Nachtschwester erzählte Barker, sie habe im Licht einer Lampe eine Schwester am Schreibtisch sitzen sehen, um dann beim zweiten Hinsehen festzustellen, dass gar keine andere diensthabende Schwester da war. Andere klagten, sich wie gelähmt zu fühlen, zu Stein erstarrt, wenn sie Schritte nahen hörten, was sich wieder gab, sobald die Schritte sich entfernten.

Eines Abends traf Barker vor dem Fakultätsgebäude einen Kommilitonen, »C. P.«, der gerade aus der Tür kam, schreckensbleich. Normalerweise, so Barker, war C. P. »gut gelaunt, offenbar nie aus der Ruhe zu bringen und durchaus skeptisch gegenüber allen übersinnlichen Phänomenen«. Sie gingen zusammen auf ein Glas in ein nahegelegenes Pub, und C. P. begann zu erzählen: Er sei gerade in der Bibliothek gewesen, allein, habe vor irgendwelchen Regalen gestanden, als er plötzlich zu frösteln begann und eine unsichtbare Präsenz zu spüren vermeinte, die ihm von hinten über die Schulter schaute. Er habe ein kratzendes Geräusch vernommen, ein feines Klappern direkt neben sich, als würde jemand ein metallenes Lineal über ein eisernes Gitter streichen, und sei aus dem Gebäude gerannt, hinaus ins Freie. »Später sprach er kaum jemals mehr über diesen Vorfall und wollte auch nicht darauf angesprochen werden«, schrieb Barker.

Ein paar Monate später blieb Barker zusammen mit einem anderen Freund bis spät in die Nacht in der Bibliothek, um zu sehen, was passieren würde. Der wiederkehrende Spuk zwischen den Regalreihen der Bibliothek wurden zumeist dem Geist von John Hunter zugeschrieben, einem charismatischen Mediziner und dem Begründer der experimentellen wissenschaftlichen Chirurgie, der im späten 18. Jahrhundert an der Fakultät wirkte und im Alter von 65 Jahren während einer Sitzung im St. George's Hospital zusammenbrach und starb. Hunter litt an einer »sehr unregelmäßigen, krampfartigen Herzschwäche«, wie es einer seiner Studenten beschrieb, die immer dann aufflammte, wenn er sehr niedergeschlagen oder überarbeitet war. Hunter ahnte, dass eine plötzliche Aufregung ihn eines Tages umbringen könnte. »Mein Leben ist jedem Lump schutzlos ausgeliefert, der es darauf anlegt, mich in Aufregung zu versetzen«, sagte er einmal. Im Herbst 1793 gab es Streit unter den Chirurgen am St. George's Hospital, und Hunter wurde gebeten zu vermitteln.

Am Morgen des 16. Oktober stand er auf, inspizierte die nächtliche Lieferung exhumierter Leichen, legte sein Sezierbesteck bereit, frühstückte gut und begab sich auf Visite zu seinen Patienten. Am Nachmittag dann, in der Sitzung mit dem Leitungsgremium des Krankenhauses und den zerstrittenen Chirurgen, geriet Hunter in Rage. »Nach heftigen Wortgefechten machte sein Herz plötzlich nicht mehr mit«, schrieb besagter Student. Hunter brach zusammen und starb, niedergestreckt durch die Aufregung, in die er sich hineingesteigert hatte.

In der Bibliothek suchte Barker nun Hunters Geist zu erwecken, indem er ihm Fragen stellte, die Hunter aus dem Jenseits beantworten konnte – entweder durch eine Schreib-Planchette, ein kleines Holzbrett mit Stift, der eine Schreibspur über ein Blatt Papier zu ziehen beginnt, sobald eine Botschaft aus dem Jenseits eintrifft, oder durch »Geisterklopfen«, spitze Klopfgeräusche, die aus den Wänden dringen. Schweigend saßen Barker und sein Freund da und versuchten, aus den unregelmäßigen Klopfgeräuschen der alten Heizungsrohre irgendetwas herauszuhören – einmal Klopfen für Ja, zweimal Klopfen für Nein. »Physische Manifestationen haben wir nicht gesehen, dafür haben wir uns fast zu Tode geängstigt«, erinnerte sich Barker.

Gegen Ende ihrer Studienzeit verlobten sich Barker und Jane. Irgendwann im Spätherbst 1947 suchten sich die beiden einen leeren Aufenthaltsraum im Fakultätsgebäude, um ein bisschen »Zweisamkeit« zu genießen, wie Barker es formulierte. Sie waren allein, die Tür nur angelehnt. Etwa eine halbe Stunde später, gegen 23 Uhr, flog die Tür plötzlich auf, »als hätte ein kräftiger, aber gar nicht vorhandener Wind sie aufgestoßen«, schrieb Barker. Im ganzen Raum war es auf einmal eiskalt, und die beiden bekamen eine Heidenangst.

> Nichts wie weg, sagten wir uns, eilten aus der Tür auf den Korridor, ließen die Lichter an, meine Verlobte vorweg. Noch in der Tür hörten wir hinter uns, von dort, wo wir eben noch gesessen hatten, ein furchterregendes Krachen, ein Scheppern, so, als wäre eine große Sauerstoffflasche umgefallen.

Sie rannten auf die Straße hinaus. Nach einer Weile ging Barker noch einmal zurück ins Gebäude, allein, um nachzuforschen. Unsicher schlich er den Korridor entlang, zurück zum Aufenthaltsraum, in der Erwartung, einen Grund für den Lärm zu finden, irgendein Anzeichen von Unordnung, aber da war nichts. »Alles sah noch genauso aus wie vorher, alles ruhig und friedlich«, schrieb er fast 20 Jahre später in einer Sammlung von Erinnerungen für das Fakultätsmagazin: »Was hat es mit alledem auf sich? Wer oder was waren diese ruhelosen Geister, die nach unserer Aufmerksamkeit trachteten? Was wollten sie?«

*

An einem Samstag im August 1955 war Barker ins St. Ebba's Hospital gerufen worden, einer weitläufigen psychiatrischen Klinik mit 1000 Betten, in der Nähe von Epsom in der Grafschaft Surrey. Man hatte ihn gebeten, einen jungen Mann zu untersuchen, der gerade eingeliefert worden war. Der Mann war Anfang 20, hatte dunkle Haare, markante Züge sowie »ein kindlich junges Gesicht und einen verspannten Ausdruck«, schrieb Barker. Der Mann, angeblich Lastwagenfahrer aus High Wycombe, war knappe 1,80 m groß und schlank. Unru-

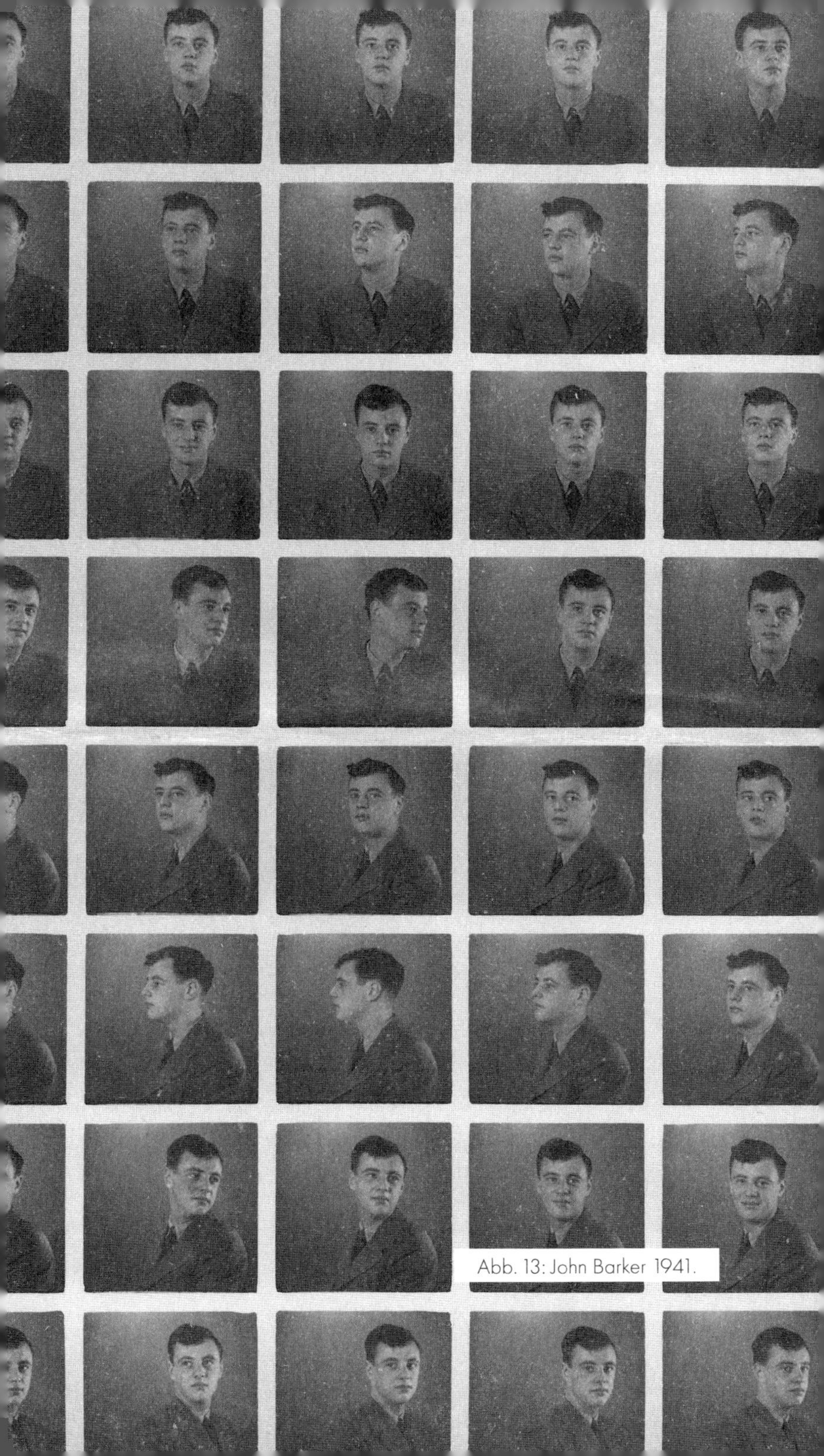

Abb. 13: John Barker 1941.

hig schaute er im Raum umher, als lauerte irgendwo etwas Bedrohliches.

Barker war damals 31 und machte gerade seinen Facharzt für Psychiatrie. St. Ebba's war Teil des Epsom Cluster, einer Gruppe aus fünf großen Krankenhäusern, erbaut um die Jahrhundertwende auf dem Land in der Grafschaft Surrey, mit dem Zweck, die psychiatrischen Anstalten in und um London zu entlasten. Nach dem Ersten Weltkrieg wurde es genutzt, um durch Artilleriebeschuss traumatisierte Soldaten zu behandeln. Barkers Patient war von der Psychiatrischen Abteilung des Middlesex Hospital nach St. Ebba's verlegt worden, mit ein paar wenigen Notizen und keiner Diagnose. Als Barker ihn bat, sich für eine erste medizinische Untersuchung hinzulegen, fuhr der Mann auf, wurde aggressiv, hielt alles für reine Zeitverschwendung.

Er wehrte sich minutenlang, dann hob er sein Hemd und zeigte Barker seinen Oberkörper, der von Operationsnarben kreuz und quer durchzogen war. »Ich war fassungslos, als ich seinen Bauch sah, eine einzige wulstige Massierung von verdicktem Narbengewebe«, so Barker. Auf dem Rücken des Patienten fand Barker Spuren von 20 Lumbalpunktionen. Und er hörte teilnahmsvoll zu, als der junge Mann zu erzählen begann, eine schwammige und verworrene Krankengeschichte. »Einige seiner Antworten auf meine Fragen leuchteten mir damals tatsächlich ein, wirklich wahr«, erinnerte sich Barker. Aber es irritierte ihn auch, weshalb ein Mann, der körperlich völlig gesund schien, so viele Operationen nötig gehabt haben sollte. Barker ging hinaus, um einen älteren Kollegen zu konsultieren, der einen Fall von Münchhausen-Syndrom vermutete.

Barker nahm »Maurice«, wie er den Patienten in seinen Fallbeschreibungen später nannte, stationär auf, gab ihm ein Beruhigungsmittel und ließ ihn für die Nacht auf einer der geschlossenen Stationen der Psychiatrie unterbringen, vorsorglich, damit er nicht ausbüxen konnte. Als Barker am Sonntagmorgen nach St. Ebba's zurückkehrte, musste er feststellen, dass Maurice Mobiliar zertrümmert, Krankenschwestern beleidigt und die anderen Patienten mit seinem Geschrei die ganze Nacht über wachgehalten hatte. Er ließ Maurice in ein kleineres Zimmer einschließen, aus dem er aber durch ein schmales Seitenfenster prompt entkam. Noch am selben Tag traf Maurice' Vater im St. Ebba's Hospital ein (tatsächlich ein Lastwagenfahrer) und berichtete Barker, dass sein Sohn in den vergangenen Jahren in mehr als 100 Kliniken aufgenommen worden war. Wenige Tage später erfuhr Barker, dass Maurice in einem Krankenhaus in Chelsea behandelt worden und erneut abgehauen war. »Dann fing ich an, mich mit diesem fahrigen, hasserfüllten jungen Mann eingehend zu befassen«, schrieb Barker. Er wollte mehr über das Münchhausen-Syndrom erfahren, diese ungewöhnliche psychische Störung, von der Maurice offenbar betroffen war, und empfand seinen eigenen inadäquaten Umgang damit als eine persönliche Schmach. 1956 erhielt Barker die Approbation als Facharzt für Psychiatrie. Für seine anschließende Dissertation, eine der ersten klinischen Forschungsstudien über das Münchhausen-Syndrom, suchte Barker in den folgenden vier Jahren in Kliniken im ganzen Land nach weiteren Betroffenen und machte neun Patienten ausfindig.

Maurice aber blieb die zentrale Figur in Barkers Dissertation. Er traf ihn schließlich, im April 1957, in einem Hospital außerhalb von Aylesbury. Maurice' Vater hatte ihm geholfen, ihn dort ausfindig zu machen. Barker kam in Begleitung eines Kollegen, unangemeldet. Er fragte Maurice, ob er bereit wäre, sich ein paar psychologischen Tests zu unterziehen. Maurice willigte ein, doch so ganz geheuer war ihm die ganze Sache nicht. Er erkannte Barker zwar, wusste aber nicht, wo er ihn kennengelernt hatte, und wurde wiederholt so aggressiv, dass Barker den Raum verlassen musste. In der übrigen Zeit beobachtete Barker ihn genau, hörte ihm aufmerksam zu und fragte sich, wie »ein so unscheinbarer kleiner Mann« es fertigbrachte, qualifizierte und erfahrene Ärzte immer wieder zu täuschen. »Ich habe mich auch gefragt, welchen Grund es wohl für sein Verhalten geben mochte, und warum er so oft hatte operiert werden müssen«, schrieb Barker. »Manchmal hatte ich das Gefühl, die Sache durchschaut zu haben, doch dann wieder, schlagartig, wusste ich auch nicht mehr weiter.« Maurice fand vorübergehend Arbeit in einer Klinik-Leichenhalle und schien sich zu fangen. Zwei Jahre später jedoch erhielt Barker einen Anruf von einem befreundeten Arzt aus der Unfallambulanz in Wandsworth. Maurice sei dagewesen, habe auf ein Röntgenbild von seinem Kopf gedrängt, da er angeblich auf dem Weg vom Londoner Flughafen in die Stadt aus dem Bus gestolpert und gestürzt war. Barker sorgte dafür, dass Maurice zur weiteren Behandlung ins Banstead Hospital nach Surrey verlegt wurde, wo er Teil des psychiatrischen Ärzteteams war. An das Pflegepersonal der Station gab er eine kleine Warnung: »Glaubt ihm kein einziges Wort.«

Die folgenden zwei Wochen sahen sich die beiden Männer beinahe täglich. Wenn Barker zur Arbeit kam, wartete Maurice bereits in seinem Büro. Im Laufe eines einzigen Gesprächs wechselte die Stimmung des jungen Mannes mehrfach. Maurice, mittlerweile 25, verstand es sehr gut, Barker zu umgarnen und ihn günstig zu stimmen, wenn er etwas von ihm wollte, um ihn im nächsten Moment wieder zu provozieren und Streit zu suchen. Eines Tages ließ Barker sich erweichen und händigte ihm einen Freigangschein für den Nachmittag aus; um ein Uhr nachts war Maurice wieder zurück, betrunken, samt Freundin. Kurz darauf brach er ein Badezimmerfenster auf, kletterte ein zehn Meter langes Regenrohr hinunter und haute nach London ab, wo er sich in ärztliche Behandlung begab, weil er sich angeblich einen Schädelbruch zugezogen hatte. Die Polizei brachte ihn zurück ins Banstead Hospital.

»Etwa um diese Zeit fragte ich mich, ob ihm vielleicht mit einer präfrontalen Leukotomie geholfen wäre«, erinnerte sich Barker. Bei einer Leukotomie, auch als Lobotomie bezeichnet, werden Nervenbahnen im Gehirn zwischen Frontallappen und Thalamus durchtrennt. Diese neurochirurgische Operation war ein brachialer, radikaler Schritt. Insbesondere in den 1950er Jahren war die Lobotomie zunehmend geächtet, zum einen wegen der enormen Brutalität des Eingriffs, zum anderen, weil neue und weitaus zuverlässigere Psychopharmaka verfügbar waren. Zudem fanden sich in der begrenzt vorhandenen Literatur über das Münchhausen-Syndrom keinerlei evidenzbasierte Belege für die Wirksamkeit der Lobotomie. Dennoch ging Barker davon aus, dass die Operation im Fall von Maurice funktionieren und seine »extreme Unruhe« einhergehend mit »ständigen Belästigungen des Pflegepersonals« reduzieren könnte. Die Eltern von Maurice, laut Barker ein freundliches Arbeiterehepaar, stimmten der Operation zu. Und auch Maurice war hellauf begeistert. »Na los, lieber jetzt sofort und gleich«, sagte er zu seinem Psychiater. »Das wollte ich seit zehn Jahren schon.« In freudigem Überschwang ließ er sich den Kopf rasieren – möglicherweise war dies »Ausdruck seiner Todesahnung (Thanatos)«, notierte Barker später.

Am 28. April 1959 war es soweit: Auf beiden Kopfseiten oberhalb der Schläfen wurde jeweils ein Loch in Maurice' Schädel gebohrt, um anschließend in horizontaler Richtung ein sogenanntes Leukotom einzuschieben, ein spezielles Chirurgenmesser mit ausfahrbarer Klinge. Sobald ein Bolzen am Messer durchgedrückt wurde, fuhr die Klinge heraus, das Leukotom begann sich zu drehen, fuhr mit rotierenden Schnittbewegungen durch Maurice' Hirngewebe und entfernte Verbindungen zwischen Frontalhirn und Thalamus. Einen Monat lang glaubte Barker, seinen Patienten geheilt zu haben. Triumphierend schrieb er an Richard Asher, den Endokrinologen, der das Krankheitsbild 1951 erstmals beschrieben und als Münchhausen-Syndrom bezeichnet hatte. Von Asher kam keine Antwort. Dann ging es mit Maurice langsam wieder bergab. Im Banstead Hospital ging er ein und aus, wie es ihm beliebte, und blieb oft tagelang verschwunden. Eines Abends kam er zurück, »seine impulsive Aggressivität gedämpft, ohne jede Einsicht, ohne erkennbaren Sinn für Richtig und Falsch«, konstatierte ein anderer Arzt. Am 24. Juni, keine zwei Monate nach der Lobotomie, tauchte Maurice in einem Krankenhaus in Romford im Osten von London auf, klagte über Kopfschmerzen und Schwäche in den Armen. Er gab an, in einen

Motorradunfall verwickelt gewesen zu sein. Drei Wochen später saß er im Gefängnis in Oxford, nachdem er ein Auto gestohlen hatte.

Seine Erfahrungen mit Maurice' Behandlung begleiteten Barker in seiner weiteren Laufbahn. In einem Artikel, den er 1962 für das medizinische Fachblatt *The Lancet* schrieb, wandte er sich gegen die Anwendung von Lobotomien bei chronisch psychisch Kranken. In seiner Doktorarbeit gab Barker auf 28 Seiten drastische, reflektive Einblicke in seine Behandlungsmethoden bezüglich Maurice und rang mit der risikoreichen Rolle des Arztes im Umgang mit dem Münchhausen-Syndrom – ein wohlmeinender Arzt, so Barker, könne die Phantasien eines Patienten verstärken oder sie gar erst erschaffen. »Die Einstellung des Chirurgen ist ebenfalls wichtig«, schrieb Barker, »denn er könnte unbeabsichtigt in die Inszenierung der Patienten miteinbezogen werden.« Barker zitierte eine Abhandlung des US-amerikanischen Psychiaters Karl Menninger aus den 1930er Jahren, der damals an der Menninger Diagnostic Clinic in Topeka (Kansas) praktizierte und das Münchhausen-Syndrom unter der Bezeichnung Polychirurgie und »polychirurgische Sucht« (Operationssucht) analysiert hatte. Menninger stellte fest, dass der Wunsch des Arztes, zu heilen und den Zustand eines Patienten zu verstehen, einen machtvollen Katalysator im persönlichen Kontakt darstellte. »Unbewusste Motive verbinden sich mit bewussten Zielsetzungen und determinieren die ärztliche Entscheidung für eine Operation nicht weniger als die Entscheidung des Patienten, sich dem Eingriff zu unterziehen« schrieb Menninger. Barker zitierte auch Edward Weiss und Oliver English, zwei Psychiater aus Philadelphia und Pioniere der analytischen Psychosomatik, die davor warnten, dass die Kombination aus einem sich selbstverletzenden »Münchhausen«-Patienten und einem allzu operationseifrigen Arzt in eine »fast schon Ausweidung« des Patienten münden könnte.

Aber auch Ärzte und Wissenschaftler sind nicht gefeit vor Täuschungen oder davor, in das Spiel der Patienten hineingezogen zu werden. Wir stellen uns gerne vor, dass Ärzte auf einer höheren Ebene der Vernunft arbeiten und nicht leichtfertig operieren. Doch es spricht einiges dafür, dass sie leichter beeinflussbar sind als der Rest von uns. Spitzenforscher befassen sich mit Problemen, wo Muster im Verborgenen liegen und viel auf dem Spiel steht. Sie trachten nach einer stets neuen Erklärung der Welt. 1988 verglich Brendan Maher, Psychologieprofessor in Harvard, das Aufstellen wissenschaftlicher Theorien mit einer Psychose. »Das Bedürfnis nach einer Theorie entsteht immer dann, wenn die Natur uns vor ein Rätsel stellt«, schrieb er. »Und Rätsel verlangen eine Erklärung.«

Der Unterschied zwischen Wissenschaft und Wahnsinn besteht darin, dass man seine Erklärung korrigiert, wenn sie nicht auf die Welt abgebildet werden kann. Nachdem es ihm nicht gelungen war, Maurice zu heilen, verzichtete Barker fortan auf die Anwendung der Lobotomie, ihre logische Richtigkeit aber und auch seinen energischen, engagierten Einsatz für die Operation schien er nicht grundlegend in Frage zu stellen. Evidenzbasierte Daten hatten die Idee nie gestützt. Wenn überhaupt, legten sie das Gegenteil nahe: Auch ein anderer »Münchhausen-Patient«, mit dessen Fall Barker sich beschäftigte, hatte sich einer Lobotomie unterzogen – ohne Heilerfolg. Die einzige Person, die sich für den Eingriff wirklich hatte begeistern können, war Maurice gewesen, über den Barker gesagt hatte: »Glaubt ihm kein einziges Wort.«

Als Arzt war Barker menschlich zugänglich, stets geneigt, seinen Patienten gut zuzuhören, sich in sie hineinzuversetzen und zu versuchen, die Welt aus ihrer Sicht wahrzunehmen. Als Wissenschaftler aber war Barker angreifbar, da er glaubte, es gäbe eine Lösung, die nur er erkenne. Im Januar 1960 reichte Barker seine Doktorarbeit ein, acht Monate nach Maurice' Lobotomie. Er merkte an, dass Maurice' Vater ihn vor Kurzem noch einmal aufgesucht und gedrängt hatte, die Behandlung seines Sohnes wieder aufzunehmen, sobald dieser aus dem Gefängnis entlassen würde. »Er vertraut Ihnen voll und ganz«, zitierte Barker Maurice' Vater. Der Psychiater rüstete sich für einen neuerlichen Versuch. »Vielleicht muss ich es nochmal ganz von vorn versuchen.«

*

Die Arbeit forderte ihren Tribut. In den späten 1950er Jahren, in der Zeit, als Maurice bei ihm in Behandlung war, wurde Barker immer dicker, hatte etliche Pfunde zu viel auf den Rippen. Sein Doppelkinn hing ihm bis auf die Krawatte. Er frühstückte fettreich und rauchte Pfeife – so wie früher sein Vater. Lange Kliniktage und schlauchige Flure beklemmten ihn, engten ihn buchstäblich ein. Bluthochdruck, lautete die Diagnose nach seinem Zusammenbruch im Herrison Hospital in Dorset. Eine Lebensversicherung wurde ihm aufgrund seiner Vor-

- 49 -

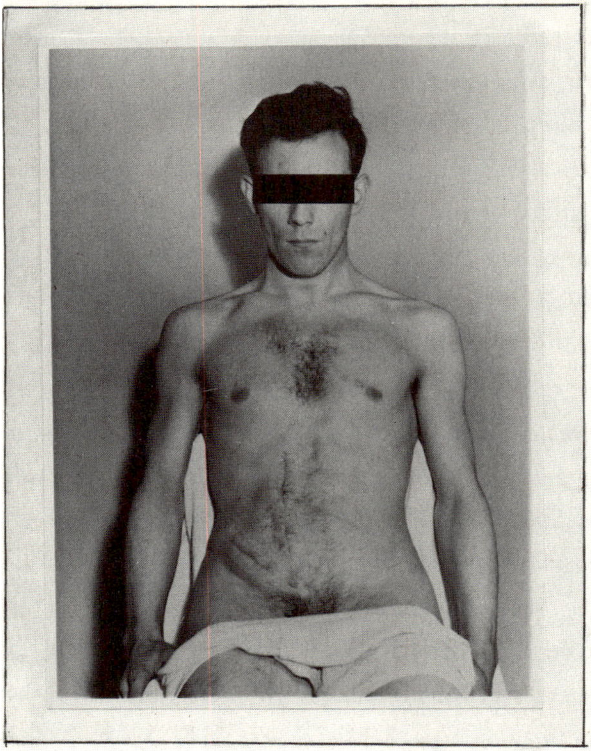

Case 1. M.H. ("Maurice").

Aged 25

"Mixed" abdominal and neurological type
of Munchausen Syndrome.

(Note extensive abdominal scars - "Railroad abdomen")

Abb. 14: Fall I.
M. H. (»Maurice«)
Alter: 25
»Gemischtes« abdominales und neuronales Münchhausen-Syndrom.
(auffällig: tiefe Narben am Bauch – »Schienen-Bauch«)

erkrankungen und einer familiär bedingten Disposition für Prostataerkrankungen verweigert.

Bevor er am Shelton Hospital anfing, hatte er bereits acht Jahre lang in psychiatrischen Kliniken gearbeitet. Doch das Einzigartige, das Außergewöhnliche dieses Ortes wurde überschattet von Monotonie und Tristesse. Tag um Tag. Das Erste, was Besucher nach Betreten des recht großen Verwaltungsblocks zu sehen bekamen, waren stumme Patienten, die den dunklen Linoleumboden auf ewigen Hochglanz bohnerten.

Barker arrangierte sich mit dieser nichtswürdigen Erbärmlichkeit, zum Beispiel, indem er neue Ideen und Forschungen zu allen möglichen Themen veröffentlichte: 1958, während seiner Zeit im Banstead Hospital, untersuchte er an 42 psychiatrischen Kliniken den Einsatz der Elektroschocktherapie, erkundigte sich nach den verwendeten Narkosemitteln und etwaigen Nebenwirkungen. Er errechnete eine Todesrate von 0,0036 Prozent im Zusammenhang mit der Elektroschocktherapie. Für ein anderes Projekt untersuchte Barker Knochenmarkprobleme bei Epilepsiekranken, die Medikamente gegen ihre Krampfanfälle bekamen. Im Herrison Hospital machte er sich mit Eifer daran, die Umgebung seiner Patienten zu verändern: Er legte Stationen für Langzeit- und Akut-Patienten zusammen und regte eine Durchmischung der Geschlechter an. Und im Shelton Hospital, wo ein örtliches Kaufhaus in der Haupthalle vorübergehend seine Waren angeboten hatte, mit allem Drum und Dran samt Umkleideräumen, schrieb er als Co-Autor einen Aufsatz über »Einkaufstage«. In mehreren aufeinanderfolgenden Monaten Anfang 1964 erschienen Barkers Kommentare regelmäßig auf den Leserbriefseiten im medizinische Fachblatt *The Lancet,* wo er für die Einrichtung einer neuen offiziellen Körperschaft für Psychiatrie und Psychotherapie plädierte (die dann auch noch im selben Jahr gegründet wurde), ebenso wie für verwaltungstechnische Reformen der psychiatrischen Kliniken in Sachen fachärztliche Hausbesuche.

Er arbeitete mit einer unglaublichen Intensität, die von der Überzeugung lebte, dass jede Interaktion mit einem Patienten zu einem neuen Aufsatz oder zu neuen relevanten Ergebnissen führen könnte. 1964 erfuhr Barker, dass eine »Münchhausen«-Patientin und Teilnehmerin an seinen Fallstudien, eine Waise und ehemalige Prostituierte, etliche unverschlossene Sicherheitsnadeln verschluckt und sich wieder einmal in ein Londoner Krankenhaus begeben hatte. Er sorgte dafür, dass man sie ins knapp 250 Kilometer entfernte Shelton Hospital verlegte. Nach zwei Monaten stationärer Behandlung vermittelte Barker »Mrs BM«, wie er sie nannte, eine Stelle als Reinigungskraft in einem Pflegeheim für Blinde, wo sie es aber nicht lange aushielt. In 70 Krankenhäusern der gesamten Region der Midlands gab Barker daraufhin eine Beschreibung ihrer Person in Umlauf, bis er sie schließlich in Birmingham ausfindig machen und nach Shelton zurückholen konnte.

Während seiner Zeit am Shelton Hospital in Shropshire schien Barker etwas besser auf seine Gesundheit zu achten. In Barnfield, seinem Haus in der kleinen Ortschaft Yockleton, hingen in der Diele rundherum seine gesammelten Pfeifen und alten Bierhumpen, die er dort buchstäblich an den Nagel gehängt hatte. Er spielte mit seinen Kindern. Er entdeckte seine Sammelleidenschaft für Uhren (zu jeder vollen Stunde tönten drei Standuhren und eine Kuckucksuhr durch das Haus). Und um sich körperlich fit zu halten, lernte er das Surfen. Zu einer Zeit, als dieser Sport in Großbritannien noch relativ unbekannt war, erwarb Barker ein rot-weißes Surfbrett, das er auf dem Dach seines Ford Zephyr festzurrte, wenn es mit der Familie in den Sommerurlaub nach Woolacombe in Devon ging. Dort verschwand er manchmal tagsüber nach Newquay, um ein paar richtig hohe Wellen zu reiten, oder seine Kinder schauten ihm am Strand von Woolacombe dabei zu, wie er – eine korpulente Gestalt im Neoprenanzug, 20 Jahre älter als die meisten anderen der Longboard-Pioniere – im flachen Wasser versuchte, eine Welle zu erwischen. Mit aufgescheuerten Beinen kehrte er am Ende des Tages zurück ins Hotel.

Barkers berufliche Karriere ging weiter, seine Familie wuchs, und eigentlich blieb ihm kaum Zeit, sich mit dem Okkulten zu beschäftigten. Dennoch richtete er es ein, wann immer es ging. An freien Wochenenden nahm er seinen ältesten Sohn Nigel auf Ausflüge zu Geisterhäusern mit. Nigel, damals sechs oder sieben Jahre alt, blieb aber lieber im Auto. Und wenn Barkers Kinder daheim vor seinem Arbeitszimmer über den Flur tollten, bis »Dadah«, wie sie ihren Vater nannten, herauskam und ein Machtwort sprach, konnten sie einen flüchtigen Blick auf die Kristallkugel erhaschen, die dort auf seinem Schreibtisch ihren Stammplatz hatte.

*

Im Sommer 1965, er war inzwischen zwei Jahre am Shelton Hospital, las Barker im *British Medical Journal* (*BMJ*) vom Tod einer 43-jährigen Frau im kanadischen Labrador. Die Patientin, Mrs AB, war Gattin eines Trappers, eines Pelztierjägers, und Mutter von fünf Kindern. Sie lebte mit ihrer Familie an den Ufern des Nauskapi River in einer kleinen Siedlung namens North West River. Im Winter waren die Menschen dort oft wochenlang abgeschnitten, aber es gab das kleine, gut ausgestattete Krankenhaus Emily Chamberlain, mit grünem Anstrich und Blick über das Wasser, sowie ein Ärzteteam, das mit Hundeschlitten, Booten oder kleinen Flugzeugen ausrückte, um quer durch das Landesinnere, teilweise Hunderte von Kilometern entfernt, damals noch nomadisch lebende Innu-Gemeinschaften zu behandeln. Ein paar Mal im Jahr flog ein Chirurg das Krankenhaus der abgeschiedenen Siedlung an, um kleinere Operationen vorzunehmen.

Mrs AB hatte zuvor über Inkontinenz geklagt, war ansonsten aber von robuster Gesundheit. Die Frauen der Pelztierjäger in North West River lebten oft monatelang ohne ihre Ehemänner. Sie hackten Holz, schossen Rebhühner, fertigten Kleider, die sie im Dorfladen verkauften, und fischten in Eislöchern. Im März 1965 wurde Mrs AB dann ins Krankenhaus eingeliefert, um sich einer operativen Wiederherstellung ihrer Vaginalwand zu unterziehen und die Inkontinenz zu beheben. Sie war nervös, doch alles schien gut zu verlaufen. Die Operation selbst dauerte knapp eine Stunde. »Alles war völlig normal«, erinnerte sich Peter Steele, ein junger britischer Arzt, der Mrs AB betreute. Doch kurz nachdem sie wieder bei Bewusstsein war, klagte sie über Schmerzen auf der linken Körperseite und geriet in einen Schockzustand. Ihr Blutdruck sackte ab, und sie starb. Wie eine Obduktion ergab, hatte Mrs AB eine Nebennierenblutung erlitten – ein seltenes Versagen der Nebennieren –, eine versteckte Grunderkrankung aber hatte nicht vorgelegen. Das Krankenhausteam war bestürzt. »Es war erschütternd«, sagte Steele. »Sie starb, und es war, als hätte sie sich dazu entschlossen.«

Wie die Ärzte in den Tagen danach erfuhren, hatte eine Wahrsagerin ihr als Kind prophezeit, dass sie mit 43 Jahren sterben würde. Ihr Geburtstag war gerade mal eine Woche her, und sie war sich sicher gewesen, dass sie den Eingriff nicht überleben würde. Steele und seine Kollegen berichteten im *BMJ* ausführlich über den Fall:

> Am Abend vor der Operation sagte sie zu ihrer Schwester, die als Einzige von der Prophezeiung wusste, dass sie nicht erwarte, aus der Narkose wieder aufzuwachen, und noch am Morgen der Operation sagte sie einer Krankenschwester, sie sei sicher, dass sie sterben würde. Diese Befürchtungen waren uns zum Zeitpunkt der Operation nicht bekannt.
>
> Wir wären dankbar zu erfahren, ob der ein oder andere Leser von ähnlichen Umständen im Zusammenhang mit dem Tod eines Patienten zu berichten weiß. Wir fragen uns, ob die schweren emotionalen Spannungen dieser Patientin, die sich mit dem physiologischen Stress der Operation überlagerten, irgendeinen Einfluss auf ihren Tod gehabt hatten.

Barker war fasziniert. 1952, den Doktortitel gerade in der Tasche, hatte er in Gloucester einen Mann behandelt, der ebenfalls überzeugt davon war, dass er bald sterben würde. Der

Mann, Anfang 40, war in der Stadt aufgegriffen worden, ziellos umherirrend. »Er schrak buchstäblich zusammen – ich habe noch nie jemanden erlebt, der so verängstigt war, und zwar so sehr, dass wir uns überhaupt nicht mit ihm unterhalten konnten«, schrieb Barker später. »Er hat auf keine einzige unserer Fragen geantwortet, zeterte und schrie nur in einem fort – ›Ich werde sterben. Ich werde sterben. Bitte lassen Sie mich nicht sterben‹.« Barker gab dem Mann Sauerstoff und Aminophyllin, ein Medikament, um ihm das Atmen zu erleichtern, doch der Patient starb etwa eine halbe Stunde, nachdem er ins Krankenhaus eingeliefert worden war, und eine Obduktion ergab keinen offensichtlichen Grund dafür. Nach einem Vorfall zwei Jahre später war Barker überzeugt, den Tod eines weiteren Mannes beschleunigt zu haben, der über Schmerzen in der Brust klagte. Barker hatte ihn gefragt, ob er glaube, dass er bald sterben würde. »Er war plötzlich völlig verändert«, schrieb Barker. »Er gab keine Antwort – tatsächlich sprach er nie wieder. Der Mann sackte nach hinten und war etwa eine Minute später tot, während Barker noch seine Brust abhörte. Diesmal ergab die Obduktion zwar, dass der Mann verdickte Arterien und eine geschwächte Herzmuskulatur hatte, aber wieder keine eindeutige Todesursache.

In solchen Fällen schien die Medizin nur begrenzt in der Lage zu erklären, was passiert war. Walter Cannon, Professor an der Harvard Medical School, verwendete 1942 erstmals den Begriff »Voodoo-Tod«, um einen potenziellen psychobiologischen Mechanismus zu beschreiben, durch den jemand zu Tode erschreckt werden kann. Cannon postulierte, dass ein Mensch infolge einer Übererregung des sympathischen Nervensystems und der Nebennieren sterben könnte. Er beschränkte seine Forschungen auf »Naturvölker« und »schwarze Magie«, aber Barker glaubte, dass das Phänomen auch in westlichen Gesellschaften existiert. Dass es im Bereich des Möglichen war, vor Angst zu sterben oder ein prophezeites Ende zu finden, lag jenseits der konventionellen Wissenschaft, und genau das zog ihn am allermeisten an.

Er nahm Kontakt zu den Ärzten in Labrador auf, bat um weitere Einzelheiten zu Mrs AB und schloss sich deren Aufruf an, weitere Fallgeschichten zur medizinischen Fachliteratur beizutragen. In den Herbstmonaten 1965 erschienen auf den Leserbriefseiten im medizinischen Fachblatt *BMJ* etliche Berichte über Patienten, die offenbar tödliche Angst verspürten oder zu prophezeiten Todeszeitpunkten starben: Eine 21-jährige Mutter starb sechs Tage, nachdem sie entbunden hatte, so wie es ihr vorhergesagt worden war; ein ansonsten kerngesunder 74-jähriger Mann weigerte sich, nach einem überstandenen Herzinfarkt an seine Genesung zu glauben. Er hatte sein Testament gemacht und an seinen Anwalt geschrieben. »Er lächelte, als man ihm sagte, dass er auf dem Weg der Besserung sei. Sein Zustand besserte sich rasch, aber er zweifelte keine Sekunde daran, dass es dem Ende zuginge«, schrieb ein Arzt aus Barnet, einem nördlichen Vorort von London. »Drei Wochen nach seiner Aufnahme ins Krankenhaus brach er plötzlich zusammen und starb.«

Einige der Leserbriefe zitierten Cannons Forschungsarbeiten über den Voodoo-Tod. Ein australischer Psychiater erwähnte die Experimente von Curt Richter, einem US-amerikanischen Psychologen und Verhaltensforscher an der Johns

Hopkins Medical School in Baltimore, der in den 1950er Jahren gezeigt hatte, dass Ratten in einer ausweglosen Situation irgendwann freiwillig aufgaben und starben. In einem Experiment hatte Richter domestizierte Ratten in mit Wasser gefüllte Gläser gesetzt. Im Gegensatz zu Cannon, der einen überwältigenden Angst- und Erregungszustand beschrieb, beobachtete Richter eine Art Resignation, die den Ratten ihren Überlebenswillen nahm. Ihr Herzschlag verlangsamte sich, ihre Körpertemperatur sank, ihre Atmung hörte auf. Bis zum Ertrinken dauerte es meist nicht lange. In einem zweiten Experiment kamen wilde Ratten zum Einsatz, nachdem man ihnen die Tasthaare gekürzt hatte, und auch sie ertranken binnen weniger Minuten. Anderen Ratten erging es ähnlich, nachdem man sie eine Weile fest zwischen den Händen gehalten hatte. »Wilde Ratten sind es gewohnt zu kämpfen oder zu flüchten, was sie in dieser Situation kaum konnten – es war vielmehr eine Situation der Hoffnungslosigkeit«, schrieb Richter. »Ob man sie eine Weile fest zwischen den Händen hält, oder in einem Wasserglas, aus dem es kein Entrinnen gibt, die Ratten sind in einer Situation, aus der es keinen Ausweg gibt.« Richter kam zu dem Schluss, dass die Ratten je nach ihren »emotionalen Reaktionen«, die sowohl positiv als auch negativ besetzt sein konnten, entweder überlebten oder starben. Tiere konnten, wie Richter herausfand, in derselben Situation sehr wohl verzweifelt um ihr Überleben kämpfen – in einem Fall schwammen sie bis zu 81 Stunden in einem Wasserglas –, wenn sie zwischendurch herausgenommen wurden und so einen Blick auf eine Fluchtmöglichkeit erhaschen konnten. »Ist die Hoffnungslosigkeit beseitigt, sterben die Ratten nicht«, schrieb Richter.

In seinen Leserbriefen im *BMJ* berichtete Barker über seine eigenen Erfahrungen mit Patienten, die durch Angst starben. Doch anders als andere Ärzte, die sich meist zurückhaltend und spekulativ äußerten, gab er sich in seinen Briefen selbstbewusst, streitlustig fast. Er stellte in den Raum, es könne möglich sein, dass das Phänomen, sich zu Tode zu erschrecken, mit Präkognition und »unterbewusstem Selbst« zusammenhänge – eine Vorstellung, die Barker mit Freuds Es verglich, das außerhalb der Zeit existiert. Barker warf seinen Fachkollegen aus Psychiatrie und Wissenschaft vor, sich nicht genügend zu öffnen für das mögliche Potenzial der außersinnlichen Wahrnehmung (*ESP*) sowie anderer Erklärungen, die außerhalb der vorherrschenden Schulmedizin lagen. »Eine wesentliche und doch eigenartige Besonderheit, die hier zum Vorschein kommt, ist die leichtfertige und unverantwortliche Haltung vieler, einschließlich einiger Männer der Wissenschaft, gegenüber dieser Thematik im Allgemeinen«, schrieb er am 18. September 1965 im Fachblatt *BMJ*. »Was heute fremd und unvertraut ist, gilt tendenziell als unstatthaft und wird deshalb einfach nicht anerkannt, trotz überwältigender stützender Beweislage. So wurde auch die Erde über Generationen hinweg traditionell als flache Scheibe angesehen, und wer sich gegen diese Vorstellung wandte, wurde heftigst attackiert.«

Der Fall in Labrador gab den Anstoß für die Recherchen, auf deren Basis sein Buch *Scared to Death* zu diesem Thema entstand, das ihn wiederum nach Aberfan führte. Und es waren seine scharfzüngigen Briefe in der medizinischen Fachpresse, die 1965 erstmals die Aufmerksamkeit Fairleys erregten. Der Wissenschaftsjournalist war gerade erst von einer Weltraum-Reportagereise in den USA zurückgekehrt und durchforstete die BMJ-Ausgaben, um zu sehen, was er verpasst hatte. »Es war ungewöhnlich für einen hoch qualifizierten Arzt, sich mit solchen Dingen zu befassen«, schrieb Fairley. In einem der Leserbriefe schrieb Barker, er hätte gerne gewusst, auf welche Weise ihre Kunden beängstigende Vorhersagen übermittelten. Fairley schrieb Barker im Shelton Hospital an und machte ihm einen Vorschlag: Er sei bereit, gemeinsam mit ihm als Psychiater ein Treffen von Astrologen, Hellsehern und Kartenlesern zu veranstalten, und biete ihm an, im *Evening Standard* darüber zu schreiben.

*

Im November 1965 traf sich die kleine Gruppe in einer Suite im Charing Cross Hotel in London, wenige Meter vom gleichnamigen Bahnhof entfernt, nicht weit vom Trafalgar Square. Fairley hatte vier Gäste eingeladen: Katina Theodossiou, Astrologin für den *Evening Standard,* William King, ein irischer Hellseher aus Bristol, Tom Corbett, ein Kristallkugelleser, der in Chelsea praktizierte, und Mir Bashir, ein gelehrter Handlinienleser aus Kaschmir, der nach der Teilung Indiens in die beiden unabhängigen Staaten Indien und Pakistan im Jahr 1948 nach London gekommen war, wo er sich geradewegs zum Hauptquartier der Scotland Yard begeben hatte, um der Polizei seine Dienste anzubieten. Er wurde der führende Handleser Londons und arbeitete eng mit Ärzten und Kriminologen zusammen.

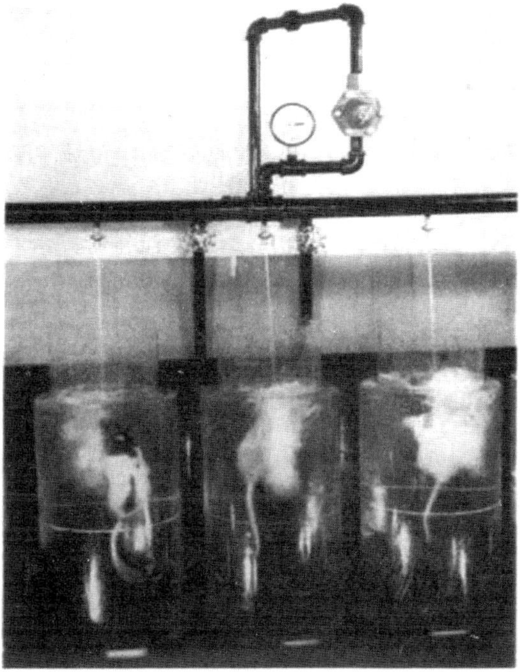

Fig. 1. Glass swimming jars, water jets, cold and hot water faucets, pressure gauge, and pressure regulator.

PSYCHOSOMATIC MEDICINE

Abb. 15: Ertrinkende Ratten.
Ratten in mit Wasser gefüllten Gläsern, Wasserstrahle, heiß und kalt, Druckmessgerät, Druckregulator
Psychosomatic Medicine

Barker reiste aus Shrewsbury an, mitsamt schwerem Tonbandgerät im Gepäck. Begleitet wurde er von seiner Kollegin Dr. Lucas, Hypnosespezialistin am Shelton Hospital. Fairley ließ ein Dinner in der Suite ausrichten – es gab Parmaschinken an Melone, Filet de Boeuf, Ananasvariationen und reichlich Wein.

Bevor sich alle an die Tafel setzten, bat Barker die vier Wahrsager zu einem Einzelgespräch in einen separaten Raum. Obwohl er ein erfahrener Forscher war, führte er seine Studien über okkultes Wissen mit einer gewissen methodischen Nachlässigkeit. Er überging formale Kriterien der Wissenschaftlichkeit, missachtete formale Grenzlinien und versuchte nicht, sich sonst in irgendeiner Weise wissenschaftlich abzusichern. Seine Herangehensweise war die eines Skeptikers – nur, dass er kein Skeptiker war. Für seine Recherchen zu *Scared to Death* hatte Barker ein Dutzend medial veranlagter Menschen konsultiert, um herauszufinden, ob sie ihm Datum und Ursache seines eigenen Todes vorhersagen würden. Nur ein einziger willigte damals ein.

Umso mehr beeindruckten ihn die vier geladenen Wahrsager mit ihren Beobachtungen: Ihnen allen war aufgefallen, dass Barker sich in einem inneren Zwiespalt befand, zwischen seinem »Hobby« (als das er die Erforschung des Übersinnlichen betrachtete) und seiner medizinischen Arbeit als Arzt. Einer von ihnen wusste von Barkers Zusammenbruch und seiner Erkrankung vor seiner Zeit im Shelton Hospital. Ein anderer merkte an, dass Barker möglicherweise selbst eine übersinnliche Gabe besaß, was Barker widerspruchslos zur Kenntnis nahm. Und der Londoner Handlinienleser aus Kaschmir bestätigte Barker, seine Hände wiesen das ›Kreuz der Hellsicht‹ auf.

An jenem Abend im Charing Cross Hotel war Barker kühl und sachlich, schroff geradezu. »Bitte fassen Sie sich so kurz wie möglich, denn es gibt eine Reihe von Fragen«, begann Barker das Gespräch mit King, dem Hellseher. »Gleich die erste ist: Haben Sie einem Ihrer Klienten jemals eine Krankheit oder gar den Tod für einen bestimmten Zeitpunkt in der Zukunft vorhergesagt?«

»Ja, das habe ich«, sagte King bedächtig. Er war 69 und praktizierte das Wahrsagen seit seiner Kindheit. »Krankheiten habe ich vorhergesagt, und ein- oder zweimal auch einen Tod.«

»Nur ein- oder zweimal?« Barker klang unbeeindruckt.

Ein paar Minuten später wollte er von ihm wissen, ob seiner Meinung nach auch andere Menschen hellseherische Kräfte, wie er sie besaß, entwickeln könnten.

»Ja, so Gott sie ihnen schenkt«, entgegnete King, als hätte er diese Frage schon oft gehört.

»Könnte zum Beispiel auch ich sie entwickeln?«, fragte Barker.

»Sie tragen die Gabe der außersinnlichen Wahrnehmung in sich«, antwortete der Hellseher spontan. »Sie wissen bloß nichts davon.« Dann zögerte er. »Verzeihen Sie, wenn ich das sage, aber ...« King bot an, eine Pause zu machen, falls Barker das Band anhalten oder das Thema wechseln wollte. Aber Barker drängte ihn fortzufahren.

»Nein, das ist interessant«, sagte er, und seine Stimme klang jetzt weicher.

»... Sie tragen die Gabe der außersinnlichen Wahrnehmung in sich«, wiederholte King. »Und eigentlich sind Sie verkehrt in dem Job, den Sie gerade ausüben.«

Barker murmelte zustimmend.

»Aber Sie sind verdammt gut in Ihrem Job«, sagte King.

»Vielen Dank.«

»Sie genießen großes Ansehen. Und Sie sind gefragt«, fuhr King fort und lenkte das Gespräch in das sichere Fahrwasser seines Metiers. »Ob Sie verheiratet sind und sechs Kinder haben, interessiert mich nicht. Es ist mir völlig egal«, sagte er. »Sie selbst aber fühlen sich manchmal einsam und allein. Sehr allein.«

»Ja«, sagte Barker.

»Und Sie wissen nicht, warum«, sagte King. »Grund ist der Äther. Die äußeren Komplikationen des menschlichen Daseins.«

Barker versuchte, das Gespräch wieder zurück auf seine eigentliche Frage zu lenken.

»Aber könnte auch ich Fähigkeiten entwickeln, wie Sie sie haben?«, wiederholte er noch einmal mit Nachdruck.

»Zum jetzigen Zeitpunkt nicht mehr«, erwiderte der Hellseher. »Sie sind zu spät.«

Um zwei Uhr nachts war das Treffen zu Ende. Fairley nahm Barker zur Seite, um mit ihm die beiden Leitartikel zu besprechen, die in der folgenden Woche im *Evening Standard* erscheinen sollten. Bis zur Katastrophe von Aberfan sollte es noch elf Monate dauern. Doch bereits jetzt beschäftigte sich Barker mit der Frage, ob Menschen zu Tode erschreckt werden können, und sah sie im Kontext einer umfassenderen Studie darüber, ob bestimmte Ereignisse »gesehen« werden können, bevor sie eintreten.

Für Erklärungsversuche zum Thema Vorahnungen verwies Barker oft auf ein Einzelwerk mit dem Titel *Foreknowledge* (»Vorauswissen«) aus dem Jahr 1938, verfasst von Herbert Saltmarsh, Mitglied in der Society for Psychical Research. Die erste Hälfte des 20. Jahrhunderts war durchströmt von einer Fülle an neuen Vorstellungen von Zeit. Durchbrüche in der Teilchenphysik, selbst wenn sie nur vage verstanden wurden, trugen dazu bei, die Vorstellung von einer zeitlich nacheinander geordneten, linearen Abfolge von Ereignissen außer Kraft zu setzen und ältere, rätselhaftere Kausalitätstheorien zu beleben. Saltmarsh war ein Schifffahrtskaufmann im Distrikt City of London gewesen, der krankheitsbedingt vorzeitig in den Ruhestand getreten war. In *Foreknowledge* untersuchte er alle 349 Fälle von offenkundiger Präkognition in den Archiven der Society for Psychical Research und suchte nach einem perfekten Beispiel. »Erübrigt sich zu erwähnen, dass ich bis jetzt keines gefunden habe«, schrieb er. Saltmarsh teilte Vorahnungen in verschiedene Kategorien ein und führte einige der gängigen Theorien über ihre mögliche Entstehung aus.

Im Gespräch mit Fairley an jenem Abend im Hotel kam Barker auch auf Saltmarsh zu sprechen: Ihm zufolge war zu unterscheiden zwischen unserem bewussten Erleben von Zeit mit ihrer strikten Trennung von Vergangenheit, Gegenwart und Zukunft, und einem durchlässigeren Erleben, das unserem Unterbewusstsein zugänglich war. »Ich persönlich denke, dass wir unsere ganze Vorstellung von Zeit konkretisieren sollten«, sagte er.

Ideen und Vorstellungen vom Ablauf der Zeit gab es zuhauf. Eine, die besonders hervortrat, war die Idee der »scheinbaren Gegenwart«. Diese hatte William James, einer der Begründer der modernen Psychologie, im späten 19. Jahrhundert entwickelt, um zu beschreiben, wie unser bewusster Geist die in jedem Augenblick stattfindenden Geschehnisse sinnhaft zusammenfügt. Seiner Ansicht nach, so Barker zu Fairley, sei es möglich, dass unser Bewusstsein eine augenblicksbezogene Gegenwart erfasst, die nur kurz währt, während unser Unterbewusstsein eine Gegenwart wahrnimmt, die weiter in die Zukunft reicht. »Mal angenommen, meine normal wahrgenommene scheinbare Gegenwart reicht von zwölf Uhr mittags bis eine Sekunde nach zwölf Uhr mittags, dann kommt nur diese eine Sekunde in meinem Bewusstsein an«, sagte Barker. »Unter der Schwelle meines Bewusstseins aber erstreckt sich die scheinbare Gegenwart von zwölf Uhr mittags bis ein Uhr mittags. Dann sind alle Ereignisse, die bis ein Uhr stattfinden, für mein Unterbewusstsein gegenwärtige Ereignisse und auch wahrnehmbar.« Barker fragte sich, wie sich der Tod wohl anfühlen würde, wenn ein Teil unseres Bewusstseins ihn bereits flüchtig erblickt hätte.

*

Bevor das Premonitions Bureau eröffnet wurde, hatte es bereits etliche andere Versuche gegeben, vorbewusste Ahnungen und Visionen aus der britischen Bevölkerung zu erfassen. Ende der 1920er Jahre schrieb der irischstämmige John W. Dunne, Luftfahrtingenieur und Flugzeugpionier, ein einflussreiches Buch mit dem Titel *An Experiment with Time* (Ein Experiment mit der Zeit), in dem er eine Schilderung seiner eigenen voraussehenden Träume mit einer Debatte um Fragen der Relativitätstheorie und Quantenphysik verknüpfte. Als junger Soldat kämpfte Dunne 1902 im Zweiten Burenkrieg, während dem er einmal träumte, dass ein Vulkan auf einer Insel der französischen Kolonien kurz vor dem Ausbruch stand und 4000 Menschen töten würde. Einige Wochen später bekam er eine Ausgabe des *Daily Telegraph* in die Hände, wo sein Traum schwarz auf weiß zu lesen stand: Ausbruch des Vulkans Mont Pelé auf der Karibikinsel Martinique mit rund 40 000 Toten. »Da lag ich um eine Null daneben«, sinnierte Dunne.

Vorahnungen, banale wie spektakuläre, verfolgten ihn über Jahre, was er aber ganz gelassen nahm. »Wer will schon als Irrer gelten? – Ich glaube niemand«, schrieb er. Fortschritte in der Quantenmechanik gegen Ende des Ersten Weltkriegs, mit denen die alte Anordnung der Zeit zusammenzufallen schien, waren ein Trost für Dunne: »Das alles war schon im Kochtopf«, schrieb er. »Die moderne Wissenschaft hatte es dort hineingegeben – und fragte sich nun, was sie als Nächstes tun sollte.«

Dunnes eigene Theorie darüber, wie Zeit funktioniert, er nannte sie »Serialismus«, ist sehr schwer nachvollziehbar. Dennoch war sein Buch sehr einflussreich, da es Tausende von Lesern animierte, Traumtagebücher zu führen und ihre Visionen aufzuschreiben, um zu sehen, ob sie auch eintreten würden. Dabei, so Dunne, sollte man allen aufblitzenden Bildern, die in die Zukunft weisen, Beachtung schenken, egal, ob sie trivial oder bedeutsam scheinen.

Er saß gerne in der Bibliothek seines Gentlemen's Club, griff nach einem Roman, warf einen Blick auf den Namen des Protagonisten und notierte Gedanken und Bilder, die ihm spontan in den Sinn kamen. Dann begann er zu lesen und war gespannt, ob die Handlung so verlief, wie er sie antizipiert hatte. Eines Tages nahm er ein Buch von John Snaith in die Hand, einem britischen Cricketspieler, der als JC Snaith auch ein erfolgreicher Romanautor war. Er versuchte sein übliches Spiel, aber es wollte ihm einfach nichts in den Sinn kommen, außer einem eigenartigen Bild von einem schlichten schwarzen Regenschirm, der geschlossen und kerzengerade, nur verkehrt herum, *mit dem Griff auf dem Gehsteig*, direkt vor dem Piccadilly Hotel stand. Als Dunne am nächsten Tag in einem Bus saß und an dem Hotel vorbeifuhr, fiel ihm eine Fußgängerin auf, die dort entlangging:

> Es war eine alte Dame, in einem sonderbaren schwarzen Kostüm im Stil der frühviktorianischen Zeit, mit Kapotthut und allem, was dazugehört. In der Hand hielt sie einen Regenschirm, dessen Griff nur eine dünne, unpolierte Verlängerung des eigentlichen Stocks war […] Sie benutzte diesen Regenschirm – geschlossen natürlich – als Spazierstock, hielt ihn wie einen Wanderstab. Nur ***verkehrt herum***, am spitzen Ende. Damit klopfte sie, im Rhythmus ihrer Schritte, in Richtung Hotel, ***mit dem Griff auf dem Gehsteig***.

Auch andernorts in Europa gaben Physik und Psychologie dem Interesse an prophetischen Träumen Auftrieb. 1933, kurz nach der Machtergreifung der Nationalsozialisten, begann die deutsch-jüdische Journalistin Charlotte Beradt in Berlin, Träume ihrer deutschen Mitbürger zu sammeln und niederzuschreiben. Sie tat dies im Geheimen, um sich als Jüdin unter Berufsverbot selbst und auch die Befragten zu schützen. Ein Fabrikbesitzer erzählte ihr von einem Traum, den er drei Tage nach der Wahl Hitlers zum Reichskanzler hatte: »Goebbels kommt in meine Fabrik. Er lässt die Belegschaft [...] antreten. Dazwischen muß ich stehen und den Arm zum Hitlergruß heben. Es kostet mich eine halbe Stunde, den Arm, millimeterweise, hochzubekommen.«[12] Und eine 30-jährige Frau träumte: »Eine Tafel ist als Ersatz für die verbotenen Straßenschilder an jeder Ecke und verkündet in weißen Buchstaben auf schwarzem Grund 20 Worte, die auszusprechen dem Volk verboten ist. Als erstes das Wort ›Lord‹ – das habe ich wohl aus Vorsicht auf Englisch, nicht auf Deutsch geträumt. Die nachfolgenden habe ich vergessen oder wahrscheinlich überhaupt nicht geträumt, außer dem letzten: das war ›Ich‹.«[13] Später träumte dieselbe Frau: »Ich sitze [...] in einer Loge im Opernhaus. Man gibt meine Lieblingsoper, ›Die Zauberflöte‹. Nach der Stelle ›Das ist der Teufel sicherlich‹ kommt ein Trupp Polizei hereinmarschiert, laut knallende Schritte, direkt auf mich zu. Sie haben durch eine Maschine festgestellt, dass ich bei ›Teufel‹ an Hitler gedacht habe.«[14] Beradt sammelte rund 300 Träume. Viele handelten von bürokratisch-politischen Absurditäten: »Ich höre einen Lautsprecher brüllen: ›Laut Erlaß zur Abschaffung von Wänden vom 17. des Monats.‹«[15], »Verordnung zum Verbot bürgerlicher Resttendenzen« – was die totalitären Absichten des Regimes vorwegnahm. Ein jüdischer Anwalt erzählte, wie er im Traum durch

Lappland flieht, auf der Suche nach dem »letzten Land der Welt, wo Juden noch gelitten sind«[16], doch ein lächelnder deutscher Zollbeamter lässt ihn nicht durch und wirft seinen Pass in den Schnee. Ein grünes, sicheres Land liegt direkt vor ihm, verlockend und unerreichbar. Noch war 1935.

Beradt sandte die Texte ihrer »Tagebücher der Nacht« an Freunde (an verschiedene Adressen im Ausland) oder versteckte sie zwischen Buchseiten und veröffentlichte sie erst nach dem Krieg. In ihrem Buch *Das Dritte Reich des Traums* schrieb sie: »Aber Träume dieser Art, Nachtbücher gleichsam, schienen zwar die Wirkung äußeren politischen Geschehens im menschlichen Innern minuziös aufzuzeichnen wie ein Seismograph, doch sie stammten aus einer unwillentlichen psychischen Tätigkeit.«[17] Die Träume sind roh, nicht nachträglich bearbeitet und genau deshalb wohl prophetisch. »So könnten Traumbilder die Struktur einer Wirklichkeit deuten helfen, die sich gerade anschickte, zum Alptraum zu werden«[18], schrieb Beradt.

1940, als Großbritannien vor der Bedrohung einer deutschen Invasion stand, sendete die BBC (zwischen dem 5. Juni und dem 20. Oktober) immer sonntags im Anschluss an die Abendnachrichten unter dem Titel »Postscripts« eine Kommentarreihe des britischen Dramatikers und Journalisten John B. Priestley, die von einem Drittel der britischen Bevölkerung regelmäßig gehört wurde. Priestley stammte aus Bradford. Er bekundete eine geradezu patriotische Sehnsucht, gespeist aus hier und da klingenden Vogelgesängen oder einem Tagesausflug ans Meer. Darüber hinaus war er ein Anhänger von Dunne. Sich selbst beschrieb Priestley als »heimgesucht von der Zeit«. In den frühen 1930er Jahren hatte er den US-amerikanischen Westen bereist. Eines frühen Morgens stand er an einem Geländer am Südrand des Grand Canyon, die Landschaft von Nebel verhüllt. Plötzlich hob sich der Nebel, die Farben traten leuchtend hervor, und Priestley erkannte das Geländer, den Himmel und die Schlucht aus einem lebhaften Traum, den er vor Jahren geträumt hatte: Im Traum sitzt er in einem Theater, der Vorhang hebt sich und er sieht genau diese Szenerie. Priestleys Theaterstücke wie *Die Zeit und die Conways* (Time and the Conways, 1937) und später *Ein Inspektor kommt* (An Inspector Calls, 1946) spiegeln seine intensive Auseinandersetzung mit der Anordnung der Zeit wider. Er trug dazu bei, in der englischsprachigen Welt C. G. Jungs Idee der Synchronizität bekannt zu machen, wonach Ereignisse eher durch ihre Bedeutung und nicht durch eine zeitliche Kausalbeziehung miteinander verknüpft sein könnten.

Im März 1963, wenige Monate bevor Barker am Shelton Hospital anfing, war Priestley zu Gast in der BBC-Kultursendung *Monitor*, um über das Phänomen Zeit zu sprechen. Priestley war damals knapp 70 und landesweit sehr beliebt. Die strikte, materialistische Lesart vom Fortgang der Zeit, wonach jede Sekunde unseres Lebens unbarmherzig dahinfließt, eine nach der anderen, bis zu unserem Tod, setzte er gleich mit der intellektuellen Ödnis des kapitalistischen Konsums. »Auf den Moment kommt es gar nicht an, er ist nur ein weiterer kleiner Schritt in Richtung endgültiges Vergessen«, schrieb Priestley in seinem Werk *Man and Time*, das im darauffolgenden Jahr erschien.

Priestley war beeindruckt davon, wie wohl sich frühere und nicht-westliche Kulturen mit differenzierteren Vorstellungen von Zeit fühlten. Er schlug daran angelehnt ein Modell der Gleichzeitigkeiten (von Gegenwart, dem Unbewussten und dem kollektiven Unbewussten) vor, einer Verquickung der Jungschen Psychologie mit Vorstellungen vom Übersinnlichen, die denen von Barker nicht unähnlich waren. Priestley verglich das Leben nach der modernen Auffassung von Zeit mit einem Balanceakt auf einem Seil, das an beiden Enden ausfranst: Die Wissenschaftler wussten, dass Zeit eine unvorhersehbare Größe ist – sowohl auf planetarer Ebene (aufgrund der Relativität) als auch auf subatomarer Ebene (aufgrund der Quantenphysik). Warum also sollte sie stetig und ununterbrochen durch unser menschliches Leben fließen? Priestley beschrieb »eine Welt, beherrscht von der schlechtesten Vorstellung von Zeit, die der Mensch je gehabt hat«.

Man and Time war teils Bekenntnis, teils Manifest. Priestley drängte die Gesellschaft zum Ausstieg aus dem »unaufhaltsamen Fließband ins Nichts«. Während der BBC-Fernsehreihe *Monitor* forderte der Moderator Huw Weldon im Jahr 1963 die Zuschauer auf, Schilderungen eigener ungewöhnlicher Erfahrungen mit Zeit einzusenden. Priestley erhielt um die 1500 Zuschriften, ein Drittel scheinbar von Anhängern John W. Dunnes.

*

Das Büro für Vorahnungen aber sollte mehr sein als nur eine weitere Sammelstelle für Anekdoten, das war Barker wichtig. Sein Recherchematerial aus Aberfan hatte ihn davon überzeugt, dass die Existenz von Vorahnungen keines Beweises mehr bedurfte. In einem Artikel für das Fachblatt *Medical News* im Januar 1967, zwei Wochen nach Beginn seines Experiments, schrieb Barker, dass mittlerweile mehr als 10 000 Ereignisse in Fachzeitschriften zur Parapsychologie dokumentiert seien. »Wir sollten vielmehr versuchen, uns dieses Material nutzbar zu machen in der Absicht, weitere Katastrophen zu verhindern.«

Wie Beradt in Hitler-Deutschland bediente sich auch Barker der Sprache der Seismologie, um mentale Prozesse zu beschreiben, die möglicherweise auf einer tiefen Ebene im kollektiven Unterbewusstsein wirken. Er suchte nach einem Werkzeug, das ausreichend sensibel ist, um Ahnungen zu erfassen, die andernfalls unmöglich festzustellen wären. Er stellte sich das vollständig eingerichtete Premonitions Bureau vor als »zentrale Anlauf- und Dokumentationsstelle, an die sich die Öffentlichkeit jederzeit wenden könnte, schriftlich oder telefonisch, wann immer es Vorahnungen jedweder Art zu berichten gab, insbesondere dann, wenn jemand das Gefühl hatte, sie bezögen sich auf bevorstehende Katastrophen«. Im Laufe der Zeit sollte das Premonitions Bureau zu einer Datenbank für die Träume und Visionen der Nation werden – für »Massenvorahnungen«, wie Barker es nannte – und daraus Warnungen auf Grundlage der eingegangenen Visionen herausgeben:

> Im Idealfall sollte das System an einen Computer gekoppelt sein, um belanglose, irreführende oder falsche Informationen leichter aussieben zu können […] Mit etwas Übung aber sollte es möglich sein, Muster oder Spitzen zu erkennen, die möglicherweise oder tatsächlich sogar auf die Natur der

Katastrophe schließen ließen sowie auf das mögliche Datum, die Uhrzeit und den Ort, so dass eine offizielle Frühwarnmeldung ausgegeben werden könnte.

»Es könnte durchaus zu etlichen Fehlalarmen kommen, vor allem in der Anfangsphase, wenn die Mitarbeiter noch unerfahren sind«, räumte Barker ein. Und er erkannte, dass das Büro mit einem Dilemma konfrontiert war, mit dem auch schon Jona im Alten Testament zu kämpfen hatte: Gott beauftragt Jona, nach Ninive zu gehen und den ›sündigen‹ Bewohnern die Zerstörung ihrer Stadt zu prophezeien. Jona überlegt: Würden die Menschen in Ninive seiner Warnung Glauben schenken und Buße tun, würde Gott ihnen gnädig sein und die Stadt verschonen. Seine Prophezeiung würde sich als falsch erweisen und so stünde er als ein Narr da. Jona, verwirrt und beschämt, flieht vor Gottes Auftrag und endet im Bauch eines Wals.

Wenn aber ein Unheil abgewendet wird, wie kann es dann im Voraus eine Vision erzeugen? »Wenn eine Katastrophe ausbleibt, dürfte es auch keine Vorahnungen geben, theoretisch jedenfalls«, räumte Barker ein. Aber einen Versuch war es wert. Es gab in der Vergangenheit viele Fälle von Vorahnungen, die offenbar dazu beigetragen haben, bestimmte Katastrophen zu verhindern. »Wenn sich nur für eine einzige große Katastrophe nachweisen ließe, dass sie durch diese Mittel verhindert wurde«, schrieb Barker in einem Beitrag für die Society for Psychical Research später im selben Jahr, »hätte sich das Projekt mehr als gerechtfertigt, womöglich für alle Zeit«.

*

Seinen ersten großen Treffer landete das Büro im Frühjahr 1967. Am 21. März, einem Dienstag, klingelte um sechs Uhr früh bei Barker zu Hause in Barnfield das Telefon und riss ihn unsanft aus dem Schlaf. Er ging runter ins Esszimmer und nahm ab. Am Apparat war Alan Hencher, der Telefonvermittler von der Post und einer der Aberfan-»Seher«, der ebenso wie Miss Middleton von körperlichen Empfindungen im Vorfeld einer Katastrophe berichtet hatte.

»Ich hatte gehofft, Sie nicht anrufen zu müssen. Jetzt aber denke ich, es muss doch sein.«

Hencher war gerade von der Nachtschicht zurück und rief an, um einen Flugzeugabsturz vorherzusagen. Barker machte sich Notizen auf einem Briefbogen des Shelton Hospital. Hencher war aufgewühlt. Er hatte eine Vision von einer Caravelle, einem in Frankreich gebauten Passagierjet, der kurz nach dem Start Probleme bekommt: »Die Maschine befindet sich über den Bergen. Per Funk meldet sie Probleme. Dann reißt der Kontakt ab – Funkstille.« Hencher spricht von 123 oder 124 Menschen an Bord (»? sagen wir mal 124«, notierte Barker) und davon, dass nur ein Mensch überleben würde, »in einem sehr schlechten Zustand«. Wo genau sich der Absturz ereignen würde, wusste Hencher nicht zu sagen, doch hatte er diese Ahnung seit zwei, drei Tagen schon. Es war, als würde einer an Bord versuchen, ihn zu kontaktieren, und alle anderen würden schon mit dem Leben abschließen. »Jetzt, während ich mit Ihnen spreche, habe ich eine Vision von Jesus Christus«, sagte Hencher. Er könne zwei statuengleiche Figuren sehen und ein helles, blinkendes Licht, das ihn zur Absturzstelle leite. Barkers Notizen füllten das ganze Blatt aus, bis in die unterste Ecke. Auf der Rückseite vermerkte er, er hätte Hencher später noch einmal zurückgerufen, um weitere Einzelheiten zu erfahren. Aber es gab keine.

Es war noch früh, eine Stunde vor Sonnenaufgang. Barker war in letzter Zeit sowieso schon angespannt gewesen. Am Tag zuvor war er von der Regionalleitung des National Health Service nach Birmingham beordert worden, wo er auf Dr. Littlejohn traf, den Krankenhauschef vom Shelton Hospital, der Barker wegen der öffentlichen Aufmerksamkeit, die er mit seiner Arbeit erregte, scharf zurechtgewiesen hatte. Barkers Bericht, er habe die eheliche Untreue von Mr. X mit einer Elektroschocktherapie im vergangenen Dezember erfolgreich geheilt, hatte in der britischen Boulevardpresse wilde Blüten getrieben. Dem Sonntagsblatt *The People* war es gelungen, Barkers Patienten Mr. X samt Gattin zu identifizieren – als Mr. und Mrs. Candlin aus Shrewsbury –, und er bot dem Paar 1000 Pfund für ihre Story.

Barker hatte sich geweigert, mit dem Blatt zu kooperieren, bis Reporter sein Haus belagerten und ihm vonseiten der regionalen Gesundheitsbehörde angeraten wurde, ein Interview zu geben. Doch als dann eine sensationsheischende dreiteilige Artikelreihe in drei Sonntagsausgaben hintereinander erschien, plus einem Nachrichtenbeitrag in den *ITV News* Anfang März, hatte Littlejohn genug. »Er war buchstäblich bleich vor Wut«, erinnerte sich Barker. Er befürchtete, der Klinikchef würde ihn feuern.

Doch er behielt seine Stelle und wurde während des Treffens in Birmingham schließlich von jedwedem Fehlverhalten freigesprochen. Doch wo er schon mal da war, nutzte er die Gelegenheit, um Dr. Littlejohn und die Regionalleitung des National Health Service bezüglich seiner neuen Forschungsprojekte vorzuwarnen, die er weiterhin vorantrieb. Er berichtete von seinem Buch *Scared to Death* (einen ersten Entwurf hatte er vor kurzem an seinen Verlag geschickt) und auch vom Büro für Vorahnungen.

»Littlejohn sagte keinen Ton«, vermerkte Barker in einer Zusammenfassung, die er wenige Tage später an einen medizinischen Fachanwalt sandte, den er um Rat ersuchte. Die Funktionäre des National Health Service, die seinen Artikel über Aversionstherapie bislang wohlwollend betrachtet hatten, waren nun aufgeschreckt. Man forderte ihn auf, sein Buch anonym zu veröffentlichen und seinen Namen aus allem herauszuhalten, was in Verbindung mit dem Premonitions Bureau stand, andernfalls riskiere er seine Anstellung.

»Was soll ich tun? Laufe ich da gerade in eine Falle?«, fragte Barker den Anwalt. Er sah sich gefangen zwischen zwei Welten – seiner Forschung, die über die konventionellen Grenzen der Psychiatrie hinausgriff, und der erstickenden Enge am Shelton Hospital. 1963 hatte Littlejohn sowohl Barker als auch Enoch gebeten, ihm ihre Forschungsberichte sowie Pressekorrespondenzen vorzulegen, bevor sie diese zur Veröffentlichung einreichten. Doch die beiden jungen Ärzte hatten sich geweigert. »Darüber war Dr. Littlejohn nicht gerade erfreut, der sich, wie er sagte, übergangen fühlte«, bemerkte Barker. Auf ihn wirkte der ältere Mann einfach nur neidisch.

Aber was sollte er machen? Sein Buch umschreiben? Fairley bitten, das Einholen weiterer Vorahnungen zu beenden? Ginge das überhaupt, selbst wenn er wollte?

Was er seinem Anwalt über seine Arbeit erzählte, hatte einen Hauch von Größenwahn. Er beschrieb vor allem bedeutsame Ereignisse, die ihn faszinierten, weniger seine »esoterischen« Forschungsprojekte, die er in seiner Freizeit verfolgte. »Ich gehöre zu den Menschen, die in ihrer Arbeit aufgehen und damit ziemlichen Erfolg haben«, schrieb er an ihn. Laut Barker sah sein Verleger in *Scared to Death* bereits im Vorfeld eines der »großen« Bücher des Jahres 1968. »Das Echo könnte beträchtlich ausfallen«, resümierte er. Seine Recherchen zu Aberfan bezeichnete Barker als »unentbehrliches Material und die wohl größte existierende Studie über Vorahnungen«. Das Premonitions Bureau sei ganz und gar seine Idee gewesen und »die logische Folge« seiner Recherchen in Aberfan. Im Büro gingen derweil tagtäglich neue Anrufe und Briefe ein. »Jederzeit könnte eine große Katastrophe vorhergesagt werden«, schrieb Barker. Er war nicht sicher, wie viel Macht Dr. Littlejohn und die Mitglieder des Klinikvorstands tatsächlich hatten. Das Treffen in Birmingham hatte eine ganze Stunde gedauert. »Ich war danach ziemlich erschöpft, am Rande eines Zusammenbruchs«, so Barker, der sich an seinen traumatisierenden Weggang vom Herrison Hospital in Dorset erinnert fühlte.

Nachdem ihn Henchers Anruf an jenem Morgen aus dem Bett geklingelt hatte, gab Barker die berichtete Vorahnung an den *Evening Standard* weiter. In den darauffolgenden Wochen machte er keinerlei Anstalten, seine außerklinischen Forschungen einzuschränken oder sich aus der Öffentlichkeit zurückzuziehen. Am 11. April 1967 waren er und Fairley

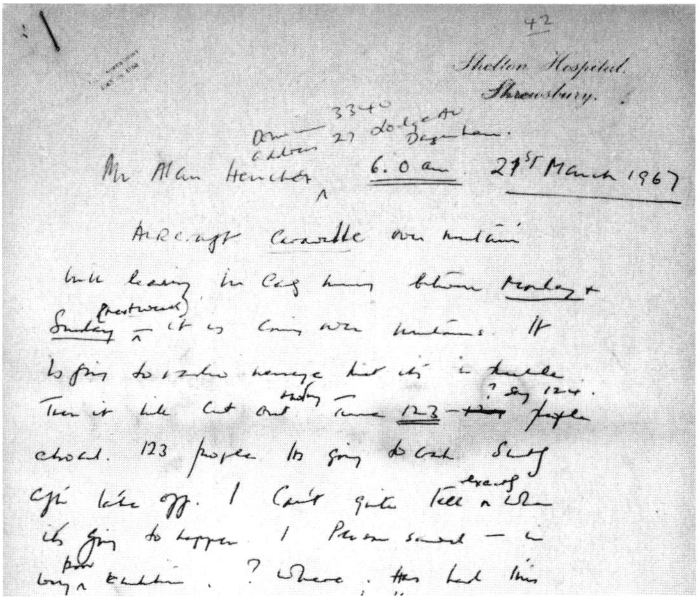

42

Shelton Hospital.
Shrewsbury.

Mr Alan Hencher 6.0 am 21st March 1967

Caravelle

Abb. 16: Barkers Notizen zu Alan Henchers Vorhersage,
den Flugzeugabsturz betreffend,
21. März 1967.

zu Gast bei *Late Night Line-Up,* einer Talkshow auf BBC2, um das Premonitions Bureau öffentlich bekannter zu machen.

Neun Tage später, am 20. April 1967, geriet eine Passagiermaschine mit 130 Menschen an Bord beim Anflug auf Nikosia auf Zypern in ein schweres Gewitter. Das Flugzeug vom Typ Bristol Britannia 313 der schweizerischen Globe Air, einer neuen billigen Charter-Fluglinie, war auf dem Weg von Bangkok nach Zürich gewesen. An Bord waren hauptsächlich Urlauber aus der Schweiz und Deutschland. Nach einem Tankstopp in Indien war das Flugzeug unterwegs zu einer letzten Zwischenlandung in Kairo, als den Piloten gemeldet wurde, dass der Flughafen Kairo aufgrund schwerer Regenfälle geschlossen sei. Der Flugplan sah vor, nach Beirut auszuweichen, doch der Kapitän, ein britischer Pilot namens Michael Muller, entschied sich stattdessen für eine außerplanmäßige Landung auf Zypern, trotz schlechten Wetters.

Als das Flugzeug die Insel erreichte, war es schon fast zehn Stunden in der Luft. Muller und sein Co-Pilot hatten ihre vorgeschriebene maximale Flugdienstzeit bereits um drei Stunden überzogen. Um 23:10 Uhr erhielt das Flugzeug die Landeerlaubnis für Nikosia, kam aber etwas zu hoch herein. Muller holte die Genehmigung zum Kreisen ein und setzte erneut zur Landung an. Der Kontrollturm bekam das Flugzeug flüchtig zu sehen, als die Landescheinwerfer durch die tiefhängende Wolkendecke blinkten, bevor es nach Süden abdrehte, etwa sieben Meter unterhalb des Gipfels einen Berghang streifte, dabei eine Tragfläche verlor, sich überschlug, zerschellte und Feuer fing.

»124 DIE IN AIRLINER« (*124 sterben im Flugzeug*) titelte der *Evening Standard* am folgenden Morgen. (Die endgültige Zahl der Todesopfer betrug 126; zwei Passagiere überlebten zunächst und verstarben später in einem nahe gelegenen UN-Feldlazarett). Der Flugzeugabsturz von Nikosia war zur damaligen Zeit der sechstschwerste Flugunfall in der Geschichte. Fairley und Barker bemerkten die Ähnlichkeiten mit Henchers Vorhersage sofort. Gleich neben der Schlagzeile des Tages, ebenfalls auf der Titelseite, stand ein Bericht über Henchers Voraussage. »Die unglaubliche Geschichte des Mannes, der die Katastrophe im Traum gesehen hat«, lautete die Überschrift. Ein Foto zeigt Erzbischof Makarios, den griechisch-zypriotischen Präsidenten von Zypern, beim Inspizieren der Trümmerteile.

*

Alan Hencher war ein hagerer Mann von 44 Jahren, der mit seinen Eltern in einer Sozialwohnung in Dagenham in der Grafschaft Essex lebte. Kurz vor Kriegsausbruch war die Familie aus dem Londoner East End hierhergezogen. Percy, Alans Vater, hatte als Angestellter in der Kommunalverwaltung gearbeitet, während sich seine Mutter Rosina zu Hause um die drei Söhne kümmerte. Der Älteste, Eric, hatte bei der britischen Commando Brigade in Burma gekämpft; der Jüngste, Ken, war in den 1950er Jahren Profi-Fußballer beim Millwall FC gewesen, bevor er den Sport aufgab und Zollbeamter wurde. Alan, einst Lehrling bei einem Optiker, war das schwarze Schaf in der Familie. Alle in der Familie Hencher sprachen gerne dem ein oder anderen Glas zu. Alan hingegen las lieber ein Buch, war zwar lebensfroh, aber auch ernst. Auf seine Sammlung von Geschichtsbüchern war er sehr stolz. Bei einem Autounfall 1949, er war damals 26, trug er eine Kopfverletzung davon und war vier Tage lang bewusstlos. Seine Fähigkeit, Dinge vorauszusehen, zeigte sich kurz darauf. »Er war einfach anders als der Rest von ihnen«, erinnerte sich seine Nichte Lynne. »Er nahm alles intensiver wahr.«

Am Tag des Flugzeugabsturzes saß Fairley in der Redaktion des *Evening Standard* und versuchte, Hencher telefonisch zu erreichen, kam aber nicht durch. Barker hatte für den folgenden Tag ein Gespräch mit Hencher vereinbart. Kurz vor ein Uhr nachts klingelte das Telefon bei Barker zu Hause erneut. Barker ging hinunter und nahm ab. Der Nachtschicht-Telefonist vom Shelton Hospital war dran. Hencher sei in der Leitung, wolle ihn sprechen, er klinge aufgewühlt, und der Telefonist würde ihn nun durchstellen.

Dann war Hencher in der Leitung, sagte, dass er sich um Barkers Sicherheit sorge – den ganzen Tag über schon – es könnte zu einem Unfall kommen. Beim Gedanken an Barker überkäme ihn ein düsteres, schwarzes Gefühl. Er drängte den Psychiater, die Gasleitungen im Haus zu überprüfen. Doch in Barkers Haus gab es gar keine.

»Haben Sie ein dunkelfarbenes Auto?«, fragte Hencher.

Barkers Zephyr war dunkelgrün.

»Seien Sie vorsichtig«, warnte Hencher. »Passen Sie auf sich auf!«

Barker fragte Hencher, ob er ihm damit sagen wolle, dass sein Leben in Gefahr sei.

»Ja«, bestätigte er.

III.

Am nächsten Morgen gegen zehn Uhr diktierte Barker in seinem Büro im Shelton Hospital eine vierseitige Aktennotiz. Unter der Überschrift »Einige interessante Voraussagen und ein mögliches Todesurteil« skizzierte er zunächst Henchers Krankengeschichte, dessen offenbar erfolgreiche Vorahnungen bezüglich der Katastrophe von Aberfan und dem jüngsten Flugzeugabsturz, gefolgt von Henchers Anruf in aller Herrgottsfrühe und Barkers eigener Reaktion auf die Warnung vor dem ihm bevorstehenden Schicksal:

> Ich war danach ziemlich aufgewühlt. An Schlaf war kaum mehr zu denken, und natürlich war ich beim Autofahren besonders vorsichtig. Ich würde lügen zu sagen, eine Vorhersage von dieser Art hätte mich nicht in Angst versetzt. Ich nehme mir vor, von nun an täglich Tagebuch zu führen und meine Reaktionen darauf festzuhalten. Wohl jeder, der sich wie ich auf diese bestimmte Art und Weise mit Vorahnungen befasst, nimmt das Risiko auf sich und muss die Dinge nehmen, wie sie kommen. Wichtig jedenfalls ist, dass die entsprechende Information aufgezeichnet wird, denn sollte tatsächlich etwas passieren, dürfte sie ziemliches Interesse erregen und andere animieren, diese wichtige Arbeit fortzusetzen. Natürlich ist es auch möglich, dass sich diese Vorher-

> sage, wie viele andere auch, nicht bewahrheitet, zumindest nicht in einem wörtlichen Sinne. Es wäre in der Tat kurios und bemerkenswert zugleich, wenn Mr. Hencher damit tatsächlich einen »übersinnlichen Hattrick« geschafft hätte. Nachdem ich vor Kurzem über Menschen geschrieben habe, die sich »zu Tode erschraken«, bekomme ich allmählich eine leise Ahnung davon, wie sich das anfühlen mag.

Ich habe Barkers besagte Aktennotiz sowie einige seiner Briefe in einem braunen Umschlag mit der Aufschrift »Vorhersage 3a« in der Bibliothek der Cambridge University gefunden, wo die Archivbestände der Society for Psychical Research verwahrt werden. Die Briefe datieren alle auf das Frühjahr 1967 und zeigen durchweg Barkers komplizierte Grundhaltung gegenüber dem Okkulten. Mal war er leichtgläubig, mal lakonisch, mal skeptisch. Er liebäugelte damit, ein Haus unweit vom Shelton Hospital zu kaufen, ein ehemaliges Gasthaus für Besucher der Pferderennbahn – nicht zuletzt auch deshalb, weil es dort angeblich spukte: In The Squirrel, dem »Eichhörnchen«, wie das Haus hieß, trieb im Obergeschoss angeblich ein Geist namens Joe sein Unwesen.

»Vom wissenschaftlichen Standpunkt aus wäre ich persönlich brennend daran interessiert, ein solches Haus zu kaufen«, schrieb Barker im April an Guy Lambert, einen ehemaligen Präsidenten der Society for Psychical Research. »Ob allerdings meine Frau und meine Kinder genauso begeistert davon wären, das weiß ich nicht.« Jane war damals im achten Monat schwanger. Als Lambert in einem Antwortbrief mögliche natürliche Ursachen für die seltsamen Geräusche und Unruhen im Spukhaus vorbrachte, erwiderte der Psychiater: »Ich bin der außersinnlichen Wahrnehmung nicht ›verfallen‹, ich habe nur immer gesagt, dass eine rein physikalische Sicht der Dinge viel zu eng gefasst ist und wahrscheinlich nicht alles erklären kann.«

Zwei Wochen später jedoch, beflügelt von Henchers offenkundiger Vorahnung vom Flugzeugabsturz auf Zypern und beunruhigt durch die Warnung betreffs seines eigenen Lebens, klang Barker ganz anders – wie jemand, der eine im Dunkel verborgene Hülle von etwas erfühlt, das nie ein Mensch zuvor gewahrte. »Schauen Sie sich die mich betreffende Vorhersage von Mr. Hencher mal genau an, die sich gottlob bislang nicht erfüllt hat«, schrieb er am 8. Mai an Lambert, dem er zudem eine Kopie seiner Notiz zu seinem möglichen »Todesurteil« übermittelt hatte. »Möglicherweise stehen wir an der Schwelle zu etwas von großer Bedeutung, ich weiß es nicht. Ich persönlich habe da meine Zweifel, aber man kann nie wissen, was noch kommt, wenn man sich auf ein Projekt wie dieses einlässt.«

*

In »Vorhersage 3a« findet sich auch ein Brief von Miss Middleton. Rechtzeitig zur Eröffnung des Büros für Vorahnungen hatte Barker rund 100 potenzielle »Perzipienten« (die Aberfan-Seher inbegriffen) angeschrieben und um Einsendung von Vorahnungen gebeten. Miss Middletons Brief vom Mai 1967 hatte Barker mit dem Vermerk »ein weiterer ›Vorhersage-Reaktor‹« versehen, um kenntlich zu machen, dass Miss Middleton in die Kategorie fiel, die ihn am meisten interessierte. Bis dahin hatte Miss Middleton das Büro bereits mehrere Male kontaktiert. Mitte März hatte sie im Traum ihren toten Vater gesehen, wie er in ihrem Wohnzimmer saß, das Telefon abnahm und von einer Gefahr auf hoher See erfuhr. Sie hatte Barker darüber verständigt. Ein paar Tage später lief die *Torrey Canyon,* ein Öltanker unterwegs nach Wales, zwischen den Scilly-Inseln und Cornwall auf Grund und verursachte damit die bis heute schlimmste Ölpest Großbritanniens. Am 10. April schrieb Miss Middleton erneut an Barker und warnte vor einem Tornado oder einem Hurrikan an der US-amerikanischen Westküste. Elf Tage später fegte eine Serie von mehr als 40 Tornados über fünf Staaten im Mittleren Westen der USA hinweg. Besonders schlimm traf es Oak Lawn, einen Vorort von Chicago, wo 33 Menschen ums Leben kamen. Barker beglückwünschte Miss Middleton. »Ganz sicher war dies eine erfüllte Prophezeiung«, schrieb der Psychiater, auch wenn die Schneise der Zerstörung mehr als 3000 Kilometer von der Westküste entfernt landeinwärts lag.

Wie Fairley sich später erinnerte, war er selbst entschieden dagegen, dass man, wie auch immer, in näheren Kontakt trat mit den Leuten, die ihre Ahnungen an das Büro für Vorahnungen schickten. Im Gegensatz zu Barker, der seinen Perzipienten schmeichelte, sie ermutigte, sie drangsalierte. Zehn Jahre nach seiner einschneidenden Erfahrung mit Maurice, dem Münchhausen-Patienten, wandte sich der Psychiater damit abermals Männern und Frauen zu, die mit ihren Visionen und Ahnungen zuvor noch nie ernst genommen worden waren, schenkte ihnen und ihren Geschichten Gehör, Glauben und Beachtung. Sein wissenschaftlicher Anspruch verband sich mit ihrem Wunsch nach Anerkennung. Doch entweder hatte er die Folgen der ganzen Sache nicht zu Ende gedacht, oder aber er hatte diese wie auch immer gearteten Folgen bewusst provozieren wollen.

Barker drängte Hencher, ihm weitere Einzelheiten zur Flugzeugabsturz-Vorhersage mitzuteilen, doch der klagte, Barkers Nachforschungen hätten »eine negative Wirkung auf seinen Geist«. Barker beschwichtigte ihn, spornte ihn an dranzubleiben. Zugleich umschmeichelte er Miss Middleton, die sich freute, mit einem so angesehenen Arzt zu korrespondieren. »Ich wünsche für dieses Experiment alles erdenklich Gute«, schrieb sie.

Die Prophezeiung seines Todes durch Hencher ignorierte oder verharmloste Barker keineswegs. Er dachte auch gar nicht daran, sich in seiner Arbeit davon aufhalten zu lassen, nutzte sie vielmehr als Mittel zum Zweck, um seine Forschungen voranzubringen. Er sandte eine Kopie der »Todesurteil«-Notiz an Miss Middleton und bat sie um ihre Einschätzung. Ob es ernsten Anlass zur Sorge gebe, wollte er von ihr wissen. »Betreffs Ihrer persönlichen Sicherheit hatte auch ich ungefähr zur gleichen Zeit wie Mr. Hencher bestimmte Befürchtungen«, antwortete sie. »Ich weiß noch, wie ich dachte, dass bei all der wichtigen Arbeit, die Sie tun, ich für Ihr Wohlergehen beten müsse.«

Am 23. April 1967 übersandte ihm Miss Middleton eine Vision von einem Astronauten auf dem Weg zum Mond. »Diese Mission wird in einer Tragödie enden«, schrieb sie. Der Raumfahrer, den sie sah, war »versteinert, den Schrecken im Gesicht, die pure Angst«. Ihrem Brief hatte sie eine Zeichnung beigelegt, wie sie es manchmal tat. Zu sehen war ein Astronaut, der geduckt in einem grob gezeichneten, kugelförmigen Raumschiff kauerte.

Der 23. April war ein Sonntag. Gegen 17:30 Uhr brachte Miss Middleton ihren Brief in Edmonton auf den Postweg. In etwa zur gleichen Zeit hielt Wladimir Michailowitsch Komarow, ein 40-jähriger sowjetischer Kosmonaut, im kleinen Aufenthaltsraum seines Raumschiffs Sojus 1 gerade Ruhepause, während es zum zwölften Mal die Erde umkreiste. Das Raumschiff mit Komarow als einzigem Piloten an Bord war am frühen Morgen, kurz vor Sonnenaufgang, vom Kosmodrom Baikonur in Kasachstan gestartet. Es war die erste bemannte Mission der UdSSR nach über zwei Jahren Pause. Die russische Nachrichtenagentur Tass hatte vom Start berichtet, ebenso auch Radio Schweden in den Frühnachrichten um sieben Uhr; gut möglich also, dass Miss Middleton von einem Mann im All wusste. Doch Einzelheiten waren kaum bekannt.

Diese erste Sojus-Mission war technisch riskant und erfolgte unter massivem politischem Druck. Geplant war, am nächsten Tag ein zweites Sojus-Raumschiff (Sojus 2a) mit drei Kosmonauten zu starten, das an Komarows Raumschiff ankoppeln sollte. Anschließend sollten zwei der Kosmonauten zu Komarow umsteigen und beide Module wieder zur Erde zurückkehren. Es war das erste Unterfangen dieser Art überhaupt. Ziel war wohl auch, die USA zu verunsichern, von denen alle Welt damals glaubte, sie hätten die Sowjets und ihre technischen Fähigkeiten in der bemannten Raumfahrt mittlerweile überholt. Doch die Vorbereitungen verliefen nicht nach Plan. Drei aufeinanderfolgende unbemannte Testflüge schlugen fehl; drei

Sojus-Prototypen wurden dabei zerstört. Am 14. April, neun Tage vor dem geplanten Start, identifizierten die Ingenieure 101 Probleme bei Sojus 1 und Sojus 2. Sergej Koroljow, Chefkonstrukteur der Sojus-Rakete, fand daraufhin klare Worte (»Wir starten die Raumschiffe dann, wenn sie einsatzbereit sind, und nicht, wenn irgendein Jubiläum ansteht«). Doch Koroljow war ein Jahr zuvor verstorben und angesichts seiner warnenden Worte herrschte nun allgemeine Verunsicherung. »Das Vertrauen ist dahin«, schrieb Generalleutnant Nikolai Kamanin, der das Ausbildungsprogramm für Kosmonauten leitete, in sein Notizbuch. Dennoch hielt man an der Mission fest. Der für Ende April geplante Start von Sojus 1 sollte die bevorstehende alljährliche Maifeier umrahmen und bereits einen Glanzpunkt auf den fünfzigsten Jahrestag der Oktoberrevolution werfen, dem Komarow seinen Raumflug kurz vor Start gewidmet hatte.

Der Start selbst verlief nach Plan. Doch schon 18 Minuten später traten die ersten Probleme auf. Ein Sonnensegel entfaltete sich nicht, so dass nicht genügend Energie zur Versorgung der Bordsysteme generiert werden konnte. Zudem fiel das Telemetrie-System teilweise aus. Und auch ein Sonnensensor, der die automatische Orientierung auf die Sonne und die Sterne gewährleisten und das Raumschiff beim riskanten Wiedereintritt in die Erdatmosphäre unterstützen sollte, hatte den Dienst quittiert. Der Treibstoffdruck fiel ab, und damit sank auch die Temperatur in der Sojuskapsel. 6,5 Stunden nach dem Start war klar, dass das geplante historische Kopplungsmanöver mit Sojus 2 nicht stattfinden konnte. Die Mission wurde vorzeitig abgebrochen und der Start von Sojus 2 gestrichen. Komarow wurde angewiesen, Ruhe zu bewahren, die Rückkehr zur Erde einzuleiten und auf seinem 17. Umlauf die Landung vorzubereiten.

Komarow war ein exzellenter und erfahrener Pilot auf seinem zweiten Flug ins All. Obwohl das Raumschiff stark vom Kurs abgekommen war, blieb Komarow ruhig und gefasst. »Ich fühle mich ausgezeichnet«, sagte er. »Die Stimmung ist gut.«

Komarow war der älteste sowjetische Kosmonaut und ein enger Freund von Juri Gagarin. Gagarin hatte Komarow vor dem Start zur Spitze der Rakete begleitet und stand daneben, bis die Luke geschlossen war. Und es war Gagarins Stimme, die Kamarow in den verbleibenden Stunden des Flugs hörte, während er von der Nachtseite der Erde wieder ins Licht schwenkte und die Bordinstrumente ringsum ausfielen, so dass er das Raumschiff weitgehend per Handsteuerung und mithilfe eines optischen Visiers ausrichten musste, um es in einem engen Abstiegswinkel heim auf die Erde zu steuern. Gagarin funkte »die allerbesten Wünsche für eine sanfte, sichere Landung«, und Komarow antwortete: »Danke dir. Dauert nicht mehr lange, dann sehen wir uns wieder. Also, bis bald«.

Bei den ersten beiden Wiedereintrittsversuchen in die Erdatmosphäre schlug die automatische Zündung des Bremstriebwerks fehl, das Raumschiff prallte an der Atmosphäre ab, zurück in die Kreisbahn. Beim dritten Versuch und bei nachlassender Batterieleistung gelang es Komarow, die Orientierung der Kapsel fast ausschließlich auf die Sterne und den Planeten Erde unter ihm auszurichten, und die Landung einzuleiten. »Danke an alle«, funkte er. Mit einem Seufzer der

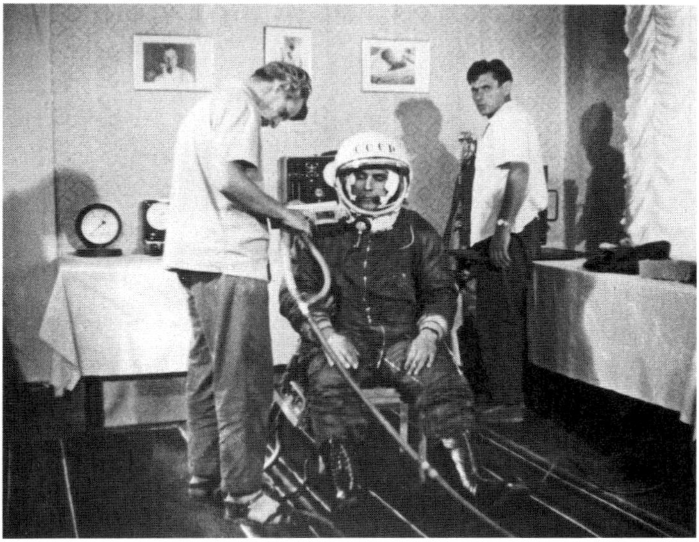

Abb. 17: Wladimir Komarow beim Training, 1962.

Erleichterung begab er sich auf den mittleren Sitz, um sich auf die Landung vorzubereiten. Doch dann versagte das Fallschirmsystem der Raumfähre. Sojus 1 stürzte ungebremst ab und schlug um 6:24 Uhr im südlichen Russland nahe der Grenze zu Kasachstan auf offenem Gelände auf. Das Wrack fing Feuer. Explodierte. Und Komarow verbrannte bis zur Unkenntlichkeit. Als seine sterblichen Überreste geborgen wurden, maßen sie grob 80 auf 30 Zentimeter. Rettungsteams löschten die brennende Sojus-Kapsel, indem sie Erde aufschaufelten.

Mehrere Stunden lang wussten hochrangige Sowjetfunktionäre nicht, was mit Komarow geschehen war. Es gab nur ein paar bruchstückhafte Informationen. Das Raumschiff hatte einen »Emergency-2«-Notruf abgesetzt, während es durch die Atmosphäre schlingerte. In Kenntnis der Wahrheit waren zwar die Rettungsteams an der Absturzstelle, sie hatten aber ihre Funkgeräte ausgeschaltet. In Moskau warteten Komarows Frau Walentina und ihre zwei kleinen Kinder, Jewgeni und Irina. Es war ein bewölkter Tag. Dass ihr Mann erneut in den Weltraum gestartet war, hatte Walentina erst 25 Minuten nach dem Start erfahren. »Mein Mann sagt mir nie Bescheid, wenn er auf Geschäftsreise geht«, hatte sie mit Reportern gescherzt.

Aus den Wolken über Moskau begann es zu regnen. Die Telefone in Walentinas Haus funktionierten nicht mehr. Im Zweifel suchen wir nach Zeichen. Wir malen den Teufel an die Wand. Wir reimen uns irgendetwas zusammen. Die Ehefrau eines Kosmonauten-Kollegen kam, unangekündigt, setzte sich zu Walentina. Da bemerkte Irina, dass ihre Mutter zu zittern begann. Eine schwarze Wolga-Limousine fuhr vor, hielt vor dem Haus. Ein General stieg aus, ging auf die Haustür zu.

Eine Untersuchung der Absturzursache ergab, dass die Fallschirme der Sojus 1 einen Konstruktionsfehler hatten. Die technischen Probleme indes, die während des Flugs aufgetreten waren, hatten mit Komarows Tod herzlich wenig zu tun. Komarow hatte sie mit großer Souveränität und Besonnenheit gemeistert und fand am Ende den Tod durch fatale Schlamperei. Für Komarow gab es keine Wiederkehr. Die drei Kosmonauten jedoch, die tags darauf mit Sojus 2 zu einem Weltraum-Rendezvous starten sollten, verdankten ihr Überleben den mit dem Absturz nicht in Zusammenhang stehenden Fehlzündungen, andernfalls wären sie in den sicheren Tod geflogen, denn ihre Fallschirme waren ebenfalls fehlerhaft konstruiert. Wladimir Komarow war der erste Mensch, der bei einem Raumflug starb. Seine Asche wurde in Moskau in der Kreml-Mauer beigesetzt.

Barker war begeistert von Miss Middletons Vorahnung. »Sie lagen goldrichtig«, schrieb er. »Respekt!«

*

In den 1690er Jahren erhielt ein junger Lehrer namens Martin Martin den Auftrag, die Inseln vor der schottischen Westküste zu kartieren und das Leben darauf zu dokumentieren. Martin, dessen gälischer Name Màrtainn MacGilleMhàrtainn war, wuchs auf einem kleinen Gehöft am nördlichen Ende der Insel Skye auf. 35 Seiten seiner Studie, die 1703 zur Veröffentlichung kam, widmete er dem »Zweiten Gesicht«, dem intuitiven Zugang zu Wissen über die Zukunft: Insulaner sahen Freunde irgendwo fern der Heimat vom Pferd fallen. Visionierte Hochzeitszüge spazierten durch Wiesen und Felder. Kinder sahen Leichen auf Serviertischen oder tote Verwandte, die dazwischen umhergingen. Einem Mann in Flodgery fiel mitten beim Abendessen das Messer aus der Hand, als zwischen den Tellern plötzlich eine Leiche lag. Martin wurde mehrfach Hunderte Kilometer weit weg von dem Ort gesehen, an dem er sich eigentlich befand. Und Dorfbewohner ritten spontan irgendwelchen Reitergruppen oder Trauerzügen entgegen, die sie über den Hügel kommen sahen, nur um dann festzustellen, dass sie einen Tag oder eine Woche zu früh dran waren.

Der gälische Ausdruck dafür lautet *an da shealladh,* »die zwei Gesichte«. Es gab eine visionäre ebenso wie auch eine tatsächliche Wahrnehmung der Welt. Das Zweite Gesicht weist wiederkehrende Muster auf, wie Martin bemerkte: Fällt ein Feuerfunken auf den Arm einer jungen Frau, bedeutet dies ein totes Kind in der Wiege. Erscheint eine Frau links von einem Mann, wird sie seine Ehegattin werden. Ein leerer Stuhl, auf dem eben noch jemand saß, kündet vom nahenden Tod eines geliebten Menschen. Und wo auf kargem, unfruchtbarem Land Stimmen klingen und Bäume wachsen, werden wohl bald Häuser und Gärten aus dem Boden sprießen.

Andere Visionen waren auf unheimliche Weise sehr viel konkreter. Ein Mann auf der Insel Lewis wurde von einem »Doppelgänger« verfolgt, der Schimpftiraden über ihn ergoss, wenn er draußen auf dem Feld arbeitete, drinnen im Haus aber ruhig und anständig blieb. Irgendwann hatte der Mann die Vision satt und schleuderte ihr ein Stück glimmende Kohle entgegen. Daraufhin schlug der Geist ihn grün und blau. Der Pfarrer wurde gerufen und die Gemeinde versammelte sich im Gebet um den von Visionen heimgesuchten Mann. Doch es half nichts. Ein Junge aus Knockow sah immer wieder einen Sarg auf seiner Schulter, bis er sich freiwillig als Sargträger meldete und seine bösen Ahnungen verflogen. Eine Frau auf der Insel Skye wurde von der Vision einer Gestalt gequält, die stets genau wie sie gekleidet schien, ihr aber immer den Rücken zukehrte. »Bis die Frau eine List ersann, um ihre Neugier zu stillen«, schrieb Martin. Die Frau zog ihre Kleider verkehrt herum an, mit der Rückseite nach vorne, um den Geist zu bewegen, sich umzudrehen. »Und es funktionierte entsprechend«, schrieb Martin. »Die Erscheinung drehte sich um, präsentierte sich der Frau von vorne, in ganzer Gestalt, mit Gesicht und Kleidung, und erwies sich als ein Eins-zu-Eins-Abbild ihrer selbst – kurz darauf starb die Frau.«

Martin ahnte die Skepsis seiner Leser und nahm sie vorweg: »Das Zweite Gesicht ist keine Neuentdeckung von ein oder zwei Leuten in irgendeinem Winkel oder auf einer abgelegenen Insel«, schrieb er mit Nachdruck. Es wurde von Männern wie Frauen gleichermaßen erfahren, es war nicht offensichtlich erblich, nicht alkoholbedingt und auch nichts, was Betroffene sonderlich genossen. Seherische Kräfte verglich Martin mit anderen beobachtbaren Phänomenen – mit der ansteckenden Wirkung des Gähnens etwa oder mit magnetischen Kräften –, für die die Wissenschaft ebenfalls noch keine rechte Erklärung gefunden hat. »Wenn wir so wenig wissen über natürliche Ursachen, wie viel weniger können wir dann behaupten, von Dingen zu wissen, die übersinnlicher Art sind?«, fragte er. Die Inselbewohner seien nicht leicht zu beeinflussen, so Martin, und sie nahmen auch nicht jedes Omen gleich für bare Münze. »Doch wenn sich eines dann mal tatsächlich erfüllt, steht es nicht in ihrer Macht, es zu leugnen, ohne ihren Sinnen und ihrem Verstand Gewalt anzutun«, schrieb er. Die meisten der Leute fanden sich mit ihren Vorahnungen ab, sahen sie als Teil des geheimnisvollen Wirkens von Zeit und Zeitlichkeit. Andere versuchten, sie abzublocken. Doch das, so Martin, sei nicht das gleiche, wie sie anzuzweifeln. Er wusste von einem Mann namens John Morison, der auf der Insel Lewis lebte und eine Heilpflanze in den Kragen seiner Jacke eingenäht hatte, um Visionen fernzuhalten.

A Description of the Western Islands of Scotland, aus der Feder von Donald Monro, wurde im gesamten 18. Jahrhundert immer wieder neu gedruckt. Es gilt als das älteste bekannte Werk über die Hebriden und die Inseln des Firth of Clyde und enthält auch die gesammelten Berichte von Martin Martin. Dem englischen Gelehrten und Schriftsteller Samuel Johnson war es 70 Jahre später eine wichtige Quelle für die Erforschung der Hebriden und seine eigenen Recherchen zum Zweiten Gesicht. »Diese rezeptive Fähigkeit, denn Kraft kann man es nicht nennen, ist weder eine selbstgewählte noch eine stetige«, bemerkte Johnson. »Visionen sind nicht gebunden an eine freie Wahl: sie können nicht herbeigerufen, festgehalten oder zurückgenommen werden. Die Empfindungen sind spontan, die Auswirkungen oft schmerzhaft.« Und ebenso wie Martin konstatierte auch Johnson, dass Seher aus ihrer Fähigkeit weder Nutzen noch Vergnügen für sich zu ziehen schienen. »Es ist ein unfreiwilliger Gefühlsausdruck«, schrieb er und fuhr fort, dass *an da shealladh* heute längst nicht mehr so weitverbreitet sei wie früher einmal, sondern prinzipiell stark rückläufig.

Martins Studie wurde von der Royal Society in Auftrag gegeben, einer 1660 gegründeten britischen Gelehrtengesellschaft zur Förderung und Verbreitung wissenschaftlicher Erkenntnisse über die Welt. Das Motto der Royal Society lautet »Nullius in Verba«, was so viel bedeutet wie ›nach niemandes Worten‹ oder ›nimm niemandes Wort dafür‹. Hinsichtlich der seherischen Fähigkeiten der Inselbewohner machte Martin zwei objektive Beobachtungen: Zum einen schien es sich beim Zweiten Gesicht um ein soziales Phänomen zu handeln, zum anderen blieb ihnen der Blick in die Zukunft verwehrt, wenn sie von den Hebriden wegzogen:

> Vier Männer von den Inseln Skye und Harris zogen nach Barbados, wo sie 14 Jahre lang lebten; und obgleich sie aus ihrer Heimat gewohnt waren, das Zweite Gesicht zu haben, blieb es auf Barbados aus; doch kaum zurück in England, gleich in der ersten Nacht nach ihrer Landung, kehrte es wieder, wie mir etliche ihrer Freunde und Bekannten erzählten.

Wir sehen die Welt so, wie unsere Gemeinschaft sie sieht. Und wir beeinflussen uns gegenseitig in unserer Sicht auf die Dinge. Im 20. Jahrhundert konnten Neurowissenschaftler zeigen, inwiefern wir durch die Orte und die Lebensumstände, in denen wir uns befinden, geprägt werden. So haben etwa Tiefseefischer mehr abergläubische Rituale als Fischer, die näher am Ufer fischen.

1947 führten Psychologen der Harvard University eine vergleichende Studie mit 10-jährigen Schulkindern aus Boston durch. Das Ergebnis: Kinder aus ärmeren Vierteln stellten sich Geldmünzen tendenziell viel größer vor als sie tatsächlich sind, im Vergleich zu Kindern aus wohlhabenderen Teilen der Stadt.

Unsere Neigung, Dinge zu erspüren, die gar nicht da sind – ein Hang, den der polnische Neurophysiologe Jerzy Konorski, Schüler des russischen Mediziners Iwan P. Pawlow, 1967 als »Hunger nach Wahrnehmung« beschrieb – nimmt zu, je mehr wir das Gefühl haben, an Kontrolle über das, was mit uns geschieht, zu verlieren. In den 1970er Jahren zeigten Forscher am Moskauer Institute of Higher Nervous Activity and Neurophysiology fünf Probanden in verschiedenen Stadien kurz vor ihrem bevorstehenden Fallschirmsprung einige Dias. Manche davon enthielten Zahlen, in wirre Muster eingefügt, auf anderen waren nur verstreute schwarze Punkte zu sehen. Die Fallschirmspringer erkannten die eingestreuten Zahlen am ehesten während des Starts ihres Trägerflugzeugs, als sie vorfreudig und besonders aufmerksam waren. Doch mit zunehmender Anspannung lagen sie mit ihren Wahrnehmungen immer öfter daneben, und es gab immer mehr »falsch positive Alarme«. Kurz vor dem Absprung war die Wahrscheinlichkeit am größten, dass sie Dinge sahen, die gar nicht da waren.

Das Leben auf den schottischen Hebriden war hart. Der Tod kam häufig, einfach so und ohne Grund. Logiken oder Kausalitäten erkennen zu wollen, wo es keine gibt, ist eine Möglichkeit, den Schrecken des Daseins zu kompensieren. Das im Laufe der Zeit und durch Abwanderung verlorengegangene *an da shealladh* könnte vielleicht auch ein Anzeichen dafür sein, dass die realen Gegebenheiten erträglicher wurden. Eine Art zu sehen, reichte nun aus – das Zweite Gesicht brauchte man nicht mehr.

*

Sommer 1967. Seit Wochen schon war ein Mann in einem Hangar der Royal Aircraft Establishment (der wichtigsten britischen Forschungs- und Entwicklungsinstitution für Luftfahrt in Farnborough, südwestlich von London) damit beschäftigt, konzentriert, aber unter erheblichem Druck, die

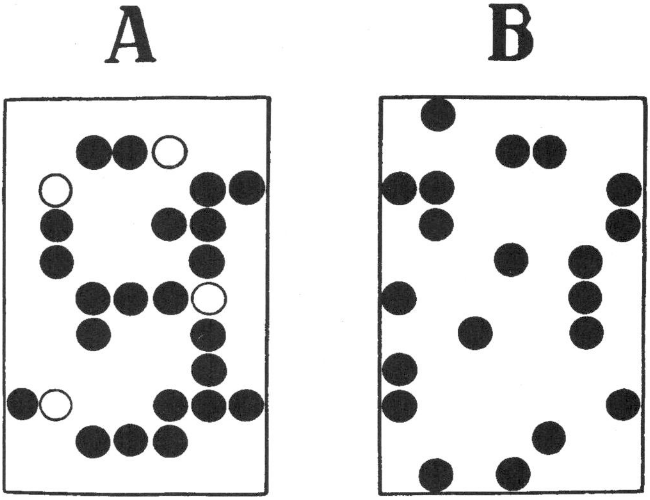

Fig. 1. Examples of visual images. A—a figure with noise (open circles in the outline mark the effect of distortion on the symbol), B—"pure noise."

Abb. 18: Bildlich dargestellte Geräuschmuster.

Trümmerteile eines Passagierflugzeugs zusammenzusetzen. Der Mann war Richard Clarke, Sachverständiger der Air Accidents Investigation Branch, der britischen Untersuchungsstelle für Luftfahrt-Unfälle. Er arbeitete meist alleine. Er war groß und schlank, hatte eine Hakennase und ein wissenschaftlich-akademisches Gebaren. In Anzug und Krawatte inspizierte er peinlich genau die abgeblätterten Tragflächen, den ausgebrannten Flugzeugrumpf und die mit Rissen übersäten Frontscheiben im zerstörten Cockpit.

Die Bruchstücke der britischen Propellermaschine Midland C-4 ›Argonaut‹ mit Funkrufnamen ›Hotel Golf‹ waren auf Metallgerüstböcken ausgelegt und von dünnen Stahlstangen in Position gehalten. Durchsichtige Ausschnitte im Hangardach ließen helles Licht herein. Auf den Tischen rings um die von Clarke zusammengesetzte skelettartige Rekonstruktion lagen überall abgerissene Draht- und Kabelstücke, Sicherheitsgurte, Beleuchtungskörper, längliche, schaftförmige Gegenstände sowie eine unüberschaubare Sammlung von Bolzen, Schrauben und zertrümmerten Metallfetzen, die er noch an den richtigen Stellen platzieren musste. Draußen vor dem Hangar, unsortiert aufgehäuft, lagen die Wrackteile Dutzender früherer Flugzeugunglücke der britischen Luftfahrtgeschichte, Wind und Wetter ausgesetzt.

›Hotel Golf‹ war nahe dem Zentrum der Stadt Stockport abgestürzt, nur wenige Meilen vom Flughafen Manchester entfernt, kurz nach zehn Uhr an einem Sonntagmorgen im Juni. Im Flieger befanden sich vor allem Urlauber auf dem Rückflug von der Baleareninsel Mallorca. Kurz vor der Landung in Manchester verloren die Triebwerke plötzlich an Schub. Binnen 20 Sekunden fielen zwei der vier Triebwerke aus. Der Pilot, Captain Harry Marlow, meldete »ein kleines Problemchen« und versuchte, noch einmal durchzustarten. Doch das Flugzeug verlor weiter an Geschwindigkeit und stürzte ab. Fiel durch die Wolken vom Himmel. Unten am Boden, an einem nieseligen Morgen, schauten die Menschen am Stadtrand von Manchester hinauf in den Himmel und sahen die Passagiere, die ihnen zuwinkten. Denn sechs Meilen vor der Landebahn befand sich ›Hotel Golf‹ nur noch 200 Fuß über dem Boden. Die C-4 Argonaut stürzte auf ein unbebautes Industriegelände, bekannt als Hopes Carr, eines der wenigen dünnbesiedelten Gebiete am Rande von Stockport. 72 Menschen starben, zwölf überlebten den Absturz, darunter auch Captain Marlow. Mit schweren Kopfverletzungen und einem gebrochenen Kiefer wurde er aus dem Cockpit gezogen. An die letzten Flugminuten hatte er keine Erinnerung mehr, fragte im Krankenhaus aber immer wieder: »Welches Triebwerk war es?«

Richard Clarke, der Sachverständige zur Ermittlung der Absturzursache, suchte in den Bruchstücken nach Hinweisen. Die Argonaut war eine kanadische Weiterentwicklung der Douglas DC-4, die rund um den Globus im Einsatz war. In etwa 1000 weiteren Flugzeugen waren die gleichen Komponenten wie in ›Hotel Golf‹ verbaut, einschließlich der Systeme zur Treibstoffversorgung. Was einmal schiefging, konnte auch weitere Male schiefgehen. Clarke zog an kaputten Kabeln und testete die demolierten Instrumentensysteme des Flugzeugs. Einige Dinge gaben ihm Rätsel auf. Ein paar Kontaktkabel waren zwar an einem Ende verkehrt herum angeschlossen, aber am anderen Ende dann auch wieder verkehrt herum, wodurch das Problem sich aufhob. Zahllose Wrackteile wiesen Unstimmigkeiten auf, unspezifische Spuren, die ins Leere wiesen, ein sich überlagerndes Rauschen an Informationen, durch das die wirklich relevanten Fakten schwer auszumachen waren. Wo war das eine Teil, das Licht ins Dunkel bringen konnte? Wo war das eine eloquente Fragment, das die Chronologie der Ereignisse erzählen konnte? Clarke bemerkte, dass das Seitenruder des Flugzeugs auf zwölf Grad eingestellt war, was darauf hindeutete, dass der Pilot verzweifelt versucht haben musste, das Flugzeug im waagerechten Geradeausflug zu halten. Clarke zog daraus den Schluss, dass das Feuer, das nach dem Absturz ausbrach, auf der Steuerbordseite heftiger gebrannt haben musste. Das wiederum deutete darauf hin, dass sich in den Treibstofftanks dort weniger Kraftstoff befunden hatte.

Clarke konnte das Rätsel um den Absturz selbst nie lösen. Im Herbst des Jahres kam zwei Piloten der Verdacht, dass der Absturz möglicherweise mit defekten Umschaltventilen zur Treibstoffversorgung zu tun haben könnte, die eigentlich geschlossen sein müssten, tatsächlich aber halb offenstanden. Vor dem Unfall hatte man es für unmöglich gehalten, während eines Flugs versehentlich Treibstoff von einem Treibstofftank in einen anderen umzuleiten. Die öffentliche Untersuchung zur Aufklärung des Flugzeugunglücks von Stockport im Winter des Jahres ergab dann aber, dass ›Hotel Golf‹ fünf Tage vor dem Absturz auf Mallorca mit nur noch wenigen Litern Kerosin in einem der Tanks gelandet war, nachdem der Pilot zuvor irrtümlich Kerosin abgelassen hatte. Der Pilot wies die Kraftstoffmessung als falsch zurück und erwähnte den Vorfall niemandem gegenüber. Die Untersuchung ergab, dass sich auf dem Rückflug nach Manchester in Treibstofftank 4 kein Kraftstoff mehr befand, was einen Triebwerksausfall zur Folge hatte. Auch das benachbarte Triebwerk 3 fiel aus – möglicherweise, weil Captain Marlow es fälschlicherweise (»Welches Triebwerk war es?«) abgeschaltet hatte. Und als er seinen Fehler bemerkte, blieb ihm keine Zeit mehr, es wieder einzuschalten.

Augenzeugen am Boden hatten berichtet, der Pilot habe die Triebwerke komplett abgeschaltet, um das »taschentuchgroße« abschüssige Fleckchen Brachland zu treffen, über dem die Unglücksmaschine runterkam. Nur knapp verfehlte sie das Krankenhaus von Stockport, bevor sie nur wenige hundert Meter davon entfernt zwischen Polizeistation, Rathaus und mehreren Wohngebäuden auf freies Gelände stürzte. Zuvor hatte sie ein Umspannwerk und eine dreistöckige, voll besetzte Autogarage gestreift, doch alle Menschen am Boden bleiben unverletzt.

Im Rumpf klaffte ein riesiger Riss. Erste Helfer und Rettungskräfte vor Ort, darunter auch ein Musikkorps der Heilsarmee, trafen auf einen konfusen Haufen toter und verletzter Passagiere, einige aus ihren Sitzen herausgeschleudert, andere noch angeschnallt, unter ihnen allen viele junge Familien. Spielzeug lag überall verstreut. Feuer brachen aus. Es dauerte anderthalb Stunden, um die Toten und Verletzten zu bergen. Im Laufe des Tages strömten um die 10 000 Schaulustige zur Absturzstelle, um zu gaffen oder an Wrackteilen herumzureißen. Fotos der Katastrophe zeigen das Heckruder der C-4 Argonaut mit dem Emblem BM für British Midland, das gefährlich instabil über einer Reihe von Relings hängt.

Am 1. Mai, 34 Tage vor dem Absturz, hatte Alan Hencher mit Barker telefoniert und vor einer weiteren Flugzeugkatastrophe gewarnt. Der Perzipient hatte sich gefragt, ob er möglicherweise unter Nachwirkungen seiner Vision vom Flugzeugabsturz auf Zypern litt, doch diese neue kam ihm doch sehr anders vor. »Das Flugzeug hat geschwungene Heckruderflossen«, sagte er. Der Absturz würde sich binnen der kommenden drei Wochen ereignen, sagte Hencher, wann und wo genau, wisse er aber nicht zu sagen. Mehr als 60 Menschen würden sterben. »Es wird einige wundersame Rettungen geben und auch eine gewisse Zahl von Überlebenden – wie viele genau, weiß ich nicht. Ich spüre dies betreffend reichlich Emotionen. Große

Betroffenheit und tiefe Traurigkeit«, sagte er. Barker erkundigte sich nach den möglichen Opfern. »Von meinem Gefühl her könnten viele Kinder betroffen sein«, antwortete Hencher.

Barker setzte Henchers Anruf im Protokoll auf 21:00 Uhr fest. Erst darauffolgenden Abend leitete er Henchers Nachricht per Brief an Fairley weiter – dazwischen brauchte er die Zeit, um alles zu verarbeiten. Denn der Flugzeugabsturz auf Zypern sowie Henchers Warnung bezüglich Barkers eigener Sicherheit waren gerade einmal zehn Tage her. Am Abend des Anrufs war es schon spät, und er musste ihn erst einmal verdauen. Er schien wie betäubt von der Tragweite der ihm zugetragenen Informationen und der Unmöglichkeit, die Dinge aufzuhalten. Entsprechend dramatisch fielen seine Zeilen im Protokoll aus. »So kurz vor dem Schlafengehen ist es in der Tat mehr als schrecklich sich vorzustellen, dass es bloß zwei Menschen auf der Welt gibt, die wissen, dass bis in drei Wochen ungefähr 60 Menschen bei einem Flugzeugabsturz ums Leben kommen werden«, schrieb Barker. »Was sie wohl jetzt gerade machen, diese Leute? Wenn ich sie nur irgendwie warnen könnte. Sind sie allesamt Briten?«

Er nahm sich fest vor, Hencher zurückzurufen, vielleicht könnte er noch irgendetwas über dieses markante Heckruder in Erfahrung bringen, irgendetwas, das Hencher »übersehen« hatte, im wahrsten Sinne des Wortes.

Im darauffolgenden Monat waren die Fotos aus Stockport Barker Beweis genug, dass Hencher nun auch den Argonaut-Absturz vorhergesehen hatte: die wundersamen Rettungen, die Kinder, die Heckruderflosse, die Traurigkeit.

»Was, wenn Mr. Hencher wieder richtig liegt?«, hatte er

Fairley an jenem Abend geschrieben. »Und selbst wenn, wie könnten wir das Unheil noch aufhalten? Und wenn wir es könnten, hätte Mr. Hencher wohl kaum eine Vorahnung von einer möglichen drohenden Tragödie haben können.«

Wo es keine Katastrophe zu erschauen gibt, gibt es auch keine Visionen. Und schon war er wieder bei Jona und dem biblischen Dilemma. Er war ebenso frustriert wie angespannt. »Wenn wir nur mehr Informationen bekommen könnten«, schrieb Barker. »Vielleicht gibt es in England ja noch jemanden wie Mr. Hencher, der diese Vorahnung ebenfalls gehabt hat und von unserem Projekt nur nichts weiß. Wenn wir doch nur mehr Details hätten. Schön wär's …«

*

Zeit ist Verfall. Sie kann nur in eine Richtung gehen. 1928 prägte der britische Astrophysiker Arthur Eddington den Ausdruck »Zeitpfeil«, um die unumkehrbare Natur der Zeit zu beschreiben. Eddington stützte sich auf die Arbeiten des deutschen Physikers Rudolf Clausius und des französischen Physikers und Ingenieurs Sadi Carnot, die bewiesen hatten, dass bei der Übertragung von Wärme von einem Objekt auf ein anderes immer ein gewisser Teil an Energie verlorengeht – sich einfach in nichts auflöst. Clausius nannte diese in Einheiten messbare Größe »Entropie«. Diese Wortneuschöpfung ist eine Anlehnung an das Wort Energie, eben welche nun nicht mehr da war.

Das Entropie-Prinzip untermauert den Zweiten Hauptsatz der Thermodynamik, der wiederum unser einziger Beweis

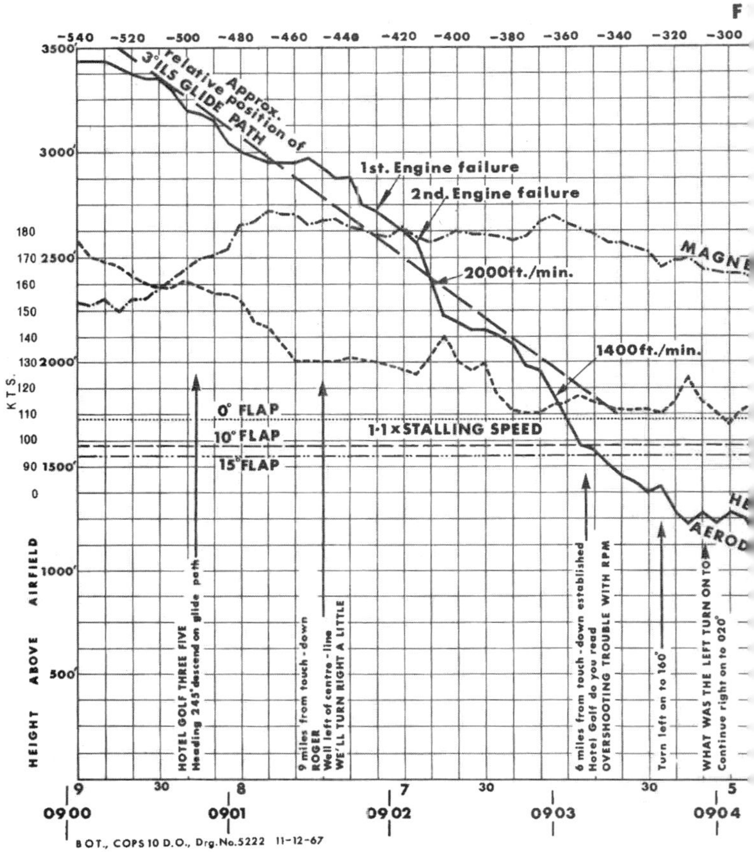
F
-540 -520 -500 -480 -460 -440 -420 -400 -380 -360 -340 -320 -300
3500'
3000'
2500'
2000'
1500'
1000'
500'
180
170
160
150
140
130
120
110
100
90
0
KTS.
HEIGHT ABOVE AIRFIELD
3° ILS GLIDE PATH
Approx. relative position of
1st. Engine failure
2nd. Engine failure
2000ft./min.
1400ft./min.
MAGNE
0° FLAP
10° FLAP
15° FLAP
1·1 x STALLING SPEED
HE
AEROD
HOTEL GOLF THREE FIVE
Heading 245° descend on glide path
9 miles from touch-down
ROGER
Well left of centre-line
WE'LL TURN RIGHT A LITTLE
6 miles from touch-down established
Hotel Golf do you read
OVERSHOOTING TROUBLE WITH RPM
Turn left on to 160°
WHAT WAS THE LEFT TURN ON TO
Continue right on to 020°
9
30
8
7
30
30
5
0900
0901
0902
0903
0904
B.O.T., COPS 10 D.O., Drg.No.5222 11-12-67

CON

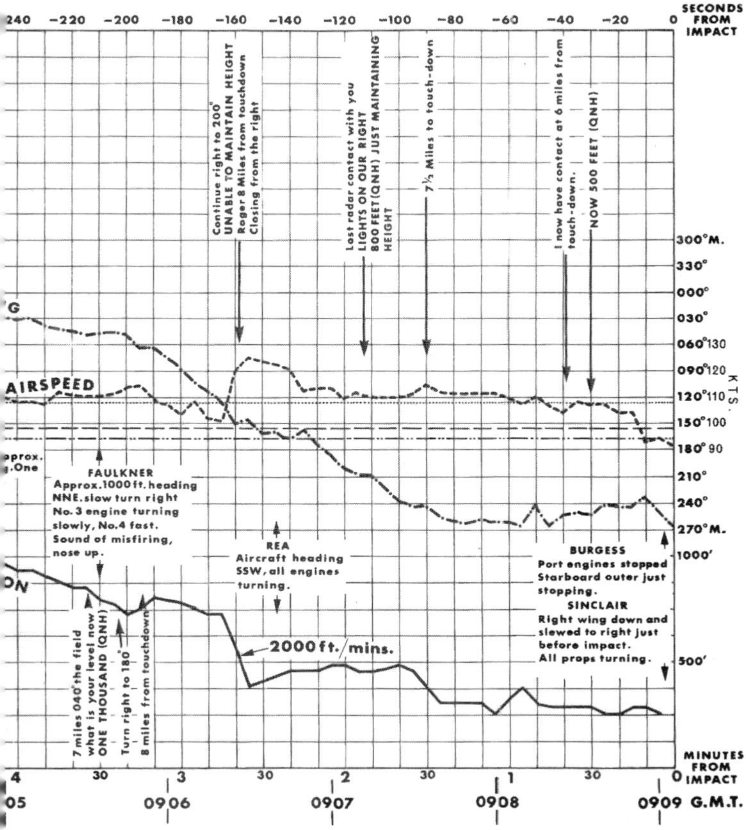

PLOT

Abb. 19: Diagramm aus dem Untersuchungsbericht zur Aufklärung des Flugzeugunglücks von Stockport, 4. Juni 1967.

dafür ist, dass Zeit nicht sowohl rückwärts als auch vorwärts laufen kann. Ein einziger Beweis mag dürftig klingen, bis man die Entropie, die um einen herum stattfindet, einmal bewusst betrachtet: die Tasse mit heißem Kaffee, der sich langsam abkühlt, die Energie der Sonne, die unser Gestern erhellt hat, die Blätter, die von den Bäumen fallen, das große Weltreich, das unterging, die E-Mails, auf die man nicht antwortet. Physiker verstehen Entropie als Unordnung innerhalb eines Systems. Ein System, das einen Zustand niedriger Entropie darstellt, ist gut organisiert, fest geschlossen, voller Potenzial. Es ist das Leben vor der Zeit, der Superkontinent Pangaea vor der Aufspaltung in Kontinente, die ungeöffnete Packung Eier im Kühlschrank. Entropie ist die Auflösung, die Freisetzung von Energie: das Omelette, erodierende Klippen, Schwalben auf Vogelzug, ein Virus, das sich verbreitet, die Anstalt, in der nichts vorwärtsgeht, Chaos, Klimawandel und Tod. »Die Entropie des Universums«, so theoretisiert Clausius, »strebt immer einem Maximum zu.«

Entropie gehört zur menschlichen Existenz. Ganz ohne unser Zutun. Eddington war davon beeindruckt, auf welch natürliche und unmittelbare Weise unser Bewusstsein das Konzept des »Zeitpfeils« erfasst. Zeit fließt, da sind sich die meisten von uns einig, obgleich wir nicht wissen, *wie*. Eine Geschichte nimmt ihren Lauf. Die Haut runzelt. Und um die Augen bilden sich Sorgenfalten. Wir werden nicht jünger. Einige Physiker argumentieren, dass die konzeptionelle Kraft der Entropie, die der menschlichen Sterblichkeit zugrunde liegt, uns glauben lässt, dass sie mehr umfasse, als sie es wirklich tut. In seinem 2017 erschienen Buch *L'ordine del tempo* (Die Ordnung der Zeit, 2018) postuliert der italienische Physiker und Autor Carlo Rovelli, dass die physikalisch zunehmende Entropie des Universums, stark vereinfacht gesagt, nur der Blickwinkel von uns Menschen ist. Möglicherweise führen wir nur ein kleines Dasein, in einem winzigen System, in dem diese physikalische Regel zu gelten scheint. Aber was ist mit anderen Orten? Mit anderen Zeiten? Woher wollen wir wirklich wissen, dass die Vergangenheit im Zustand einer niedrigeren Entropie war als die Gegenwart und die Zukunft in einem Zustand hoher Entropie sein wird? Vielleicht sehen wir ja nur einen Ausschnitt des Bildes.

Wie eng Entropie und Mensch verbunden sind, zeigt sich zum Teil in unserem Kampf gegen sie. Wir halten das Haus sauber. Wir wählen neue Präsidenten. Wir schneiden die Rosen zurück. Wir gehen zur Paartherapie. Wir versuchen, die Dinge wieder so zu ordnen, wie sie mal waren, auch wenn sie das nicht mit sich machen lassen wollen. Karl J. Friston, britischer Neurowissenschaftler und Pionier der bildgebenden Verfahren des Gehirns (insbesondere der Hirnkartierung), beschäftigt sich intensiv mit Entropie. Seine Arbeiten sind von zentraler Bedeutung für die »Predictive Coding«-Hypothese (prädiktive Kodierung), wonach unser Gehirn permanent Vorhersagen trifft. Die Entropie zu reduzieren, der Unordnung zu widerstehen, sieht Friston als das Ziel aller Lebensformen. Er nennt dies das »Prinzip der freien Energie«, ein Begriff, der schon von Freud verwendet wird und der beschreibt, wie unser Gehirn in allen mentalen Prozessen permanent versucht, Energie zu konservieren und damit unnötigen Verfall aufzuhalten. Je genauer wir also »vorhersagen« können, was sein oder passieren wird, so die Logik, desto weniger Energie müssen wir aufwenden, um mit den Wechselfällen des Lebens fertig zu werden und uns daran anzupassen. Umso länger und leistungsfähiger werden wir leben. »Die Minimierung der Entropie entspricht der Unterdrückung von Überraschungen im Laufe der Zeit«, schrieb Friston 2009. Das Prinzip der freien Energie steuert unsere Erinnerungen, unsere Intuition und unsere Erwartungen, um eine Realität zu generieren, die wir möglichst frei von Überraschungen erfahren. Ja noch mehr: Es steuert sogar unser Handeln im Kampf, diese äußere Realität zu beugen, sie zu bewältigen und sie an unsere Wahrnehmung anzugleichen. Die Entropie des Universums wird niemals abnehmen. Wir alle müssen sterben. Und nur so, indem wir Dinge »sehen«, bevor sie geschehen, können wir als sterbliche Seelen versuchen, die Zeit zu verlangsamen.

*

Die Bryn Farm, außerhalb des kleinen Dörfchens Nantmawr in der Grafschaft Shropshire, liegt rund 30 Kilometer westlich vom Shelton Hospital, nahe der walisischen Grenze. Am Morgen des 25. Oktober 1967 rief Norman Ellis, der dortige Farmer, den Tierarzt. Einige seiner Schweine lahmten. Vor ein paar Tagen schon hatte er es bemerkt und eine Arthritis vermutet. Doch als der Amtsveterinär vom Ministry of Agriculture an jenem Morgen kam, stellte er die Maul- und Klauenseuche fest. Die Maul- und Klauenseuche ist eine der höchst ansteckenden Tierseuchen mit schwerwiegenden wirtschaftlichen Auswirkungen für die betroffenen Tierhalter. Schafe,

Rinder, Schweine, Ziegen, Rotwild – und alle anderen Paarhufer – können sich mit dem Virus infizieren. Die Tiere überleben die Seuche meist, sind danach aber oft ihr Leben lang geschwächt. Erstmals identifiziert wurde die Krankheit in den 1540er Jahren von Girolamo Fracastoro, einem italienischen Gelehrten, der in einem 1300 Strophen langen Lehrgedicht außerdem die erste umfassende medizinische Beschreibung der Syphilis gibt.

Alle 67 Schweine, die Ellis auf der Bryn Farm hielt, schienen infiziert zu sein. Mit der Unterzeichnung des entsprechenden »Formulars C« ordnete der Veterinär einen Stopp sämtlicher Tiertransporte in einem Umkreis von zehn Kilometern an. Es war ein Mittwoch, Markttag im kleinen Städtchen Oswestry, das fünf Kilometer entfernt und damit mitten im Sperrbezirk lag. Zwei von Ellis' Kühen waren bereits vor Ort auf dem Markt, zusammen mit 3297 weiteren Tieren, die an jenem Tag zum Verkauf standen. Der Markt wurde abgesagt, das Vieh beschlagnahmt. Eine von Ellis' Kühen war zwar bereits verkauft, doch gelang es der Polizei, den entsprechenden Viehtransporter zu ermitteln, anzuhalten und das Tier zurück zur Bryn Farm zu bringen. Den ganzen Tag über wurden sämtliche Viehbestände in Oswestry untersucht, für infektionsfrei befunden und freigegeben.

Unmittelbaren Grund zur Panik gab es nicht. Es war bereits der dritte Ausbruch der Maul- und Klauenseuche in Großbritannien in jenem Jahr. Einen Monat zuvor waren in Warwickshire vier Gehöfte betroffen gewesen.

Am Tag, nachdem das Virus bei den Schweinen auf der Bryn Farm diagnostiziert worden war, kam ein Auktionator zusammen mit zwei Veterinärmedizinern, um den Wert des Restviehbestands zu ermitteln. 89 Rinder und 244 Schafe wurden danach erschossen und auf den Äckern begraben. Ellis' Frau servierte den Gästen Lammbraten. Sechs Wochen später kamen die ermittelnden Behörden zu dem Schluss, dass das Virus mit der Einfuhr von 770 argentinischen Schafen nach Großbritannien eingeschleppt worden war. Und eines davon hatte Ellis gekauft, es war in Kontakt mit dem Schweinefutter gekommen und hatte so die Schweine infiziert.

Am Samstag der gleichen Woche meldete der Farmer vom Nachbargehöft, der sich mit Ellis eine Schweine-Wiegemaschine teilte, ebenfalls Maul- und Klauenseuche. Bis Montag, dem 30. Oktober, waren ganze neun Fälle bekannt, einer davon im gut 160 Kilometer entfernten Lancashire. Zwei Tage später waren es bereits 19. Danach stiegen die Zahlen sprunghaft an. Ende November meldeten 81 Farmer in einem Umkreis von gut 5000 Quadratkilometern an ein und demselben Tag neue MKS-Fälle – damit hatte die Epidemie ihren Höchststand erreicht.

Die Cheshire-Plain, eine Tiefebene in der nordwestenglischen Grafschaft Cheshire, die sich von der walisischen Grenze bis fast nach Liverpool erstreckt, hatte in den 1960er Jahren die höchste Dichte an Milchvieh in Großbritannien – nun war sie der Mittelpunkt der Kadaververbrennung. Die Armee wurde hinzugezogen, um mitzuhelfen, eine halbe Million Kühe, Schafe und Ziegen zu erschießen. Da es an Stahlketten fehlte, um die Kadaver von A nach B zu bewegen, halfen Hubschrauber der Royal Airforce mit, überflogen Gehöfte und Felder, nahmen tote Tiere mit Bergungsnetzen auf und ließen sie an Sammelstellen wieder ab. Beißender Brandgeruch zog durch die herbstliche Luft.

Das Virus erreichte schließlich auch das Gehöft direkt neben Barkers Haus. Seine Kinder sahen zu, wie der Farmer desinfizierte Strohballen als Schutzbarriere am Zufahrtsweg auslegte, und von den Feldern her waren immer wieder Schüsse zu hören. Der Ausbruch der Maul- und Klauenseuche, der mit den Schweinen auf Ellis' Hof begonnen hatte, wurde zum schlimmsten des 20. Jahrhunderts in ganz Großbritannien. Die ländliche Gegend lag stumm und starr. Schulen wurden geschlossen. Fußpfade abgeriegelt. Und mittendrin Shrewsbury und das Shelton Hospital. Hunderte von Patienten und Mitarbeitern des Krankenhauses kamen aus eben diesen ländlichen Gemeinden, in denen das ganz normale Leben völlig aus den Fugen geraten war.

Bis zum 4. Dezember 1967 hatte die Maul- und Klauenseuche auch die Tiere auf der dem Shelton Hospital angegliederten Farm befallen, und der gesamte Viehbestand des Hospitals (68 Rinder und 234 Schweine) musste getötet werden. In gewisser Weise markierte diese Schlachtung das Ende der Shelton-Ära. Die Farm erholte sich nie wieder davon und wurde verkauft. Und dadurch konnte auch die psychiatrische Anstalt als eine eigene Welt für sich nicht mehr bestehen.

Barker hatte im Shelton Hospital nicht nur deshalb gegen eine allgemeine Untergangsstimmung anzukämpfen. Denn ginge es nach dem Ministry of Health, sollte das Shelton Hospital bis 1975 auf 448 Betten verkleinert werden. Ausgehend vom Spätherbst 1967 bedeutete dies einen Abbau der Patientenzahlen um 40 Prozent innerhalb von acht Jahren. Doch solange Oberschwestern und Verwaltungsbeamte der Klinik immer noch nach der Anzahl der belegten Betten bezahlt würden, gab Barker zu bedenken, hätten sie wohl kaum ein Interesse an einer frühzeitigen Entlassung der Patienten, nur damit die Stationen kleiner würden. »Unter diesem Gesichtspunkt müssen wir die Zahlen eigentlich oben halten, anstatt sie zu verringern«, sagte er, was die versammelte Kollegenschaft verstummen ließ. »Ein Aspekt, der kaum erwähnt wird.«

Im Monat vor Beginn der Seuche hatte er eine 18-monatige Studie über seine älteren chronisch kranken Patienten im Shelton Hospital abgeschlossen, die ermitteln sollte, wie ihr Leben lebenswerter gemacht werden könne. Jeden Donnerstagsmorgen war er in Begleitung von Mabel Miller, seiner Kollegin und Spezialistin für Aversionstherapie, auf Visite durch die überbelegten Stationen des Hospitals gegangen und hatte für 116 Männer und Frauen entsprechende Therapien besprochen und festgelegt.

Er hatte Medikationen geändert, sofern es welche gab, hatte versucht, Kontakt mit Angehörigen aufzunehmen, um Besuche zu arrangieren, hatte Verlegungen in ambulante Einrichtungen angeordnet, wenn er eine Wiedereingliederung in ein normales Alltagsleben für sinnvoll hielt. Nach eineinhalb Jahren intensiver Bemühungen wurden 34 seiner Patienten nicht mehr in der Klinik betreut. 18 von ihnen waren verstorben. Von den 16, die er entlassen konnte, lebten nur zwei wieder zu Hause bei ihren Familien. Die meisten Familien wollten mit dem entlassenen Patienten nichts zu tun haben. Im gleichen

Zeitraum hatte sich Barker genötigt gesehen, weitere 18 chronisch Erkrankte aufzunehmen.

Die Ergebnisse seiner Studie bestätigten sein Gefühl der Verzweiflung und der Wut unter Ärzten, insbesondere unter (jungen) Reformern, die einen grundlegenden Wandel in den psychiatrischen Heilanstalten Großbritanniens forderten. Sechs Jahre zuvor, im Frühjahr 1961, hatte Enoch Powell, der damalige Gesundheitsminister, angekündigt, dass es an der Zeit sei, alle Kliniken aus der viktorianischen Zeit abzureißen. »Dies ist ein kolossales Unterfangen«, sagte Powell auf einer Konferenz in Brighton. »Sie stehen da, diese Verwahranstalten, räumlich abgeschieden, erhaben, herrisch, mit gigantischer Wasserturm-Schornstein-Kombination ragen sie unübersehbar und furchterregend aus der Landschaft – von unseren Vorvätern erbaut, gewaltige massive Mauerwerke, Ausdruck der Vorstellungen ihrer Zeit.«

Powell wollte, dass die Orte sowohl physisch als auch konzeptionell zerstört werden. »Wir müssen uns nur vorstellen, dass ein Krankenhaus eine Hülle ist«, sagte er, »eine Hülle, die den Rahmen für ein sehr komplexes Gefüge liefert, innerhalb dessen sich bestimmte Abläufe vollziehen. Wenn sich diese Abläufe ändern oder sich als überholt erweisen, muss die Hülle mit großer Wahrscheinlichkeit abgerissen und der Rahmen demontiert werden.«

Die moralischen und rationalen Argumente für eine Reform waren unbestreitbar. Seit 1955 hatten neue Antipsychotika dazu beigetragen, die Behandlung der am stärksten betroffenen Patienten grundlegend zu verändern. Zum ersten Mal war es vorstellbar, dass die überwiegende Zahl psychisch Kranker

Abb. 20: Ausbruch der Maul- und Klauenseuche in Shropshire, Oktober 1967.

entweder ambulant, in Allgemeinkrankenhäusern oder kleinen Praxen in Wohnortnähe behandelt werden konnte, auch weil Mediziner immer öfter die durch stationäre Langzeitaufenthalte entstandenen Schäden aufzeigen konnten. So zum Beispiel auch Russell Barton, Psychiater am Severalls Hospital in Essex, der an der psychiatrischen Behandlung von Überlebenden des Konzentrationslagers Bergen-Belsen beteiligt war, 1959 von »Anstaltsneurosen« sprach, um das innerpsychische Leiden vieler chronisch Erkrankter zu beschreiben. Barton identifizierte sieben Ursachen für diesen Zustand, darunter »erzwungene Untätigkeit« und »Verlust persönlicher Erlebnisse«. Er beobachtete, dass daran Leidende jegliche Gedanken an die Zukunft aufgegeben hatten.

Aber beim Vorhaben, die Nervenheilanstalten der gesamten Nation zu schließen oder sie drastisch zu verkleinern, musste man zunächst die elenden Verhältnisse in den Einrichtungen selbst überwinden. Die Psychotherapeutin Barbara Robb, die sich ebenfalls für eine Psychiatriereform stark machte, veröffentlichte im Sommer 1967 ein Buch mit dem Titel *Sans Everything*, einen düsteren Bericht, der von anonymen Patienten, Krankenschwestern und Ärzten zusammengestellt worden war und der aufzeigte, wie wenig sich seit der viktorianischen Zeit geändert hatte. Angeregt zu diesem Buch wurde Robb durch eine Patientin namens Amy Gibbs, die sie 20 Jahre lang psychotherapeutisch betreut hatte, bevor sie 1963 in das Friern Hospital eingeliefert wurde, eine Anstalt mit 2000 Betten im Norden von London. Gibbs war Künstlerin und Näherin, Anfang 70, und kam aufgrund von Angstzuständen und insbesondere den Nebenwirkungen ihrer Medikation in die Klinik. Doch kaum auf Station, ging es mit ihrer psychischen Gesundheit rapide bergab. Während eines Großteils des Jahres 1965 besuchte Robb ihre Patientin zweimal pro Woche, manchmal mit einem Aufnahmegerät in ihrer Handtasche, und setzte alles daran, sie bald entlassen zu können.

Ihr aus diesem und anderen Fällen entstandenes Buch dokumentiert eine Welt der »Anstaltsneurosen«: Sie sah bis zu 60 ältere Patienten zusammengepfercht auf einer Station – ihrer Zahnprothesen, Brillen, Hörgeräte und ihrer selbst beraubt. Sie erlebte Pflegepersonal, das im Umgang mit den Patienten zwar nicht offen gewalttätig oder ausfällig, aber durchaus überfordert und gereizt war, Patienten wie Kleinkinder behandelte und alle möglichen Ausreden für Vernachlässigungen fand. Robb startete eine Initiative und gründete die Aktionsgruppe AEGIS (Aid for the Elderly in Government Institutions – Hilfe für ältere Menschen in staatlichen Einrichtungen), die sie von einem Cottage in Hampstead aus leitete.

Robb war damals 55, gut vernetzt und hochmotiviert, mit der magischen Aura eines charismatischen Menschen. Sie stammte aus einer altkatholischen Familie und sagte von sich, »das Blut von sechs Märtyrern« fließe in ihren Adern. 1949, in der Nacht vor dem Epsom Derby, einem der wichtigsten englischen Pferderennen, träumte Robb vom Sieg dreier Pferde, und zwar in der richtigen Reihenfolge. Während ihrer Ausbildung zur Psychoanalytikerin war sie in diesen Jahren auch nach Wien gereist, um C. G. Jung zu treffen, der sie und ihre Träume »ziemlich bemerkenswert« fand. »Sollte es tatsächlich so etwas geben wie Anima, dann war *sie* eine Verkörperung dessen.«[19]

Robbs Offenheit und ihr Bekanntheitsgrad machten sie zu einer Hoffnungsträgerin für Ärzte und Krankenschwestern, die in den Krankenhäusern ohne nennenswerte Veränderungsprozesse gefangen waren und damit ebenso unzufrieden waren wie sie. Einer von Robbs Mitstreitern war der uns wohlbekannte Dr. David Enoch. Er steuerte ein Kapitel zu *Sans Everything* bei, basierend auf seinen Erfahrungen am Shelton Hospital. Auch Barker schickte eine Kopie seiner abgeschlossenen Patientenstudie an AEGIS.

Zehn Tage nach der verhängnisvollen Schlachtung aufgrund der Maul- und Klauenseuche hielt Barker im Hauptsaal des Shelton Hospital einen Vortrag über die Ergebnisse dieser Studie. Dr. Littlejohn sowie alle übrigen Fachärzte und auch die

Vertreter der Regionalleitung des National Health Service (NHS) waren gekommen. Barker bat, das Licht im Saal zu dimmen und zeigte Dias von den alten Männern und Frauen, mit denen er während seiner Visiten gesprochen hatte. »Hier haben wir zwei Herren, die noch relativ gepflegt erscheinen«, sagte der Psychiater, während er zwei alte Männer zeigte, die sich das ganze Hemd mit Essen bekleckert hatten. Andere waren schlampig gekleidet, liefen ohne Krawatte herum oder waren nur halb angezogen. Nicht alle der vorgeführten Bilder waren deprimierend. So etwa zeigte Barker auch eine Frau von Station sieben, die von den Schwestern dort liebevoll gepflegt und umsorgt wurde. »Sieht vergrämt aus, sehr blass, sehr zerbrechlich«, sagte er. »Aber genau das sind die Patienten, um die wir uns kümmern müssen.«

Er zeigte sich mal kühl, mal berührt, während er durch die Dias führte und Statistiken dazu lieferte: 69 Prozent der chronisch kranken Patienten waren seit mehr als fünf Jahren im Shelton Hospital; 14 Prozent der weiblichen Patienten machten eine sogenannte Industrial Therapy (eine von englischen Sozialpsychiatern konzipierte Form der Arbeitstherapie mit dem Ziel der Rehabilitation und Enthospitalisierung; Anm. d. Übers.). 77 Prozent der chronisch kranken Patienten stammten aus den ländlichen Gegenden von Shropshire, nicht aus den Städten. »Doch heißt das nun, dass Patienten aus ländlichen Gegenden tendenziell leichter psychische Erkrankungen entwickeln? [...] man weiß es nicht, aber interessant ist es allemal«, kommentierte er die Statistiken süffisant. Unverheiratete Patienten, fuhr er fort, bekamen die wenigsten Besucher. »Wie man es auch erwarten würde«, sagte Barker. »Aber es ist gut, es nochmal selbst zu verifizieren.« Irgendwann ging seine Taschenlampe aus, und er beendete seinen Vortrag mit dem Eingeständnis, dass auch er in seiner Arbeit ältere Patienten schon mal vernachlässigt habe. »Aber für viele chronisch Kranke ist unsere Klinik die einzige Hoffnung. Sie werden den Rest ihres Lebens hier verbringen und auch hier sterben«, sagte Barker. »Und deshalb müssen wir ihnen dieses Leben so angenehm wie möglich gestalten …« Er suchte nach den richtigen Worten. »So, als wären sie unsere Angehörigen.«

Anschließend fand eine Diskussionsrunde statt. Enoch, der Barkers Vortrag im Rahmen seiner internen Fortbildungsreihe veranstaltet hatte, wurde heftig und sehr deutlich. »Wir müssen die Frage beantworten, wofür dieses Hospital stehen will«, verlangte er. Dr. Littlejohn sagte wie immer kaum ein Wort. Einer der älteren Ärzte, ein gewisser Dr. Thomas, stellte fest, dass die Sterbe- und Entlassungsraten sich immer noch auf ungefähr dem Niveau bewegten wie vor 120 Jahren. »Alles sehr beschämend«, sagte er. »Ich glaube nicht, dass sich das Ministerium darüber im Klaren ist.«

Barker und Enoch, die beiden jungen Reformer, dominierten die Konversation. »Ich hoffe, du bezahlst mich für alles, was du für deinen Artikel verwertest«, neckte Enoch seinen Kollegen Barker, der gerne und viel an die Öffentlichkeit ging, was ihm ja zuletzt sehr viel Ärger von Dr. Littlejohn eingebracht hatte. »Nein, ich geh' damit gleich zu *News of the World*«, konterte Barker. »Das mach ich, jawohl!«

In der Runde mit den Kollegen räumte Barker erneut ein, wie unwohl er sich selbst fühlte angesichts einer Station voller sich selbst überlassener, apathischer Langzeitpatienten, die im

Shelton Hospital sehr wahrscheinlich völlig fehl am Platz waren, für die es aber sonst keine andere Unterbringung gab. »Dann ist es eben leichter, diese Menschen zu ignorieren. Man macht Visite und denkt sich: ›Was soll's, dann lasse ich diese Station mal links liegen, wird schon nichts sein.‹ Und das schleicht sich dann ein, wird zur Gewohnheit, über Monate, über Jahre, und ich weiß, wovon ich rede«, sagte Barker. »Ich habe mir so vielleicht auch die Visite erleichtert.«

Das Gespräch kam zurück auf die Kleidung und das äußere Erscheinungsbild der Patienten, was nach Barkers Meinung einen enormen Einfluss auf die Moral aller hatte.

»Wer wird als nächstes sterben?«, warf Enoch ein. »Einer der vielen chronisch Kranken, die wir inzwischen haben, oder einer dieser alten, dicken Anzugträger?«

»Die chronisch Kranken«, sagte Barker, ohne mit der Wimper zu zucken. »Die Anzugträger bleiben noch.«

*

Das Premonitions Bureau bot ihm eine willkommene Abwechslung zu den Ärgernissen rund um die Klinik. Jeden Tag erfuhr Jennifer Preston in der Nachrichtenredaktion des *London Evening Standard* von ein bis zwei Visionen, die ihr per Brief oder Anruf zugetragen wurden. Im Laufe des Jahres 1967 trafen ganze 469 Vorahnungen ein, von denen sich die meisten unmöglich verifizieren ließen. Aber es gab auch ein paar »Volltreffer«, wie Fairley sie gerne nannte.

Am 22. Mai 1967 beschrieb Lynn Singh aus Thetford in Norfolk in einem Brief an das Büro für Vorahnungen ihren

Traum der vergangenen Nacht, in dem sie »eine gewaltige Feuersbrunst in beträchtlicher Entfernung« gesehen hatte. Ihr war ein großes Gebäude mit »riesigen Tragbalken« erschienen, Flammen, die über 30 Meter hochschlugen sowie »plötzlich auftretende grelle Lichtblitze, alle paar Sekunden, wie von gewaltigen Explosionen«. In etwa zur gleichen Zeit, als Singh ihren Brief in East Anglia aufgab (an einem Montag, um 14:45 Uhr), trafen die ersten Feuerwehrleute am Brüsseler Kaufhaus »À l'Innovation« ein, einem riesigen, im Jugendstil erbauten Gebäude in der Rue Neuve in Brüssel.

Im zentralen hohen Atrium in der Mitte des Gebäudes schlugen die Flammen bereits hoch bis zu einem Glasdachgewölbe, das auf bogenförmigen Eisenträgern ruhte. Die Feuerwehrleute taten ihr Bestes, waren aber machtlos gegen dieses Inferno, das binnen Minuten alles verschlang und bis heute die schlimmste Brandkatastrophe der belgischen Nachkriegsgeschichte darstellt. 251 Menschen fanden den Tod. Das Feuer wütete, es gab eine Flut von grellen Blitzen, genährt von explodierenden Butangasflaschen in der Campingabteilung. Singhs Traum hatte sich bewahrheitet.

Zwei Wochen später, am 5. Juni, blockierte die ägyptische Armee die Straße von Tiran zwischen der Südspitze des Sinai und Saudi-Arabien und versperrte damit die Ausfahrt aus dem Suezkanal. Diese Blockade war sowohl der unmittelbare Auslöser für den Sechstagekrieg zwischen den Ägypten, Jordanien und Syrien auf der einen und Israel auf der anderen Seite, als auch der Grund dafür, dass 15 Frachtschiffe im Suezkanal hängenblieben und die folgenden acht Jahre dort verharren würden. Und damit erfüllte sich auch die Prophezeiung von Michael Sadgrove aus der Stadt King's Lynn in der englischen Grafschaft Norfolk. Sadgrove hatte von einem »Handelsschiff geträumt, das gegen Ende Mai im Suezkanal feststeckte«.

Unterdessen wurde Fairley von möglicherweise durch Vorhersagen gesteigerten Gewinnchancen rund um Pferdesportwetten geradezu magisch angezogen. Gerade erst hatte der 100:1-Außenseiter Foinavon das Grand National 1967 gewonnen, das berühmteste und höchstdotierte Pferdehindernisrennen im Vereinigten Königreich, nachdem ein Pferd in eine harmlose Zaunabsperrung gestürzt war und mehrere Pferde samt Reiter mitgerissen hatte. Am Tag nach dem Rennen rief ein junger Australier namens George Cranmer im Premonitions Bureau an, behauptete, er habe in der Nacht in einem Traum Foinavons Rennfarbe gesehen und gewusst, dass es das Siegerpferd sein würde. Fairley ermutigte Cranmer, doch gerne immer wieder anzurufen. Am Morgen des Epsom Derby, zwei Monate später, rief ein Freund von Cranmer an und holte ihn dann ans Telefon. Cranmer klang nervös, sagte, er habe im Traum die Rennfarben der Jockeys gesehen und eine Vision vom Siegerpferd beim Wegführen. Diesmal gehörten die Farben zu Ribocco, mit einer Wette auf Sieg von 20:1. »Das gleiche habe ich bei Foinovan gemacht, bevor er das Grand National gewann«, sagte Cranmer. Ribocco ging im Derby als Zweiter durchs Ziel, gewann aber das Irish Derby einen Monat später, vor den Augen von Jackie Kennedy. »Vorahnung?«, schrieb Fairley im *Evening Standard*. »Oder Zufall?«

Abb. 21: Jennifer Preston.

Barker und Fairley bemühten sich weiter, ihr Projekt bekannter zu machen. Im September reiste Barker nach London, um an einem Telepathie-Experiment teilzunehmen, das von Alister Hardy organisiert wurde, einem Professor für Meeresbiologie, der an der University of Oxford später eine Forschungsstelle für religiöse Erfahrungen gründete. Während seiner Zeit in einer Radfahrtruppe im Ersten Weltkrieg wurde er in die Grafschaft Lincolnshire an der englischen Ostküste abgeordnet, wo er sich mit der Witwe eines frühen Mitglieds der Society for Psychical Research anfreundete, die in der Lage zu sein schien, seine Gedanken zu lesen. Diese Begegnung prägte ihn nachhaltig, und viele Jahre später, im Herbst 1967, nach einer herausragenden Karriere als Meeresbiologe mit Fokus auf die Erforschung von Plankton und Walen, trat Hardy in den Ruhestand. Kurz darauf startete er in der Caxton Hall im Londoner Stadtbezirk Westminster ein ehrgeiziges öffentliches Telepathie-Experiment: Sieben Montage hintereinander stand Hardy auf einer Bühne, zeichnete mit Kreide große Skizzen auf eine Tafel oder projizierte Fotos an die Wand. 200 Menschen schauten ihm dabei zu und versuchten, Hardys Bilder per Gedankenübertragung an 20 Probanden zu übermitteln, die zur gleichen Zeit abgeschottet in lichtundurchlässigen, schalldichten Kabinen saßen. Diese »Empfänger« zeichneten sodann die Bilder, die sie über den Äther zu empfangen glaubten.

Am 18. September saß Barker in einer der verdunkelten Kabinen. Er hatte den Eindruck, nur zwei von zehn Bildern empfangen zu haben und war enttäuscht. »Meine eigene Leistung war ziemlich miserabel«, schrieb er. Jedoch war er beeindruckt von der Professionalität der Forschung. (Über den gesamten Verlauf des Experiments ermittelte Hardy lediglich 35 »Treffer« bei 2112 gegebenen Antworten.)

Barker stand auch in Kontakt mit Brian Inglis, einem früheren Herausgeber des britischen Magazins *The Spectator*, der zu einer der Leitfiguren in der wissenschaftlichen Beschäftigung mit dem Paranormalen in Großbritannien wurde. Die Männer standen in Briefkontakt, und Barker lud ihn für den 6. November auf ein Abendessen nach London ein. Barker würde sowieso dort sein, denn er wollte schon morgens von Shrewsbury nach London abreisen, wo er als Gastredner am Royal College of Medicine über seine Arbeit zur Aberfan-Katastrophe referieren würde.

Wenige Tage zuvor hatte Miss Middleton eine ungewöhnlich klare Vorahnung an das Premonitions Bureau gesandt. Am 1. November fühlte sich die Musiklehrerin akut depressiv. Sie saß in ihrer Küche in Edmonton. »Langsam tauchte ein Streifen vor mir auf, dann ein Lichtblitz, dann eine Art grauer Nebel. Ich versuchte herauszufinden, wo genau das war«, sagte sie später. »Das Wort ›Zug‹ drang immer wieder durch. Zug … Zug.« Miss Middleton schrieb ihre Vision nieder und sandte sie an das Büro: »Ich sehe einen Unfall … auf einer Bahnstrecke vielleicht … auch ein Bahnhof könnte betroffen sein … wartende Menschen am Bahnsteig … die Worte Charing Cross … ich hörte es buchstäblich KRACHEN.« Auch Hencher hatte am 11. Oktober geschrieben und vor einem

Zugunglück auf einer Hauptverkehrsstrecke gewarnt, bei dem viele Menschen getötet und zwei Waggons übereinander geschoben würden.

Am Abend vor Barkers Abreise nach London, am 5. November, verließ der Schnellzug nach London pünktlich um 19:43 Uhr den Bahnhof im südenglischen Küstenort Hastings in Richtung Charing Cross. Es war ein milder Tag gewesen, aber am Abend wurde es zunehmend kühl und nass. Der Zug war voll besetzt mit Ausflüglern und Büroarbeitern, die zu Beginn der Woche wieder zurück in die Hauptstadt fuhren. In Sevenoaks, 35 Kilometer vor Charing Cross, gab es einen Lokführerwechsel. Der Zug hinkte dem Fahrplan vier Minuten hinterher, und die Gänge füllten sich mit Passagieren, die sich zum Aussteigen bereit machten. Der neue Lokführer hieß Donald Purves. Er war seit neun Jahren auf dieser Strecke unterwegs, war sie gerade erst zwei Stunden zuvor das letzte Mal gefahren, um 17:43 Uhr. Als der Zug durch Grove Park ratterte, einen kleinen Vorortbahnhof südöstlich von London, schickte Purves sich an, den Zug von 110 km/h auf 100 km/h herunterzubremsen, entsprechend den innerstädtischen Geschwindigkeitsvorgaben.

Als er die Bremse auslöste, spürte Purves einen kurzzeitigen Widerstand an dem 230 Meter langen und fast 500 Tonnen schweren Zug. Er fragte sich, ob er zu früh gebremst hatte und wartete kurz ab. Doch der Widerstand, den er gespürt hatte, kam davon, dass der Zug gerade entgleiste. Der vordere Radsatz des dritten Waggons war auf einen fünf Zentimeter breiten Bruch in den Schienen gestoßen und aus den Gleisen gesprungen. Albert Green, der Stellwärter am Bahnhof Hither Green, der nächsten Station, sah einen Funkenregen aus dem unteren Teil des Zuges stieben. Es hörte sich an, als würde man über Glasscherben rennen, sagten einige der überlebenden Passagiere später, andere sprachen von einem Geräusch wie von mehreren Steinschlägen gleichzeitig. Ein Zugbegleiter namens Gray schob den Kopf durch das Fenster des sechsten Waggons, und es riss ihm die Dienstmütze fort. Er schrie die Leute an, sich auf den Boden zu legen. In diesem halb entgleisten Zustand schleifte der Zug noch etwa 400 Meter weiter, bis der entgleiste Radsatz des dritten Waggons in einer Weiche hängenblieb und die hinteren vier Wagen aus den Gleisen riss, die allesamt ineinander stürzten. Menschen schleuderte es wie Puppen durch die Luft. Bei zweien der Waggons wurden die Seitenwände weggerissen. Auf der ganzen Länge des Zuges barsten Fensterscheiben. Dächer wurden zermalmt. Sitze, Gepäck, Zeitungen und Kaffeebecher flogen auf die Gleise. »Alles ging blitzschnell«, sagte Purves, der Lokführer, der vorne im Triebwagen plötzlich spürte, wie der ganze Zug sich aufbäumte, gefolgt von einem gewaltigen Rumms. Die Notbremse wurde ausgelöst, wodurch der Zug nach weiteren 400 Metern endlich zum Stehen kam. Als Purves aus dem Führerstand kletterte, war vom Rest des Zuges nichts mehr übrig.

Die ersten Krankenwagen waren sechs Minuten später vor Ort. Polizeibeamte, Feuerwehrleute und Anwohner stiegen den Bahndamm hinauf. Das Wrack lag auf einer Überführung über die St. Mildred's Road, kurz vor dem Bahnhof Hither Green, etwa 13 Kilometer von Charing Cross entfernt. An Seilen führten die Retter Überlebende durch den Regen über die dunkle Böschung hinunter. Blaulichter der Einsatzfahrzeuge warfen ihren grellen Schein auf Schienen und Gleisbett, wo die Funken der Winkelschleifer der Feuerwehrleute nur so blitzten und stoben. 49 Menschen waren gestorben, wobei die Zahl der Todesopfer zunächst sehr viel höher geschätzt worden war. Zum Unglückszeitpunkt war Alan Hencher zur Schicht im General Post Office eingeteilt. Er klagte über starke Kopfschmerzen und kam auf die Krankenstation. Um 22:15 Uhr schrieb er auf einen Zettel, dass er glaube, es habe ein Eisenbahnunglück gegeben, das sich vor etwa einer Stunde ereignet haben könnte. Der Zug war um 21:16 Uhr in Hither Green entgleist.

Miss Middletons Vorhersage sowie Henchers Zettelnotiz brachten das Büro für Vorahnungen wieder in die Schlagzeilen. Als Barker am folgenden Tag für seinen Vortrag in London eintraf, gab er der BBC ein Interview. Die *Evening News*, das große Konkurrenzblatt des *Evening Standard*, titelte »Strange Case of the Two Who Knew« (»Seltsamer Fall von zweien, die es vorhersahen«), daneben ein Artikel über das Eisenbahnunglück, das schlimmste in Großbritannien seit zehn Jahren. »Ich habe heute mit diesen beiden tief erschütterten Menschen gesprochen«, schrieb Michael Jeffries, der Wissenschaftskorrespondent der Zeitung, und nannte Alan Hencher und Miss Middleton beim Namen. »Irgendwie sind die beiden imstande, ob sie träumen oder wachen, die Zeitbarriere zu durchbrechen … man schaue sich nur diese Räder an, die Räder der Katastrophe, die sich hier vor unseren Augen immer noch drehen«, sagte Barker zu Jeffries: »Die beiden sind absolut authentisch. Ganz ehrlich, es verschlägt mir den Atem.«

*

78 Menschen wurden bei dem Unglück verletzt. Unter den Leichtverletzten war auch ein junges Pärchen im Teenager-Alter, das in einem Waggon der Ersten Klasse saß. Der Junge hatte lange Haare, vorstehende Zähne, helle Augen und trug Regenmantel und Filzhut, das Mädchen einen grün-weißen Mantel mit Fellkragen.

Es waren Robin Gibb, der gerade mal 17-jährige Sänger der Bee Gees, und seine Verlobte Molly Hullis, Sekretärin von Robert Stigwood, dem Manager der Band. Gibb war an jenem Morgen von Berlin nach London geflogen und hatte den Tag mit Hullis bei deren Eltern in Hastings verbracht. Die hatten den beiden für die Zugreise Brotpudding und ein paar Äpfel eingepackt, während Molly noch scherzte, dass Robin mal besser eine Reiseversicherung abschließen sollte, so viel wie er durch die Gegend fuhr. Als der Zug dann zu ruckeln begann, beschwichtigte sie ihn. Das sei immer so bei der Einfahrt in den Londoner Bahnhof, meinte sie, die Züge führen viel zu schnell. Aber Gibb glaubte ihr nicht. Er stand auf, um die Notbremse zu ziehen, als genau in diesem Moment die Lichter ausgingen und der Waggon umstürzte. »Große Schienenteile schossen herein, direkt an meinem Gesicht vorbei, erzählte Gibb am nächsten Tag einem Reporter. »Es schien fast so, als würde ringsherum alles auseinanderbrechen. Eben noch wurden wir in die Gepäckablage geschleudert, dann lagen wir schon wieder auf dem Boden.« Gibb half Hullis, durch ein zerbrochenes Fenster zu steigen, sein Haar voller Glasscherben, die Kleider ölverschmiert. Sie gingen oben auf dem Dach des Waggons entlang, zogen Überlebende durch geborstene Fenster. Überall schreckliche Schreie. »Und das alles für einen

Jahrmarktbesuch in Battersea«, scherzte Gibb später. Es war Guy-Fawkes-Nacht, die jedes Jahr am 5. November gefeiert wird. Feuerwerkslichter funkelten durch den Regen. Dass er und seine Verlobte überlebt haben, führte Gibb im Nachhinein darauf zurück, dass sie es sich hatten leisten können, in der Ersten Klasse zu reisen. Der Gang in ihrem Wagen war voller Passagiere gewesen, und die hatten die größte Wucht des Aufschlags abbekommen.

Ein paar Monate zuvor, im Frühjahr 1967, feierten die Bee Gees ihren ersten großen Welthit mit »New York Mining Disaster 1941«. Robin hatte den Song zusammen mit seinem älteren Bruder Barry in einer Nacht Anfang März geschrieben, als sie im infolge eines Stromausfalls dunklen Treppenaufgang ihrer Plattenfirma Polydor Studios in London saßen, Stratford Place Ecke Bond Street. Der Song handelt von einem Bergmann, der unter Tage festsitzt und auf Rettung wartet. Inspiriert war der Song von der Aberfan-Katastrophe, viereinhalb Monate zuvor. »Über diesen Song musste ich nicht lange nachdenken, weil er von einer Katastrophe handelt, und Katastrophen passieren ständig«, sagte Barry später. »Die Atmosphäre hatte sich so ergeben, und mit ihr der Song.«

Geboren auf der Isle of Man, wuchsen die Gibb-Brüder in Australien auf. Im Januar 1967 kamen sie nach London, um Popstars zu werden. »New York Mining Disaster 1941« war ihre erste Single und erreichte Platz 14 in den US-Charts, wohl auch, weil viele Rundfunksender und Hörer dachten, die Bee Gees seien die Beatles unter anderem Namen. (Es ging das Gerücht, »BG« stünde für »Beatles Group«.) Eine Single-

Auskopplung zu Werbezwecken wurde mit einem Blanko-Etikett versehen, zusammen mit der Info, dass es sich um eine neue britische Band mit dem Anfangsbuchstaben »B« im Namen handelte. Das Lied mutet seltsam düster an, qualvoll fast. »Für den Fall, dass mir etwas zustößt«, singt Robin. Der Titel des Songs hatte keinerlei Bezug zu irgendeinem realen Ereignis – es gab 1941 kein Grubenunglück in New York. DJs umrahmten den Song meist mit nebulösen, kryptischen Melodien. Keiner wusste so recht, was er da eigentlich hörte. Jeder hörte darin, was er hören wollte.

IV

Eines Tages im Jahr 1995 begab sich eine 51-jährige Frau in der Domstadt Mainz in ein Krankenhaus, um sich dort einer Tumor-Operation an der Schädelbasis zu unterziehen. Frau K. war eine freundliche, kleine Frau, die durch eine komplexe Krankengeschichte vorzeitig gealtert schien. Die erste Operation an ihrem Tumor war 16 Jahre her, und sie hatte bereits etliche Krankenhausaufenthalte hinter sich. Als Patientin war sie zurückhaltend und zeigte auch sonst keinerlei Auffälligkeiten, als sie wenige Tage vor der Operation noch einmal in der Sprechstunde bei ihrer behandelnden Ärztin war, einer 44-jährigen Neuroradiologin namens Wibke Müller-Forell.

»Eine nette, liebenswerte … ältere kleine Frau, wenn Sie mich fragen«, erinnerte sich Müller-Forell. Geplant war eine sogenannte Embolisation, bei der die den Tumor versorgenden Blutgefäße gezielt blockiert werden. Bei einer Embolisation wird zunächst ein sehr schmaler Katheter in eine Arterie an Bein oder Rücken des Patienten eingeführt, dann äußerst behutsam durch die sich verengenden Blutgefäße des Blutkreislaufsystems immer weiter nach oben geschoben, bis an die richtige Stelle im Gehirn, wo dann winzige Kunststoffkügelchen zum Verschließen der Blutgefäße verwendet werden, um den Tumor von der Blutversorgung abzuschneiden. Dadurch kann der Tumor zu einem späteren Zeitpunkt leichter entfernt werden. Eine Embolisation ist ein routinemäßiges Verfahren, das normalerweise unter leichter Sedierung erfolgt und keine Vollnarkose benötigt. Der Begriff Embolie bezeichnet in der Medizin einen »Gefäßpfropf«, eine Gefäßblockade irgendwo im Körper.

Im Gegensatz zu ihrer äußerlichen Ruhe war Frau K. in Wahrheit bange zumute. Sie wollte diese Embolisation nicht. Sie hatte genug von Krankenhäusern und von Operationen. Sie lebte nun schon so lange mit dem Tumor, und Schmerzen hatte sie auch keine. Es war ihr Mann, der sie überzeugte, dass der Eingriff sein müsse, auch wenn Frau K. ihm immer wieder sagte, dass sie diesmal Angst hatte, nicht zu überleben. Müller-Forell sowie das ganze Operationsteam am Klinikum für Neuroradiologie der Universitätsmedizin Mainz wussten davon nichts. Auffällig war nur, dass Frau K. am Tag der Operation ungewöhnlich ängstlich wirkte, immer wieder fragte, wie lange die Embolisation dauern würde und ob alles soweit gut verliefe. »Sie war sehr, sehr, sehr hibbelig«, erinnerte sich Müller-Forell an ihre Patientin. Sie war schwer zu beruhigen, weder mit Worten noch mit Medikamenten.

Der Anästhesist stellte ein »emotionales Ungleichgewicht« fest und verabreichte ihr Midazolam, ein stark beruhigendes, angstlösendes Sedativum, das ihr Gehirn unter anderem vorübergehend daran hinderte, immer neue Bilder zu erzeugen. Sie bekam auch Methimazol, um die Wahrscheinlichkeit eines »Sympathetic Storms« zu reduzieren – ein Begriff, den der US-amerikanische Physiologe Walter Cannon, der über den Voodoo-Tod forschte (den plötzlichen Tod durch einen starken emotionalen Schock wie Angst, Gefahr oder Schreck), geprägt hatte, um zu beschreiben, wie es durch die Ausschüttung von Stresshormonen zu einer übersteigerten Herzaktivität kommen kann.

Frau K. war schläfrig, fast weggetreten, als die Embolisation begann, ihre Angst aber schien dennoch weiterhin da. In ihrer ganzen Laufbahn als Ärztin, vor Frau K. ebenso wie nach ihr, hatte Dr. Müller-Forell immer wieder Patienten erlebt, die überzeugt davon waren, in die Endphase ihres Lebens eingetreten zu sein, egal, was sie über die Schwere ihrer Krankheit aus ihrer kompetenten Perspektive, die sie durchaus anerkannten, zu ihnen sagte. Die meisten von ihnen waren überaus gefasst. Manchmal lagen die Patienten richtig mit ihrem ahnungsvollen Gefühl. So auch Frau K. »Ihre fundamentale Angst, während der Operation jederzeit sterben zu können, war alles beherrschend«, notierte Dr. Müller-Forell in ihrem anschließenden Fallbericht.

Als Dr. Müller-Forell einen Katheter in die linke Wirbelarterie einführte, stöhnte Frau K. plötzlich tief auf, trotz Sedierung, und verlor das Bewusstsein. In ihrem Gehirn war ein Aneurysma geplatzt. (Überlebende einer Subarachnoidalblutung sprechen von einem Schmerz wie ein Donnerschlag, in der medizinischen Terminologie auch als »Vernichtungskopfschmerz« bezeichnet.) Eine Notfall-Computertomographie und eine Angiographie ergaben schwere Blutungen in Gehirn und Wirbelsäule von Frau K. Sie verstarb zwei Tage später. Dr. Müller-Forell und ihr Ärzteteam suchten den Fehler zunächst bei sich selbst. Ärzte sind es gewohnt, im Umgang mit ihren Patienten die Hauptakteure zu sein, im Guten wie im Schlechten. Frau K. war keine gesunde Frau, gewiss nicht, aber es war nach ärztlichem Befund ihre schreckliche Angst, die sie getötet hatte. Ihren Fallbericht veröffentlichte Dr. Müller-Forell 1999 unter dem Titel: »Psychischer Stress als Auslöser einer spontanen Ruptur eines Aneurysmas?«

*

Die Einwirkung negativer Erwartungen wie Angst auf unsere Gesundheit wird als Nocebo-Effekt bezeichnet. Erstmals verwendet wurde der Begriff Anfang der 1960er Jahre von Walter P. Kennedy, einem britischen Medizinier und Gesundheitsexperten, um das Gegenstück zu dem als Placebo-Effekt bekannten positiven Erwartungseffekt zu beschreiben. (Das lateinische Wort *placebo* bedeutet »ich werde gefallen«, *nocebo* bedeutet »ich werde schaden«.) Während des Zweiten Weltkriegs war Kennedy Oberst im Medizinischen Korps der Royal Army gewesen. Er übersetzte wissenschaftliche Arbeiten aus dem Deutschen und versuchte, geheime Informationen über die NS-Militärmedizin zusammenzutragen. Nach dem Krieg wurde er leitender Sanitätsoffizier der Distillers Company, einer führenden britischen Destillerie, die ihr Produktspektrum im Laufe der Jahre um Pharmazeutika erweiterte. Im Sommer 1956 kehrte Kennedy von einer Forschungsreise nach Aachen zurück, wo er die Grünenthal GmbH besucht hatte, ein deutsches Pharma-Unternehmen, das vor Kurzem erst einen spannenden neuen Arzneistoff aus der Wirkstoffklasse der Sedativa entwickelt hatte, das Thalidomid. Kennedy probierte das Medikament selbst aus und stellte fest, dass es hervorragend gegen sein Asthma wirkte. Er empfahl der Distillers Company eine schnellstmögliche Lizenzierung des Wirkstoffs für den britischen Markt.

Kennedy verwendete den Begriff »Nocebo-Effekt«, um vage, unspezifische negative Reaktionen zu beschreiben, die bei Probanden im Verlaufe von Medikamentenstudien auftraten, für die es aber keine rational erklärbare Ursache zu geben schien. »Dies verweist auf eine Eigenschaft, die dem Patienten immanent ist, nicht dem verabreichten Mittel«, schrieb er. Dass sein Konzept vom Nocebo-Effekt besonders originell sei, hat Kennedy nie behauptet. »Jeder Arzt kennt den Nocebo-Reaktor«, schrieb er, »auch wenn er ihn nicht als solchen etikettiert«. Kennedy war der Ansicht, dass es sich schwierig gestalten könnte, Nocebo-Effekte in einem größeren Umfang zu untersuchen, da sie für jeden Einzelnen spezifisch seien. Er verglich sie mit dem Inhalt von Träumen. Er betrachtete das Phänomen als eine interessante kleine Irritans – eine Ablenkung von der eigentlichen pharmazeutischen Aufgabe, die darin besteht, neue Arzneien herzustellen und auf den Markt zu bringen. Kennedy fragte sich, wie viele nützliche Medikamente wegen zweifelhafter oder psychosomatischer Reaktionen der Probanden während des Testlaufs wohl schon ausgesondert worden waren.

Thalidomid (in Deutschland als Wirkstoff im Arzneimittel Contergan verabreicht) wurde in Großbritannien auch verschrieben, um morgendliche Übelkeit in der Schwangerschaft »sehr effektiv« zu behandeln, obwohl er nie an schwangeren Frauen getestet worden war. Insofern hatte weder der Placebo- noch der Nocebo-Effekt zur Wirkung kommen können. Das Mittel kam im Frühjahr 1958 auf den Markt. Kennedys Abhandlung über den Nocebo-Effekt erschien im September 1961. Zwei Monate später wurde ein Firmenvertreter der Distillers Company in Sydney von einem australischen Geburtshelfer namens William McBride gewarnt: In seiner Klinik liegen Mütter, die während der Schwangerschaft Thalidomid eingenommen hatten, und nun Babys mit schweren Missbildungen gebären – mit verkrümmten Fingern, zusätzlichen Zehen, fehlenden Händen und Füßen oder deutlich verkürzten Beinen und Armen. Mediziner sprechen von Phokomelie, von einer Fehlbildung der Gliedmaßen im fötalen Stadium. Zwei Wochen später wurde Thalidomid in Großbritannien aus dem Verkehr gezogen.

In den drei bzw. in Deutschland vier Jahren, in denen das Mittel auf dem Markt war, richtete es bei Tausenden von ungeborenen Babys unwiderrufbare Schäden an und verursachte unzählige Fehl- und Totgeburten. Bald darauf zog sich Kennedy nach Schottland zurück, wo er sich bis ins hohe Alter mit Teratologie beschäftigte, der Lehre von Fehlbildungen bezogen auf die Embryonalentwicklung, in der Hoffnung, eine alternative Erklärung für diese Katastrophe zu finden.

Der Nocebo-Effekt zeigt sich am häufigsten in randomisierten Medikamentenstudien, wo aus der Kenntnis der Nebenwirkungen oft eine selbsterfüllende Prophezeiung wird. Probanden, die zuvor darauf aufmerksam gemacht werden, dass es zu bestimmten Nebenwirkungen kommen kann, entwickeln diese häufig auch, selbst wenn sie nur harmlose Zuckerpillen eingenommen haben. Im Jahr 2005 bekamen 120 italienische Männer, die wegen einer Prostatavergrößerung behandelt wurden, ein Medikament namens Finasterid verabreicht. Der einen Gruppe wurde gesagt, dass das Medikament sexuelle Probleme verursachen kann, wenn auch nur in seltenen Fällen. Die andere Gruppe bekam keinerlei Informationen. Nach einem Jahr klagten 44 Prozent der Probanden der ersten Gruppe über Erektionsprobleme und eine verminderte Libido, während es in der zweiten Gruppe nur 15 Prozent waren.

Jedes Jahr setzen Millionen Menschen weltweit die Einnahme von Statinen zur Senkung des Cholesterinspiegels ab, weil sie mit Nebenwirkungen wie Müdigkeit, Muskelschmerzen, Gelenkschmerzen und Übelkeit zu kämpfen haben. Eine 2020 durchgeführte Studie mit Probanden, die Statine abgesetzt hatten, ergab, dass immer noch über 90 Prozent von ihnen auch nach Verabreichung eines Placebos über ihre jeweils berichteten Nebenwirkungen klagten. Fest steht jedenfalls, dass sich der Nocebo-Effekt nur sehr schwer erforschen lässt. Den meisten Wissenschaftlern widerstrebt es, Leid hervorzurufen, selbst wenn sie die Erlaubnis dazu haben.

Es bedarf schon einer besonderen Mentalität des Arztes, um den Nocebo-Effekt an Probanden direkt zu testen. Im Sommer 1885 wurde eine 32-jährige Frau, »von kräftiger Statur, wohlgenährt, körperlich aber sehr schwach«, mit lähmendem Heuschnupfen und Asthma an Dr. John Noland MacKenzie, Chirurg in Baltimore, überwiesen. Alljährlich im Sommer und Herbst war die Frau damit wochenlang ans Bett gefesselt. Sobald eine Heukarre auf der Straße an ihr vorbeikam, erlitt sie einen heftigen Anfall. Pfirsiche konnte sie nicht einmal anfassen. Übliche Medikamente brachten keine Linderung. Kaltes Wetter und Ausflüge ans Meer waren wohltuend. Kokain linderte ihre Symptome für eine halbe Stunde, höchstenfalls,

»wobei es ihr hinterher in aller Regel schlechter ging als vorher«.

MacKenzie stellte ein von ihm selbst entwickeltes Rezept aus. Nach zwei Wochen, so schrieb er, fühlte sich die Frau wesentlich besser. Nach einem Monat bat MacKenzie die Patientin in sein Sprechzimmer, wo er eine künstliche Rose (»eine perfekte Kopie des Originals«) vorbereitet hatte. Bevor die Patientin kam, hatte MacKenzie jedes einzelne Blütenblatt sorgfältig abgewischt, um auch ja sicherzugehen, dass alles sauber war. Er vergewisserte sich, dass es der Frau gut ging, und setzte sich dann mit der Rose in der Hand vor sie hin. Nach etwa einer Minute begann sie zu niesen. Innerhalb von fünf Minuten war ihre Nase verstopft und rot. »Das beklemmende Gefühl in der Brust begann mit leichter Atemnot.« Dann rang sie zunehmend nach Luft. »Da ich das Ergebnis des Experiments für ausreichend befriedigend hielt, nahm ich die Rose weg und stellte sie in eine hintere Ecke des Zimmers«, schrieb MacKenzie. Als er der Frau dann sagte, dass die Rose gar keine echte Rose war, inspizierte sie ungläubig Blatt für Blatt, während ihr die Nase lief.

1968 bat ein Team von Psychiatern aus Brooklyn 40 Asthmatiker, an einer Studie über Luftschadstoffe teilzunehmen. Fast die Hälfte von ihnen verspürte eine Verengung der Atemwege, nachdem sie den harmlosen Dampf einer Kochsalzlösung eingeatmet hatten. Zwölf von ihnen erlitten gar einen schweren Asthma-Anfall.

Die Nocebo-Reaktion kann auch die Wirkkraft von echten Medikamenten hemmen, wie sich in einer Studie mit Migräne-

Patienten zeigte: Die Probanden bekamen Rizatriptan, ein starkes Migränemedikament, waren aber im Glauben, es handele sich um ein Placebo, woraufhin sich das tatsächlich verabreichte Rizatriptan als nur halb so wirksam erwies. Parkinson-Patienten mit implantierten Hirnschrittmachern zur besseren Koordination ihrer Bewegungsabläufe schneiden bei etwa halbstündigen motorischen Aufgaben jeweils besser oder schlechter ab, je nachdem, ob sie glauben, dass die implantierten Elektroden tatsächlich funktionieren, unabhängig davon, ob sie dies tatsächlich tun. Im Rahmen einer 2006 durchgeführten Placebo-Studie schluckte ein 26-jähriger Mann in einem offenkundigen Selbstmordversuch 29 Pillen eines passiven Scheinmedikaments, das er für ein Antidepressivum hielt. Er erlitt einen Kreislaufzusammenbruch und kam ins Krankenhaus, wo die Symptome deutlich abklangen, als er erfuhr, was er tatsächlich eingenommen hatte.

Forscher, die sich mit dem Nocebo-Effekt befassen, unterscheiden zwischen bewussten Erwartungshaltungen und anderen, schwächeren Formen der Antizipation, die weniger mit unserem bewussten Verstand zu tun haben. Eine Nocebo-Reaktion ist zumindest teilweise ansteckend. Wer als Proband im Rahmen eines Experiments sieht, wie jemand Schmerzen leidet oder in einen veränderten Zustand eintritt, wird mit sehr viel höherer Wahrscheinlichkeit genau die gleichen Symptome ausbilden, wenn er selbst an der Reihe ist. Der Nocebo-Effekt hat durchaus auch eine soziale Kraft, das heißt, er kann auf räumliche Umgebungen ausstrahlen und einige sehr spezielle, örtlich begrenzte Ausprägungen hervorbringen.

Im Jahr 2007 verlegte der Hersteller von Eltroxin, einem in Neuseeland vertriebenen Schilddrüsen-Hormonersatzpräparat, seine Produktion von Kanada nach Deutschland. Die aktiven Wirkstoffe des Medikaments blieben unverändert, aber die neuen Pillen sahen anders aus. Sie waren größer, farblich weißgrau und nicht mehr gelb. Und nachdem die Medien auch noch berichtet hatten, dass das neue Eltroxin in der Herstellung billiger war, stieg die Zahl der Meldungen über Nebenwirkungen unter Neuseeländern um das 2000-fache. Negative Erwartungshaltungen bauen sich nicht dadurch ab, dass man sie teilt.

Zwischen 1977 und 1982 starben in den USA mehr als 50 Hmong, die vorwiegend aus Laos geflüchtet waren, am sogenannten »Sudden Unexpected Nocturnal Death Syndrome«, am plötzlichen unerklärbaren nächtlichen Tod. Ihr Herz blieb mitten in der Nacht einfach stehen. Für die Gemeinschaft der Hmong galten diese Todesfälle grundsätzlich als Folge tödlicher Albträume bei nächtlichen Begegnungen mit *dab tsog*, todbringenden wilden Geistern. Die Menschen bekamen Angst, sich schlafen zu legen. »Man kann nicht anders, als sich in einer Weise zu verhalten, die geprägt ist von bestimmten Einstellungen und Denkweisen derjenigen Gesellschaft, in die man hineingeboren wurde und in der man aufgewachsen ist«, resümierte Shelley Adler, die Leiterin des Osher Center for Integrative Medicine an der University of California in San Francisco, die Hunderte von Hmong zu den Todesfällen befragte. Die Obduktion ergab, dass einige der Opfer unter krankhaften Herzrhythmusstörungen litten, die sich durch immigrationsbedingte Stressoren (Einwanderungsstress) verschärft haben könnten, aber auch durch die Angst vor einem bösen »nächtlich drückenden Geist«, dem *dab tsog*, der sich Schlafenden auf den Brustkorb setzt und sie erdrücken will.

Anfang der 2000er Jahre gab es in Schweden mehrere Hundert Fälle von Kindern aus Asylbewerber-Familien, die in einen mysteriösen apathischen Starrezustand (Stupor) verfielen. Ihre Eltern, die zumeist aus den Staaten der ehemaligen Sowjetunion stammten, brachten sie, wenn sie dann auch noch aufhörten zu essen, zu trinken und zu sprechen, in die Notaufnahme der Krankenhäuser. Zwischen 2003 und 2005 wurden 424 Fälle mit dieser neuen Symptomatik gemeldet. Gefangen in den Mühlen einer Bürokratie, die sie nicht verstanden, endlos hin- und hergeschoben zwischen Wohnungen und Schulen, noch dazu psychisch destabilisiert, suchten die Kinder die Schuld für die missliche Lage ihrer Familien offenbar bei sich selbst und »schalteten sich ab«, indem sie sich dem Leben verweigerten. Nur durch künstliche Ernährung per Magensonde und sorgsame Pflege konnten diese Kinder am Leben gehalten werden. Doch die rapide Verschlechterung ihres Zustands und das komplexe, lebensbedrohliche Geflecht der Traumata, das sie gefangen hielt, stellten Ärzte und Psychiater vor ein Rätsel.

Das sogenannte »Resignationssyndrom« – auch als *uppgivenhetssyndrom* bekannt – sorgte in Schweden für große Betroffenheit und hitzige Debatten. Skeptiker, die die vergleichsweise liberale Einwanderungspolitik ihres Landes ohnehin kritisch betrachteten, vermuteten, dass die Eltern ihre Kinder für ihre eigenen Zwecke instrumentalisierten oder gar dazu missbrauchten, diesen schlimmen Zustand zu simulieren, um eine Aufenthaltsgenehmigung zu erwirken.

Ärzte, Kinderpsychologen und Gesundheitspersonal verwiesen indes auf den existenziellen Stress, verursacht durch eine Kindheit in einem permanenten Zustand der Hilflosigkeit und Hoffnungslosigkeit (der Asylantrag der meisten betroffenen Familien war mehrfach abgelehnt worden) sowie durch intergenerationelle psychische Schäden, die diese Kinder davontragen.

Die Folge war ein Nocebo-Effekt, eine negative gesundheitliche Auswirkung. Die Kinder erwarteten nichts und wurden zu einem »Nichts«. Man nennt sie auch Dornröschen-Kinder, denn ihr katatonischer Zustand erinnert an das schlafende Dornröschen aus dem gleichnamigen Märchen. Sie wirken oft präpubertär, wie aufkeimendes Leben, jedoch eingefroren in der Zeit. Göran Bodegård, Kinderpsychiater in Stockholm, beschrieb 2005 fünf Fälle dieses Syndroms. Was ihm auffiel, war die erdrückende Verzweiflung der Mütter, die der festen Überzeugung waren, dass ihre Kinder im Sterben lagen. »Dieser Zustand der *Mater dolorosa,* der ›schmerzensreichen Mutter‹, führte zu einer Atmosphäre von *pietà,* von ›frömmigem Mitleid‹, die das Krankenzimmer mit einer schweren, klaustrophobischen Aura erfüllte, die jeden umfing, der hereinkam«, schrieb Bodegård. »Man bewegte sich auf leisen Sohlen, flüsterte, sprach das Kind nicht direkt an, dessen Präsenz kaum spürbar war, so apathisch wie es im Bett lag, zugedeckt mit einem Laken oder einer Decke.«

Im Jahr 2014 erkannte die schwedische Nationale Behörde für Gesundheit und Wohlfahrt das Resignationssyndrom offiziell als eigenständige Erkrankung an und empfahl, dass »eine permanente Aufenthaltsgenehmigung als die bei Weitem wirksamste ›Behandlung‹ angesehen wird«. Kaum war diese Genehmigung erteilt, verbesserte sich der Zustand der Kinder langsam, in der Regel innerhalb von sechs Monaten oder einem Jahr. Doch immer noch erkrankten Kinder. Zwischen 2014 und 2019 wurden weitere 414 Fälle gemeldet.

Karl Sallin, Kinderarzt am Karolinska-Universitätskrankenhaus in Stockholm, wuchs in einer konservativen Familie auf, die das Bestehen psychischer Erkrankungen grundsätzlich stark bezweifelte. Vor etwa zehn Jahren begann er sich zu fragen, warum das *uppgivenhetssyndrom* nur in Schweden beschrieben und nur dort behandelt wurde, wo Betroffene doch aus allen Teilen der Welt kamen und ihre massiv traumatisierenden Erlebnisse keineswegs nur nach Skandinavien mitnahmen. Alle gängigen und rivalisierenden Versuche, das Phänomen irgendwie erklären zu wollen – ob mit simulierenden Geflüchteten oder einer völlig neuen, komplexen Krankheit –, fand er auf die eine oder andere Weise äußerst unbefriedigend. Sallin suchte das Gespräch mit Kollegen, mit Ärzten und Psychiatern, und er besuchte die Familien in ihren stillen Krankenzimmern am Bett ihrer apathisch reglosen Kinder. Manchmal hatte er dabei das Gefühl, mit etwas in Kontakt zu kommen, das viel größer war als er selbst.

Im Jahr 2016 schrieb Sallin einen Aufsatz, in dem er das Resignationssyndrom als »kulturgebunden« bezeichnete, ein Begriff, der in den 60er Jahren aufkam, um Formen von psychotischen Störungen zu beschreiben, die vornehmlich sozial bedingt sind, beseelt von gemeinsamen Werten und Vorstellungen. Sie haben also keine körperliche Ursache und rühren auch nicht von einem Geisteszustand des Einzelnen her. Das Resignationssyndrom, so Sallin, sei ein Gemeinschaftswerk aller Beteiligten, das, was Psychologen mitunter als »idioms of distress« bezeichnen, als kulturspezifische Ausdrucksweise von Leiden, die für jene Gesellschaften charakteristisch sind, in denen sie entstehen (Anm. d. Übers.).

Im 19. Jahrhundert und in der ersten Hälfte des 20. Jahrhunderts erkannten und behandelten Ärzte das sogenannte »Kompensationssyndrom« mit Symptomen, die typischerweise im Zusammenhang mit Rechtsstreitigkeiten oder Schadensersatzklagen auftraten, (auch als *railway spine*, »Rückenmarkserschütterung«, und *profit neurosis*, »Profitneurose«, bezeichnet) und die sich nach einer Urteilsverkündung nicht immer auflösten. Sallin theorisierte des Weiteren, dass das Resignationssyndrom in Schweden durch das Modell des prädiktiven Gehirns verstanden werden könnte: Danach hatten die Kinder derart geringe und zersplitterte Erwartungen an die Zukunft, derart starke Priorisierungen, geprägt durch ihr Leben und die zerrüttete Existenz ihrer Eltern und ihre früheren Erlebnisse, dass ihr Geist und ihr Körper in eine Art Rückkopplungsschleife der Verzweiflung gerieten. Das wurde von wohlmeinenden Gesundheitsfachkräften dann unabsichtlich bestätigt, in der Überzeugung, der einzige Weg zur Heilung der Kinder führe über einen positiven Asylbescheid für deren Familien.

»Tatsächlich schüren wir verschiedene Arten von Krankheiten, indem wir sie mit bestimmten Mitteln kurieren«, sagte Sallin. »Macht man die Aufenthaltsgenehmigung zu einem

Allheilmittel, so wird es die Erkrankung erst recht hervorrufen, und so weiter und so fort.« Sallin zufolge sind gemeinsam benutzte Fixierungen, die zwischen machtvollen Figuren wie Psychiatern und vulnerablen Gruppen wie katatonischen, leblos wirkenden Kindern mitsamt ihren aufgelösten Eltern hergestellt werden können, nicht nur besorgniserregend, sondern auch unausweichlich.

Manchmal musste Sallin an Henrik Ibsens Schauspiel »Die Wildente« denken, in dem der Protagonist des Stücks, ein törichter Idealist namens Gregers Werle, eine psychisch labile Familie ihrer Illusionen beraubt, um jedem Einzelnen die Augen zu öffnen und ihn die Wahrheit über seine Situation erkennen zu lassen. Gregers' Mission endet auf unerträgliche Weise. Ibsen nennt die fiktive Version der Realität, die sich jeder von uns zusammenstrickt, immerzu, *livslögnen* – »Lebenslügen«. Können wir überhaupt leben ohne all die Bedeutsamkeiten, die wir uns selbst erdichten? »Wir alle tragen Lügen in uns, die wir nicht abschütteln können«, sagt Sallin. »Der Gedanke an dieses Stück lässt mich schaudern.«

*

Am 7. Februar 1968, zwei Monate nach dem Zugunglück von Hither Green, hatte Miss Middleton eine Vision von Barker. Auf der einen Seite des Traumbildes waren Kopf und Schultern des Arztes zu sehen: das Haar inzwischen schütter, die Koteletten leicht verwuschelt und grau, die Augen unverändert hellbraun. Auf der anderen Seite warteten die Eltern von Miss Middleton, Henry und Annie. Zwischen beiden Bildern verlief ein Weg. Kurz blitzten ein Junge und ein Mädchen auf. Dieses Bild begleitete sie eine Woche lang. Miss Middletons Eltern waren schon fünf Jahre tot. In ihren Träumen kamen sie oft vor, oder sie erschienen ihr auf andere Weise, doch immer assoziierte sie ihr Auftreten mit drohendem Unheil. »Ich wollte niemanden beunruhigen [...] ich hatte nur das Gefühl, dass meine Eltern mir etwas zu sagen versuchten«, schrieb Miss Middleton später in ihren Memoiren. »Und irgendwie brachte ich dieses Bild mit [Dr. Barker], dem Arzt, in Verbindung.«

Gegen Ende des Monats erschien Barkers Buch *Scared to Death*. Darin beschreibt der Psychiater die Fälle von 42 Menschen (28 Männern und 14 Frauen), die in unterschiedlichen Situationen ihrer Angst erlegen zu sein schienen und »zu Tode erschrocken« starben. Das breite Spektrum reichte dabei vom angstvollen Glauben an einen machtvollen Fernzauber über einen bloßen (emotionalen) Schock bis hin zu einem sich langsam aufbauenden Gefühl der Hilf- und Hoffnungslosigkeit. Für seine Studien zog Barker etliche Beispiele heran: Fälle aus Konzentrationslagern im Zweiten Weltkrieg, den (oben beschriebenen) Fall im kanadischen Labrador von 1965, Berichte von Ärzten in den britischen Kolonialgebieten südlich der Sahara, Krankengeschichten von Patienten aus der näheren Umgebung – darunter der Fall des Direktors einer Kunstschule, der nach einer erfolgreichen Glaukom-Operation plötzlich verstarb, weil er der festen Überzeugung war, sein Augenlicht verloren zu haben, sowie der eines 78-jährigen Geschäftsmanns, dessen Hausarzt ihn absichtlich nicht darüber aufgeklärt hatte, dass der kleine Knoten auf seiner Zunge bösartig war, und der dann, nachdem ein anderer Arzt ihm die Diagnose eröffnet hatte, wenige Tage später verstarb.

Barker schrieb für ein Massenpublikum, präsentierte sich als knallharter Rechercheur. »Ich habe nicht eingesehen, warum wir es damit bewenden lassen sollten«, schreibt er zum Fall in Labrador. Er erläutert die Rattenexperimente von Cannon und Richter und entwickelt seine eigene Theorie darüber, warum manche Todesahnungen wahr werden und andere nicht. »Man muss hier immer beides betrachten, Saat und Boden«, schreibt er abschließend. Die machtvolle Kraft der Vorahnung führt Barker auf das mit ihr verbundene »Gefühl der Unvermeidbarkeit« zurück, auf den Charakter der sie empfangenden Person, sowie auch darauf, inwieweit sie mit unseren eigenen tief verwurzelten Vorstellungen über Krankheit und Tod zusammenwirkt.

Das Buch legte auch pikantere Dinge offen. Trotz Warnungen von allen Seiten – von Dr. Littlejohn, den Vertretern der Regionalleitung des NHS sowie einem zweiten Anwalt, mit dem Barker sich ein paar Monate vor der Veröffentlichung in Verbindung gesetzt hatte – gab er die Genehmigung zur Publikation von *Scared to Death* unter seinem Namen und mit einer schaurig-verzerrten Schrift auf dem Buchcover. An einigen Stellen des Buches weicht Barker von seinem Hauptthema ab, um seine Recherchen zu Aberfan einzuflechten und dann nach einer seitenlangen Abhandlung über die ethischen Aspekte der Prophetie und Geschichten über Vorahnungen auf das Büro für Vorahnungen zu kommen, ohne sein eigenes Engagement dafür darzulegen. Was er jedoch nicht verhehlte, war seine persönliche Faszination und sein Gespür für das Okkulte. »So sehr es mir missfallen mag«, schreibt er in der Einleitung, »muss ich doch zugeben, dass anscheinend auch ich empfänglich bin für Vorahnungen; sie sind meist unspezifisch und vage, nichtsdestominder aber beunruhigend und stets gefolgt von irgendeinem Unfall oder irgendeiner Katastrophe.« Im Kapitel über Aberfan hinterfragt Barker den gleichförmigen Ablauf der Zeit: »Wenn wir die hier angeführten Fälle als Beweis für Vorahnungen gelten lassen, gelangen wir unweigerlich zu dem Schluss, dass die Zukunft existiert, und zwar hier und jetzt – im gegenwärtigen Moment.«

Scared to Death endet mit dem recht klaren Appell, einen kleinen Teil der weltweiten Rüstungsausgaben in Grundlagenforschungen auf diesem Gebiet abzuleiten. »Wenn wir mehr über die Natur, die Zeit und das Leben an sich wissen, werden wir beginnen, die großen Mysterien des Todes und das, was uns danach erwartet, zu ergründen«, schrieb Barker. »Vor allem aber ist es dringend nötig, die Angst zu verbannen – die Angst vor dem Unbekannten.«

Anfang 1968 fand sich Barker in einem innerlichen Zwiespalt, hin- und hergerissen zwischen der Sicherheit und Trägheit des Shelton Hospital und all den Fragen, die ins Grenzenlose gingen. Shelton, das war ein Ort, der ihm vertraut war, der ihn aber auch überaus langweilte. Knapp fünf Jahre waren vergangen, seit er mit Jane hierher nach Shropshire gekommen war. Mittlerweile war er stellvertretender Klinikleiter von Shelton mit entsprechend größerer Verantwortung. Doch sein Verhältnis zu Littlejohn war nach wie vor problematisch. Littlejohn war Vorstand des Medizinischen Klinikbeirats am Shelton

Abb. 22: Familienleben in Barnfield.

Hospital und vertrat den Klinikleiter auf Verwaltungssitzungen, wo alle möglichen Themen wie der Austausch von Heizkesseln, die Lohnfortzahlung für den Schuhmacher oder die Auswechslung der für veraltet befundenen Haarwickelmaschine diskutiert wurden. Barker konnte seine schulmedizinischen Forschungsarbeiten am Shelton Hospital vorantreiben, was in gewisser Hinsicht ebenfalls eine Neuerung darstellte, aber es blieb ein ständiger Kampf. Monatelang setzte sich der Psychiater dafür ein, die Hawthorne-Station, eine verwaiste Isolierstation, auf der einst Tuberkulosepatienten untergebracht waren, als eigenen Trakt für seine Forschungen zur Aversionstherapie nutzen zu dürfen. Ohne Erfolg. In seiner Not entschied Barker schließlich über Dr. Littlejohns Kopf hinweg, direkt an den Klinikvorstand zu schreiben und dessen Genehmigung einzuholen. An einem kalten Februartag wurde eben dieses Schreiben zum Gegenstand einer langen, lähmenden Diskussion unter Sheltons Führungskräften (man stieß sich sehr an seinem eigenmächtigen Vorgehen) und ging dann direkt dazu über, die potenzielle Infektionsgefahr durch alte Waschbecken und Toiletten zu diskutieren. Die kleinkarierte Politik dieses Ortes war zum Verrücktwerden.

Außerhalb des Krankenhauses verlief Barkers Leben in stabilen und glücklichen Bahnen, wie gehabt. Im Frühjahr zuvor hatte seine Frau Jane das vierte gemeinsame Kind geboren, Simon. Es erfüllte ihn mit Freude zu sehen, wie prächtig sich der Kleine entwickelte, wie er langsam sitzen und laufen lernte. Und überhaupt ging es lebhaft zu im Hause Barker und an schönen Tagen auch im Garten, wo etliche Dreiräder, ein ausrangierter Kinderwagen und ein Schaukelpferd auf der Veranda für jede Menge Spiel und Spaß sorgten, die Kinder kopfüber am Klettergerüst hingen oder über den Tennisplatz tollten. Der achtjährige Nigel zeigte eine besondere Begeisterung für alles Technische. Mit seinem Vater stieg er gerne den nahen Hügel gegenüber der kleinen Ortschaft Yockleton hinauf, wo die Bahnschienen verliefen, um den Cambrian Coast Express zu sehen, einen täglich verkehrenden Dampfzug, der auf seinem Weg nach Aberystwyth an der Irischen See hier vorbeidonnerte.

Auch finanziell ging es der Familie gut. Jane hatte ihr eigenes Auto, einen Mini Clubman, den die Kinder gerne als Spielplatz nutzten, sich in den Kofferraum quetschten und dort herumpurzelten. Beinahe jeden Morgen setzte Barker seinen Sohn Nigel an der Privatschule in Shrewsbury ab, bevor er dann weiter ins Krankenhaus fuhr, um seinen Arbeitstag zu beginnen.

Barker und Jane trugen sich mit dem Gedanken, Barnfield, das sie seit 1963 angemietet hatten, aufzugeben und stattdessen ein Haus zu kaufen, um sich dauerhaft in der Gegend niederzulassen. Ihre Wahl fiel auf ein renovierungsbedürftiges Haus namens »Bowbells«, das in einer ruhigen Seitenstraße ganz in der Nähe des Krankenhauses lag, unweit der Stadt. Sie engagierten einen Architekten und verbrachten die Wochenenden damit, Möbel für das neue Heim der Familie auszusuchen.

Doch irgendetwas schwelte in Barker. Er war jetzt 43. Er saß in einem Provinznest fest, wohnte gerichtsmedizinischen Untersuchungen bei, um Fälle von alten Damen aufzuklären, die aus der Badewanne gefallen waren. Er verfluchte die »Kleingeister«. Er mühte sich, eine gewisse Bekanntheit zu erlangen und trat dem ein oder anderen auch schon mal auf den Schlips, wenn er Fragen beantwortet haben wollte, die er für wichtig hielt oder Themen nachging, die seiner Meinung nach zu Unrecht als unseriös für weitere Forschungen eingestuft worden waren. Sein Artikel über das Premonitions Bureau im Fachblatt *Medical News* im Jahr zuvor hatte eine Flut von Leserbriefen ausgelöst. Viele beschwerten sich, das Projekt sei unwissenschaftlich und einseitig tendenziös verzerrt. »Eine verquere Terminologie für eine Reihe willkürlicher Vermutungen zu erfinden und zu versuchen, in unangemessener Weise, mit undefinierten und undefinierbaren Inhalten zu argumentieren, ist infam«, schrieb einer der Leser. Ein anderer warf ihm vor, völlig aus der Mode zu sein. Barker ließ diese Briefe nicht unbeachtet, sondern beantwortete sie ganz ruhig und gelassen in der Ausgabe der Folgewoche. »Bestehende wissenschaftliche Theorien müssen transformiert oder verworfen werden, wenn sie nicht alle Fakten erklären können«, schrieb er. »Und auch wenn es vielen nicht schmeckt, aber diese Haltung ist für den wissenschaftlichen Fortschritt unerlässlich.«

Sollte er je die Wahl gehabt haben, sich mit einer sicheren Stelle einen Ruf als Psychiater aufzubauen oder aber als Forscher den Beweis zu versuchen, dass der menschliche Geist die Zeit zu transzendieren vermag (so dass man eines Tages aufgrund ausreichend vieler Zahlen und Daten verhindern könnte, dass Flugzeuge vom Himmel fallen), so hat er diese Wahl nie getroffen. Sich für das eine und/oder gegen das andere zu entscheiden, war schlicht unvereinbar mit seinem Verständnis von Psychiatrie.

Am 22. Februar 1968, dem Tag vor Erscheinen von *Scared to Death,* reiste Barker nach Birmingham, wo er der BBC ein Interview für die Abendnachrichten gab. Daheim in Barnfield scharte sich seine Familie im Wohnzimmer um den Fernseher, um ihn zu sehen. In Dagenham saß auch Hencher zufällig vor dem Bildschirm und hörte den Psychiater von »tödlicher Angst« sprechen. Die beiden hatten sich einen Monat zuvor auf einer Reise nach London persönlich kennengelernt, und der Perzipient hatte seine Warnung wiederholt: »Ich denke, Sie werden Probleme bekommen.« Hencher war sicher, wie bereits im April des Jahres, dass Barker in seinem Haus in Yockleton sterben würde. Und nun, wo er ihn im Fernsehen sah, befiel ihn das gleiche dunkle Gefühl erneut. Barker hatte es sich angewöhnt, vor jeder Reise bei Hencher per Brief oder Telefon anzufragen, ob denn alles gut verlaufen werde – um dann ungeachtet der Antwort weiterzumachen wie gehabt.

Einen Tag nach Birmingham fuhr er in die britische Hauptstadt und gab dort weitere Interviews. Pünktlich zum Erscheinungstermin von *Scared to Death* berichteten die Tageszeitungen *Daily Express, Daily Sketch* und *Birmingham Evening Mail* darüber. Am Abend desselben Tages trat Barker erneut im Fernsehen auf. In Aberfan, so verkündete er diesmal, hätten viele Menschenleben gerettet werden können, wenn es ein gut funktionierendes Büro für Vorahnungen gegeben hätte. »Trotz des Klimas in der öffentlichen Meinung, irgendjemand hätte die Katastrophe möglicherweise abwenden können, wenn es eine zentrale Anlaufstelle zur Meldung von Vorahnungen gegeben hätte«, sagte er. Tags darauf, es war ein Freitag, ging es in seiner Kolumne »World of Science« im *Evening Standard* um eine Idee, die Barker auch in seinem Buch vorgestellt hatte: Hellseher in psychiatrische Anstalten einzuladen, um mit ihnen über ihre Intuitionen zu Psychiatriepatienten zu sprechen.

Am Nachmittag zeichnete Fairley ein weiteres Interview mit Barker für *New Worlds* auf, eine Wissenschaftssendung, die Fairley auf *BBC Radio 4* moderierte. Anschließend ging es für Barker weiter in die Elstree Studios in Hertfordshire, wo er für 50 britische Pfund bei *Follow Through,* dem Spätabendprogramm des Senders *Associated Television,* sein Buch vorstellte. *Scared to Death* wurde präsentiert als wissenschaftliche Studie mit Themen und Fallbeispielen, die nahe genug am täglichen Leben und Familienleben waren, um potenzielle Leser dafür zu begeistern. Für Journalisten war Barker der ideale Protagonist – ein »herausragender Psychiater«, ein »Facharzt«, ein »angesehener Arzt«, der ungewöhnliche Behauptungen aufstellte und nur in die Schlagzeilen wollte. Die halbe Woche verbrachte er vor Mikrofonen im grellen Scheinwerferlicht. Es war beglückend und kräftezehrend zugleich und genau das, wovon man ihm von allen Seiten abgeraten hatte.

*

Barkers Fernsehauftritt bei *Follow Through* wurde am Samstag um 23:45 Uhr ausgestrahlt. 24 Stunden später wachte eine Frau in ihrem weiß gestrichenen, schmiedeeisernen Klinikbett im ersten Stock des Shelton Hospital auf und nahm Brandgeruch wahr. Patientin 18, wie sie später genannt wurde, war seit 1961 etliche Male ins Shelton Hospital eingeliefert worden. Drei Wochen zuvor war sie in einem »leicht verwirrten Zustand« auf die Beech-Station verlegt worden, auf der hochgradig erregte Patientinnen wohnten. Inzwischen galt sie aber wieder als stabil und war auf dem Weg der Besserung. Auf der Beech-Station, die in einem hinteren L-förmigen Teil der Klinik lag, mit Blick auf eine weite Rasenfläche und den Küchengarten, waren 42 Frauen untergebracht. Die Station hatte ihre eigene Küche, eigene Toiletten, ärztliche Praxen, einen Aufenthaltsraum mit bequemen Stühlen und einem Fernseher, einen Speisesaal sowie etliche Kaminöfen. Es gab drei Notausgänge, die alle jeweils mit einem Riegelschloss versehen waren, das nur von Pflegerinnen mit dem entsprechenden Personalschlüssel geöffnet werden konnte und sich automatisch wieder schloss.

Tagsüber waren fünf bis sechs Krankenschwestern auf der Beech-Station, nachts aber nur eine, meist war es Kathleen

Griffiths, eine Krankenschwester in den Vierzigern, die seit 22 Jahren im Shelton arbeitete. Daneben gab es noch eine Schwesternhilfe, die ihre zwölfstündige Nachtschicht zwischen der Beech-Station und der Chestnut-Station ein Stockwerk tiefer aufteilte. An jenem Sonntagabend, gegen 22:00 Uhr, gingen die letzten Patientinnen nach einem Fernsehabend im Aufenthaltsraum zu Bett. Eine von ihnen hatte ihren Zigarettenstummel mit den Fingern ausgedrückt und in Richtung Kamin geworfen, wie sie sich später erinnerte. Griffiths hatte den Fernseher danach ausgeschaltet. Kurz darauf gingen der Jungassistent Dr. Joseph Varghese und die Nachtschwester durch den Raum.

Gegen 23:00 Uhr tranken Griffiths und die diensthabende Schwesternhilfe Joyce Lloyd eine Tasse Tee vor dem langsam verglimmenden Kaminfeuer, vom Aufenthaltsraum aus gesehen am anderen Ende der Station. Draußen war es frostig kalt, doch es war erlaubt, die Kaminfeuer ab dem frühen Abend langsam ausgehen zu lassen. Die Patientinnen, von denen viele sediert waren, schliefen. Auf der Beech-Station gab es zwei Schlafsäle, verbunden durch einen etwa 25 Meter langen Korridor, an dem entlang ebenfalls Betten standen. Am hinteren Ende des Korridors gab es zusätzlich sechs abschließbare Zellen mit stallungsähnlichen Türen, die für Patientinnen mit wahnhaften Störungen vorgesehen waren. Dieser Stationstrakt war 1856 erbaut worden.

Eine der Patientinnen hatte darum gebeten, das vergitterte Oberfenster auf Kipp zu stellen, damit Luft hereinkam. Patientin 18 schlief in einem Bett an der Südwand, nicht weit weg von einem Feuermelder, Hydranten und Schlauch. Als sie aufwachte, war die Beech-Station nur erhellt von den gedämpften Nachtlichtern, mit deren Hilfe die Krankenschwestern ihre Arbeiten auch bei Nacht verrichten konnten. Hätte sie nach oben geschaut, hätte sie vielleicht den Rauch gesehen, der von der Decke her nach unten zog und deren bitterer, teeriger Geruch sie wohl geweckt haben musste. Patientin 18 stand auf und ging zum Notausgang, der zur Feuerleiter führte. Die Tür war verschlossen. Patientin 18 sah sich um. Von Schwester Griffith oder sonst jemandem vom Nachtdienst war nirgendwo etwas zu sehen. Sie ging den Korridor entlang, wo der Qualm dicker war, und bemerkte, dass die Tür zum Treppenhaus offenstand. Sie ging ein Stockwerk nach unten, wo Griffiths mit zwei anderen Schwestern zusammenstand, und erzählte ihnen vom Qualm. Seit 1946 hatte es im Shelton Hospital keine Brandschutzausbildung für Krankenschwestern mehr gegeben, was bedeutete, dass Griffiths in ihrer gesamten Dienstzeit am Hospital nie eine entsprechende Übung durchlaufen hatte. Die 1962 installierte Brandmeldeanlage wurde täglich zur Mittagszeit geprüft. Jeden Mittag schallten dann drei große Glocken und eine Sirene vom Dach des Krankenhauses laut über das Gelände. Aber von der Nachtschicht wusste niemand so genau, wie der Alarm auszulösen war. Einige Jahre zuvor hatte Griffiths einen kleineren Brand auf der Beech-Station entdeckt und einen brennenden Stuhl im Küchenwaschbecken gelöscht. Jetzt wies sie Patientin 18 an, sich wieder schlafen zu legen, und schickte ihre jüngere Kollegin, Schwesternhelferin Lloyd mit, um nachzusehen, was oben los war. Als die beiden Frauen die Tür zur Beech-Station erreichten, war der Qualm undurchdringlich. Lloyd sah Feuer. »Das Haus stand in Flammen«, sagte sie später.

Als Lloyd ihr berichtete, geriet Griffiths in Panik. Anstatt direkt auf ihre Station zu eilen oder den Alarm auszulösen, lief sie ans andere Ende der Chestnut-Station, um über ein zweites Treppenhaus von der anderen Seite auf die Beech-Station zu kommen. Auf ihrem Weg dorthin kam sie an drei Feuermeldern vorbei, betätigte aber keinen einzigen. Auf der Beech-Station angekommen, war eine jüngere Kollegin namens Brenda Cox von der Larch-Station bereits dabei, einen Wasserschlauch abzurollen.

Shelton verfügte in der Brandnacht über 260 funktionierende Telefone. Hätte irgendwer den Notruf gewählt, hätte ein spezielles rotes Alarmtelefon im Büro des Nachtpförtners geklingelt. Die meisten Stationstelefone waren zudem mit einem Notrufknopf versehen, der allerdings etwas kompliziert zu bedienen war: Drückte man ihn und hob gleichzeitig den Hörer ab, wie man es normalerweise automatisch tun würde, ertönte das Besetztzeichen, und man kam nicht durch. Drei Krankenschwestern hatten auf diese Weise vergeblich versucht, den Brand zu melden. Der Pförtner hätte die Leitungen freimachen können, wenn er auf die 1 gedrückt und damit den automatischen Rückruf aktiviert hätte. Aber das tat er nicht. Minuten vergingen. Das Feuer wuchs. Rauch und Qualm breiteten sich aus. Schließlich schlug Krankenpflegerin Scott von der Chestnut-Station die Scheibe an einem der Feuermelder ein, woraufhin ein kleiner Metallknopf vorsprang. Sie drückte ihn. Und auch das war ein Fehler. Durch das Vorspringen des Metallknopfs war der Alarm bereits ausgelöst worden, das erneute Drücken beendete ihn wieder.

Inzwischen war es Mitternacht. Bereits seit acht Minuten

wussten die Krankenschwestern vom Brand auf der Beech-Station, doch erst jetzt erfuhr der Pförtner davon. Nach den Vorschriften des Krankenhauses aber war er nicht befugt, eigenmächtig die Feuerwehr zu rufen. Er war zunächst verpflichtet, den stellvertretenden Brandschutzleiter von Shelton zu informieren, doch der war zu Hause und schlief.

Die ersten Feuerwehrleute trafen um 13 Minuten nach Mitternacht auf der Grasfläche unterhalb der Beech-Station ein. Nach Angaben des Gerichtsmediziners waren die meisten Frauen innerhalb von sechs Minuten an einer Kohlenmonoxidvergiftung gestorben, während der Rauch ihre Betten umfing. Einem Pflegeschüler namens Dennis Lewis war es gelungen, schon vor Eintreffen der Feuerwehr mehrere Patientinnen zu retten. Er war auf dem Boden der Station entlanggerobbt, wo man noch einigermaßen Luft bekam, und hatte schlafende Körper aus ihren Betten gezerrt. Auch ein Polizist rettete fünf Frauen, indem er ein Baugerüst hinaufstieg und sie durch ein Schlafsaalfenster zog. Als die Feuerwehrleute mit Atemschutzgeräten schließlich die Türen der abgeschlossenen Zellen aufbrachen, fanden sie fünf von sechs Patientinnen lebend vor. Allein die Frau, die darum gebeten hatte, das vergitterte Oberfenster auf Kipp zu stellen, war tot. Zudem starben die acht Frauen, die vor den Schlafsälen auf dem Gang geschlafen hatten. Eine Krankenschwester, die die Station einige Wochen später besuchte, entdeckte die Umrisse zusammengekauerter Gestalten, die in die Fliesen eingebrannt waren.

Gegen zwei Uhr morgens war das Feuer unter Kontrolle. Das Krankenhaus richtete eine provisorische Leichenhalle ein. 24 Frauen hatten ihr Leben verloren. Es war der schlimmste

Brand in einem britischen Krankenhaus seit 1903, als es ebenfalls in einer psychiatrischen Anstalt aus viktorianischer Zeit gebrannt hatte. Aus allen Stationen des Gebäudes wurden mehr als 100 Patienten evakuiert. In der Haupthalle des Hospitals errichteten Krankenschwestern ein Bettennotlager und stellten all jene ruhig, die desorientiert herumirrten und die Rettungsarbeiten behinderten. Arthur Morris, der Chefpfleger im Shelton Hospital, wurde von der Polizei zu Hause abgeholt und zum Dienst beordert. Als ein Feuerwehrmann die Leiche von Patientin 27, wie man sie später nannte, abtransportierte, fiel ein Brief aus ihrem Bettzeug. Er war an ihren Vater adressiert und endete mit den Worten: »Ich hoffe, all die Krankenschwestern und Pfleger gehen in lodernden Flammen auf, Dad.«

Die Gerüchteküche brodelte. Mehrere Patienten behaupteten, das Feuer gelegt zu haben. So auch Patientin 23, die schwor, die Brandstifterin zu sein. Sie litt an chronischer Schizophrenie, war seit 29 Jahren im Shelton Hospital und schlief am oberen Ende der Treppe, die zur Chestnut-Station führte. »Ich habe das Wachs geholt«, sagte Patientin 23 und behauptete felsenfest, sich ein sieben Pfund schweres Marmeladenglas voll mit Möbelpolitur aus einem Lagerschrank geschnappt und es in Brand gesteckt zu haben. Sie grinste, als sie davon erzählte. Eine Krankenschwester hatte sie befragt und glaubte ihr. Sie war eine Patientin von David Enoch. Bei der öffentlichen Untersuchung noch im selben Jahr sagte Enoch aus, dass Patientin 23 an Echolalie leide, ein nach der griechischen Nymphe Echo benanntes Syndrom. Im Mythos strafte die griechische Göttin Hera die Nymphe Echo mit einem Fluch,

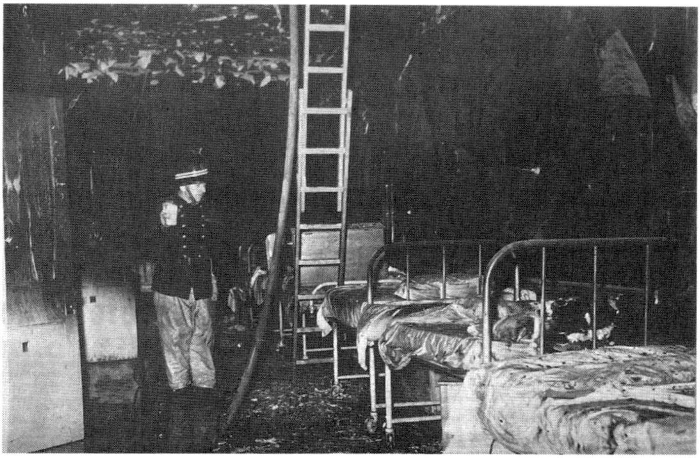

Abb. 23: Brand im Shelton Hospital.

der darin bestand, dass sie fortan nur noch nachreden konnte, was sie jemanden vorsagen hörte. So wohl auch Patientin 23.

Buchstäblich über Nacht wurde das Shelton Hospital zum Symbol für alles, was hinter den Mauern der rückschrittlichen Psychiatrien in Großbritannien falsch lief. Die Zeitungen waren voll mit Fotos von Feuerwehrleuten neben ausgebrannten, ineinander verkeilten Betten. Die gesamte südliche Fassade des alten Gemäuers war kohlschwarz. Der für Shrewsbury zuständige konservative Abgeordnete im Unterhaus, ein ehemaliger Jagdflieger namens Sir John Langford-Holt, machte am Nachmittag des Tages auf das historische Alter des Gebäudes aufmerksam. »Dieses Krankenhaus wurde 14 Jahre vor dem großen Indischen Aufstand von 1857 erbaut«, sagte er, »und genau darin liegt wohl der Kern des Problems.« In Presseberichten über die Brandkatastrophe war von den verschlossenen Türen auf der Beech-Station zu lesen, was die Frage aufwarf, ob die Patientinnen dort sich selbst überlassen gewesen waren. Das Shelton Hospital hätte längst abgerissen gehört, erklärte die Prominenz von Shrewsbury gegenüber der Presse. Lewis Motley, ehemaliger Vorsitzender des Verwaltungsrats am Shelton Hospital, beschrieb den Ort als eine Schlangengrube. »Der penetrante Geruch schlug einem schon von Weitem entgegen«, sagte er.

»Ein antikes Monument« lautete die Schlagzeile in der Lokalzeitung *Shropshire Star*. »Wie das erschöpfte, schikanierte und überarbeitete medizinische und pflegerische Personal überhaupt in der Lage sein soll, jemanden in einer solchen Umgebung gesund zu pflegen, war uns schon immer schleierhaft«, hieß es in einem Leitartikel. »Das Shelton Mental Hospital sieht immer noch aus wie eine der Verwahranstalten aus vergangener Zeit und wird von vielen in der Gegend auch als eine solche angesehen.«

Als leitender Arzt des Shelton Hospital empfand Barker ein tiefes Gefühl der Scham. Zwei Tage nach der Katastrophe schrieb er an Barbara Robb, die Autorin von *Sans Everything*, und drängte sie, das von ihm gesammelte Material über die stationäre, alternde Bewohnerschaft des Hospitals zu nutzen, und bot an, ihr weitere vertrauliche Informationen zukommen zu lassen. Seine Recherchen, schrieb er, »erhalten im Lichte der Tragödie, die sich an diesem Wochenende im Hospital ereignet hat, eine neue und dringliche Bedeutung«. Viele der Opfer, so hob er hervor, seien ältere, chronisch kranke Patienten gewesen. »Ich muss gestehen, dass mir geschlossene Stationen und verriegelte Türen ein Dorn im Auge sind«, schrieb Barker. »Sie sind ein Anachronismus geradezu.«

Am 8. März, zwölf Tage nach der Katastrophe, erschien im *Nursing Mirror* ein Artikel von Barker und seiner Kollegin Mabel Miller, der einen Überblick über die aktuelle Datenlage gab und ein Foto der Beech-Station zeigte, völlig ausgebrannt, die Decke rußschwarz und blasig vom Feuer. Die Studie der beiden Ärzte, so hieß es seitens der Redaktion, zeige »Zustände, wie sie bedauerlicherweise typisch für viele solcher Anstalten in diesem Land sind«.

Barker hatte den Artikel bereits vor der Brandkatastrophe eingereicht, doch nun, mit seiner Veröffentlichung, machte er sich bei den traumatisierten Mitarbeitern des Hospitals äußerst unbeliebt. Die monatlich stattfindende Sitzung der Klinikleitung wurde vertagt, damit alle Gelegenheit hatten, den Artikel zu lesen und das ganze Ausmaß von Barkers deplatzierter Ungehörigkeit zu verdauen. Littlejohn rief die Pflegekräfte zusammen, die sich durch den Artikel am allermeisten geschmäht fühlten, damit sie ihrem Zorn im Beisein von Barker Luft machen konnten. Barker bat darum, das Treffen auf Band aufzunehmen. Littlejohn weigerte sich. »Die Kritiker setzen uns gerade schwer zu«, schrieb Barker an Robb.

Seine eigene Position im Shelton Hospital schien zwar gesichert, aber er war überzeugt, dass Littlejohn und andere Mitglieder der Krankenhaushierarchie versuchen würden, ihm das Leben so schwer wie möglich zu machen. *Scared to Death* sollte noch im Frühjahr in den USA erscheinen, und Barker plante eine Vortragsreise, um sein Buch ebenso wie seine Forschungen zur Aversionstherapie und das Büro für Vorahnungen vorzustellen. Mabel Miller sollte ihn eigentlich begleiten, doch ihr zu diesem Zweck eingereichter Antrag auf eine Dienstreise zu

Forschungszwecken wurde von der Klinikleitung abgelehnt. Miller hakte nach und wollte den Grund dafür erfahren. Er könne es ihr nicht sagen, erwiderte der Krankenhaussekretär.

Barker war stocksauer. Er wollte nicht zugeben, dass er Angst hatte, alleine zu reisen, und monierte stattdessen die Kleingeisterei am Shelton Hospital. Wenn das Feuer irgendetwas bewiesen hatte, dann, dass Anstalten wie Shelton gar nicht schnell genug reformiert werden konnten, so Barker. Doch seine polternde Art nutzte ihm nichts. Ebenso wenig wie sein Verlangen nach Rampenlicht. Barkers Liebelei mit dem Okkulten und seine Argumente für das Premonitions Bureau waren inzwischen allseits bekannt. *Private Eye,* eine Satirezeitschrift mit Sitz in London, bemerkte bissig, dass Barkers geistiges Kind die Katastrophe am eigenen Arbeitsplatz anscheinend nicht vorhergesehen hatte. »Gewiss, jedes Projekt hat seine Kinderkrankheiten«, hieß es weiter. »Ein Jammer nur, dass das Schicksal, ganz ohne Vorwarnung, seine Hand nach dem Shelton Hospital in Shrewsbury ausgestreckt hat«.

*

Seit Eröffnung des Premonitions Bureau waren 15 Monate vergangen. Im Frühjahr 1968 verfügte Barker über eine Sammlung von 723 Vorhersagen aus der Bevölkerung. Und im März des Jahres berichtete Fairley in einer Artikelreihe im *Evening Standard* über die Ergebnisse aus jenem ersten Jahr. Anhand seines Punktesystems errechnete Fairley, dass sich von allen 1967 eingegangenen Vorahnungen bislang 18 erfüllt hatten – eine Trefferquote von etwas mehr als drei Prozent. Ein sehr niedriger Wert, aber immerhin mehr als nichts. Und so waren die meisten Vorhersagen das, was sie waren – ein Blick in die Zukunft, und die stand weit offen. »Da man noch sehr wenig darüber weiß, welche Rolle der Faktor Zeit bei diesem Phänomen spielt, kann man auch nicht sagen, dass sie niemals eintreffen werden«, schrieb Fairley. Er kündigte an, dass der *Standard* das Experiment um ein weiteres Jahr verlängern werde, »um mehr Material zu sammeln und bestimmte Personen näher zu betrachten«.

Die Trefferquote des Premonitions Bureau war deutlich beeindruckender, sofern man sich auf die Visionen von Miss Middleton und Alan Hencher konzentrierte. Die beiden nämlich hatten ganze zwölf der 18 eingetroffenen Vorahnungen beigesteuert und zahlreiche weitere Warnungen ausgesprochen. »Lässt man eine erfüllte Vorahnung als Beweis für das Vorhandensein des Übersinnlichen gelten, so scheinen diese beiden als ›menschliche Seismographen‹ zu fungieren, als eine Art menschliches Frühwarnsystem«, schrieb Fairley. Hencher behauptete, die Flugzeugabstürze von Zypern und Stockport vorhergesehen zu haben, Miss Middleton den Tod von Wladimir Komarow. Und beide hatten überzeugende Warnungen für das nahende Zugunglück von Hither Green abgegeben. Außerdem hatte Miss Middleton wenige Tage nach Weihnachten eine Vision von einer seltsamen Kollision eines Lastwagens, der eine »außergewöhnlich schwere Ladung« transportierte. Sieben Tage später, am 6. Januar 1968, wurde ein Tieflader, der einen 120-Tonnen schweren elektrischen Transformator transportierte, am Bahnübergang Hixon (Staffordshire County) von einem Hochgeschwindigkeitszug auf dem Weg von Manchester nach London erfasst. Elf Menschen kamen dabei ums Leben.

In seinem zweiten Artikel über das Büro für Vorahnungen beschrieb Fairley, auf welche Weise die Musiklehrerin (Miss Middleton) und der Telefonist (Alan Hencher) ihre Visionen jeweils empfangen hatten. »Ein Bild schiebt sich unmittelbar vor meine Augen«, sagte Miss Middleton. Oft sah sie nur ein einzelnes Objekt – ein Gebäude, einen Zug, ein Auto. Wörter blitzten auf, wie von Neonlicht erleuchtet. Ein oder zwei Tage später hatte sie dieselbe Vision erneut, dann aber traten mehr Details zutage. Henchers Vorahnungen hingegen waren immer von körperlichen Schmerzen begleitet. Der hintere Teil seines Schädels, wo er sich einst eine schwere Verletzung zugezogen hatte, tat ihm dann weh, als baute sich eine Migräne auf. »Manchmal sehe ich alles in Schwarzweiß, manchmal in Farbe«, erzählte er Fairley. »Aber nie habe ich angenehme Vorahnungen.« Doch sobald er seine Ahnungen eingesandt hatte, so Hencher weiter, verschwanden die Schmerzen. Tritt die Katastrophe dann ein, fuhr er fort, spukten die Worte »Jetzt ist es passiert« durch seinen Kopf, entweder als ein Schriftzug oder als eine Stimme, die nur er hören konnte. »Alles Einbildung? Mag sein«, notierte Fairley. »Doch Mr. Hencher ist schlichtweg verunsichert.«

Die »Perzipienten« wurden für den *Evening Standard* fotografiert. Miss Middleton lächelt versonnen. Hencher, im Pullover mit V-Ausschnitt, steht mit einer Gartenschere in der Hand vor einem blattlosen Baum. Die öffentliche Aufmerksamkeit für das Premonitions Bureau war beflügelnd, verursachte aber auch Probleme. Zu Beginn des Experiments hatte sich Hencher bei Barker beklagt, das allseitige Interesse für seine Visionen beeinträchtige seine psychische Gesundheit. Und dieses Gefühl nagte schon lange an ihm. Auch Miss Middleton begann langsam, sich ausgenutzt zu fühlen.

Nachdem die beiden als die Stars des Experiments ausgemacht waren, beschlossen Hencher und Miss Middleton, die jeweils auf ihre eigene Art isoliert waren, ihre Kräfte zu bündeln. Das Büro wurde hellhörig. Am 8. April, frühmorgens um 6:22 Uhr, berichtete Hencher in einem Brief an Fairley von seiner neuesten Vorahnung: ein Flugzeug mit 74 Passagieren an Bord bekommt Schlagseite, »Finnland ist darin verwickelt, keine Ahnung, warum«. In demselben Schreiben sprach er eine Reihe von Problemen an und machte klar, dass er und Miss Middleton sich über ihre Erfahrungen ausgetauscht hätten. »Wenn Sie wünschen, dass alles, ohne Ausnahme, protokolliert werden soll, werden wir dies tun, aber es wird viel Zeit in Anspruch nehmen«, schrieb Hencher. Außerdem nahm er noch Bezug auf Jennifer Preston, die sich gerade im Mutterschaftsurlaub befand und soeben ihren dritten Sohn zur Welt gebracht hatte. Er hoffe, so Hencher, ihre Vertretung werde von »uns Spinnern« nicht allzu sehr beunruhigt. »Ihr Albträume zu bereiten, täte mir wirklich leid«, schrieb er.

In den folgenden Tagen sandte Hencher zwei weitere Briefe an Fairley, in denen er in einem schärfer werdenden Ton klarstellte, dass es so nicht weitergehen könne. Er und Miss Middleton verlangten die Herausgabe all ihrer bislang eingereichten Vorahnungsberichte. Sie arbeiteten gemeinsam an einem Buch. »Wir werden kein Blatt vor den Mund nehmen, was bestimmte Leute sehr wahrscheinlich sehr verärgern wird«, warnte er. »Wissen die Protokollanten überhaupt, was für uns mit diesen Vorhersagen alles verbunden ist?« Und er holte ordentlich aus, um Fairley begreiflich zu machen, wie es wirklich ist, all die bruchstückhaften, schreckerregenden Bilder im eigenen Geist zu erfahren – wie es ist, von der Nachtschicht in der Post-Schaltzentrale durch den Londoner Morgennebel nach Hause zu gehen, hundemüde in deiner Sozialwohnung in Dagenham anzukommen, um dann zu erleben, wie deine Visionen plötzlich Schlagzeilen schreiben, überall, in allen Zeitungen.

Abb. 24: Artikel über das Premonitions Bureau, 12. März 1968.

A probe by a special Evening Standard bureau

PREMONITIONS

The Londoners who believe they saw disaster in advance

This was the news headline in the Evening Standard yesterday. Now PETER FAIRLEY gives more details recorded by the Evening Standard Premonitions Bureau which records premonitions before the forecast events happen . . .

Did Mr. Hencher forecast t

Sobald wir eine Vision empfangen, ist die schwierigste Frage für uns, zu entscheiden, ob wir das, was wir empfangen, weitergeben oder nicht, und zu wissen, dass wir diese Entscheidung treffen müssen, ist eine stete Qual, der wir uns nicht entziehen können – was auch immer wir sagen, wie lange auch immer wir beten. Und wenn wir nichts sagen, und es passiert dann doch, wird uns keiner mehr glauben können. Gleichwohl aber leiden wir unter dem Wissen, etwas beizutragen, das von öffentlichem Nutzen sein könnte, das aber aufgrund der versprenkelten Öffentlichkeit, mal hier und mal dort, wenn es gerade reißerisch genug ist, was dazu führt, dass wir in den Augen eben dieser Öffentlichkeit langsam, aber sicher als Spinner gelten, was in uns eine noch größere psychische und nervliche Belastung erzeugt.

EVENING STANDARD, TUESDAY, MARCH 12, 1968—7

ALAN HENCHER : I NEVER GET PLEASANT PREMONITIONS

ither Green rail disaster?

Henchers Verzweiflung war echt.

> … entscheiden wir uns, nichts zu sagen, und es passiert doch etwas, sind wir nicht glaubhaft.

Wenn jeder Gedanke ein Zeichen sein kann, wenn Psychiater und Zeitungsleute an jedem einzelnen deiner verqueren Gedanken kleben, welche gibst du dann preis und welche tust du ab? Und hast du überhaupt die Wahl?

> … was auch immer wir sagen, wie lange auch immer wir beten.

Die Verantwortung war übermächtig. Hencher fürchtete die körperlichen Schmerzen, die mit einer Vorahnung einhergingen. Und er wollte, dass es die Sache wert war. Das wollte auch Miss Middleton. Sie wollten Anerkennung und ein bisschen Fürsorge. Und etwas Geld würde auch nicht schaden. »Wir haben den Punkt erreicht, an dem es kein Zurück mehr gibt«, schrieb Hencher. »Wir sind inzwischen kleine Berühmtheiten, und das lässt sich nicht rückgängig machen, indem man die Uhr zurückdreht.«

Nicht zu wissen, welchen Nutzen Fairley und der *Evening Standard* aus dem Experiment ziehen wollten, machte ihn misstrauisch.

Fairley gegenüber waren die Seher nie so respektvoll wie gegenüber Barker. Umgekehrt war auch Fairley nie so begeistert von ihnen wie Barker. Er wartete fünf Tage, ehe er kurz vor der von Hencher gesetzten Frist antwortete. »Obgleich ich verstehe, dass die Erfahrungen, die Sie beide durchleben, Miss Middleton und auch Sie, aufwühlend und rätselhaft sind«, schrieb Fairley, »darf ich Sie doch dringend bitten, der Versuchung zu widerstehen, sie aufzubauschen und für sich selbst eine ›Macht‹ zu beanspruchen, die Sie in Wirklichkeit vielleicht gar nicht besitzen.«

Wenn man es genau nimmt, hatte Fairley mit dem Büro für Weissagungen gar nicht genug zu schaffen, um Hencher so eine Antwort zu schicken. Er war ja immer auf Achse, immer auf der Suche nach der nächsten großen Sensation. Als er 1966 kurzzeitig sein Augenlicht verloren hatte, schrieb er über seine Genesung und seinen Vorsatz, fortan kürzer treten zu wollen. »So eine Kreatur wie Superman gibt es nicht. Alles ein Märchen«, schrieb Fairley und weiter: »Mir ist klar, dass kein Mensch davon ausgehen kann, dass er unzerstörbar ist – egal wie leicht er kleinere Infektionen wegsteckt, jeden Bus erwischt, seine Konkurrenten austrickst oder seine persönlichen Ziele verwirklicht.«

Fairley hielt eher ein Taxi an, als zum Bus zu rennen. Aber er war weiterhin viel unterwegs, um der Konkurrenz immer eine Nasenlänge voraus zu sein und Restaurantrechnungen von anderen Leuten mitgehen zu lassen, um seine Spesenabrechnungen aufzupolieren. Er beschwatzte Türsteher, um in Jazzclubs zu kommen. Er hatte Affären. Und bis Ende der 1960er Jahre zahlten sich Fairleys Kontakte in die US-amerikanische und sowjetische Raumfahrtindustrie langsam aus. Zum Zeitpunkt des Zugunglücks von Hither Green im November 1967, das für all die anderen damit Befassten ein einschneidendes Ereignis war, war Fairley in Florida, um über die nächste Stufe des Apollo-Programms zu berichten.

Im Nebelgrau des Morgens nach dem Unglück gab Barker in London Interviews, während Fairley bei strahlendem Sonnenschein vor dem Launch Complex 39a am Kennedy Space Center in Cape Canaveral stand, wo die riesige Trägerrakete Saturn V am orangeroten Launchtower weithin sichtbar in die Höhe ragte, bereit, Apollo 11 zum Mond zu bringen. Mit 110,60 Metern Gesamthöhe war Saturn V knapp 20 Meter höher als die Freiheitsstatue. Ein Kameramann des britischen Nachrichtensenders *ITN* (Independent Television News) stand 400 Meter entfernt, ein riesiges Zoomobjektiv auf Fairleys Gesicht gerichtet.

»Sie nennen das den Big Shot«, sagte Fairley.

Beim Wort »Big« machte die Kamera einen schnellen Schwenk, so dass die Saturn V das ganze Bild ausfüllte und Fairley als winziger Punkt in der Landschaft erschien.

»Das sagte alles«, erinnerte sich Fairley vergnügt. Genau für solche Momente liebte er das Fernsehen. Beim kleinsten Anlass schmiss er sich in einen Raumanzug der NASA. Als Saturn V drei Tage später startete, beobachtete Fairley das Geschehen von der Pressetribüne aus, in einer theoretisch sicheren Entfernung von knapp sechs Kilometern. Es war sieben Uhr morgens, absolut windstill, während der Tag anbrach und die letzten Wolken der Nacht fortnahm. Kinder saßen auf Autodächern. Überall waren Menschen, die gebannt gen Himmel schauten. Als die fünf F-1-Triebwerke der Rakete zündeten, versank die Startrampe in einem gigantischen Flammenmeer. Für einen kurzen Moment dachte Fairley, dass etwas schiefgegangen sei. Dann aber setzte sich diese gewaltige Säule mit ihren fast 3000 Tonnen über alles Erwartbare hinweg und stieg auf. Fairley spürte seine Rippenknochen beben. Die Leute jubelten, ungläubig staunend, angesichts dieser Donnergewalt. Und mittendrin hörte sich Fairley schreien: »*Go! Go! Go!*« Die Glaswände der Kommentatoren-Kabine, in der *CBS News*-Reporter Walter Cronkite saß, flogen auseinander.

Der Weltraum nahm Fairleys berufliches Leben in Beschlag. Im Frühjahr 1968 beschloss er, den *Evening Standard* zu verlassen. Das unabhängige britische Fernsehen war im Wachsen begriffen und baute seine Marktposition immer weiter aus. Die *TV Times,* ein britisches Fernsehmagazin, das bislang als regionales Programmheft erschienen war, entwickelte sich zu einem überregionalen Blatt. Fairley bekam die Stelle des Wissenschaftsredakteurs angeboten, sowohl für das Magazin als auch für *ITN* – eine Doppelpräsenz, im Printbereich und auf dem Bildschirm. Er sprach Charles Wintour seine Kündigung aus und ließ die letzten paar Monate in der Redaktion auslaufen, aß mit seinen neuen Kollegen in der Tottenham Court Road zu Mittag und plante bereits die nächsten Schritte seiner Karriere. Das Titelblatt der ersten landesweiten Ausgabe der *TV Times,* die noch im gleichen Jahr erschien, zeigte Saturn V beim Start, daneben einen kleinen sommersprossigen Jungen in einem Raumanzug (den siebenjährigen Sohn von einem seiner Freunde bei der NASA, zufällig ebenfalls Brite) und darüber die Schlagzeile: »Und bitte ... der erste Engländer auf dem Mond« – Effekthascherei in typischer Fairley-Manier.

Das Premonitions Bureau wollte er aber nicht aufgeben. Er plante vielmehr, die gesammelten Aufzeichnungen an seinen neuen Arbeitsplatz bei der *TV Times* mitzunehmen. Und seine

Assistentin Jennifer Preston bat er ebenfalls mitzukommen. Er wollte sehen, wie sich das Experiment weiterentwickelte – vielleicht ließe es sich für das Fernsehen verwerten. Wenn er darüber sinnierte, wie Vorahnungen funktionieren könnten, schweiften Fairleys Gedanken oft in den Weltraum und seine abstrakten, der anschaulichen Wirklichkeit entrückten Sphären.

Er war fasziniert von Lagrange-Punkten. Die nach dem französisch-italienischen Mathematiker und Astronom Joseph-Louis Lagrange benannten Punkte sind Orte, an denen sich die Gravitationsfelder zweier Himmelskörper gegenseitig aufheben und ein Objekt regungslos im Raum verweilen kann, theoretisch für immer. Auf dem Weg zum Mond gibt es einen Lagrange-Punkt, an dem die Anziehungskraft der Erde der Anziehungskraft ihres Trabanten weicht. In einem Interview mit der *BBC* im Jahr 1977 sprach Fairley über sein Interesse an der Parapsychologie und dachte laut darüber nach, ob ein Astronaut an eben diesem Punkt einen Gedanken platzieren könnte, der dann Monate später in den Kopf eines anderen Astronauten schlüpfen würde. Das klänge doch sehr nach Science Fiction, kommentierte der Interviewer, was Fairley bejahte. »Es ist eben nur noch nicht hinreichend erforscht, und genau das ist der springende Punkt.«

Dann ging es um das Thema Vorahnungen. »Ein faszinierendes Phänomen«, sagte Fairley. »So viele Menschen *wissen*, dass es so etwas gibt …«

»Sie *glauben*, dass es so etwas gibt …«, korrigierte ihn der Interviewer.

»Ich sage, dass ich *weiß*, dass derartige Dinge passieren«, beharrte Fairley. »Weil sie *mir* passieren.«

Abb. 25:
Fairley beim Spielen.

Trotzdem gab es irgendwo einen Unterschied zwischen ihm und Barker. Fairley, ein Mann von Welt, fremdelte im Umgang mit den provinziellen Sehern, den etwas peinlichen Gestalten aus dem Garderobenraum hinter den Kulissen bei David Frost. Barker hingegen nicht. Fairley war außerdem überzeugt, dass Vorahnungen in einem gedankenfreien Raum abliefen. Seine Glückssträhnen bei Pferdewetten gingen so lange gut, bis er sich dabei ertappte, wie er seinen Kopf einschaltete. »Wenn man anfängt, darüber nachzudenken, kann man es gleich vergessen«, sagte Fairley der *BBC*. »Aus diesem Grund ist Vorsicht geboten bei Menschen, die Aussagen über die Zukunft berufsmäßig oder als Hobby tätigen. Sobald sie den Anschein erwecken, bewusst gefasste Gedanken zu nutzen, um daraus die Zukunft vorherzusagen/abzuleiten, werde ich äußerst misstrauisch.« Am 17. April leitete Fairley seinen jüngsten Briefwechsel mit Hencher an Barker weiter und legte ihm nahe, den Kontakt zu den erfolgreichsten »Propheten« des Büros für Vorahnungen abzubrechen: »Aus wissenschaftlicher Sicht geht daraus eindeutig hervor, dass weder Hencher noch Miss Middleton weiter zu gebrauchen sind!«

Barker war sich da nicht so sicher. »Meinen Erfahrungen nach ist eine prahlerische Überheblichkeit bei Hellsehern leider eine übliche Begleiterscheinung«, entgegnete der Psychiater, der insbesondere von Miss Middleton immer noch sehr angetan war. Sie war, wie er fand, »eine angenehme Persönlichkeit«. Hencher hingegen war paranoid, da stimmte er Fairley zu, die innere Unruhe dieses Sehers aber war für Barker ein potenzieller Forschungsgegenstand, kein Grund, die Beziehung zu beenden. Er schlug daher vor, die Visionen ihrer treffsichersten Perzipienten bis Ende des Jahres 1968 weiterhin zu sammeln und parallel dazu zu versuchen, den Kreis der Perzipienten zu erweitern, anstatt ihn zu zerpflücken. »Ich war schon immer der Meinung, dass es dort draußen noch viele andere mit ähnlichen Fähigkeiten geben muss, mit denen wir bislang nur nicht in Kontakt waren, weil sie von der Existenz des Premonitions Bureau wahrscheinlich gar nichts wissen«, schrieb er.

Der Tonfall in Barkers Brief war, wenn überhaupt, reserviert, leicht distanziert. »Ich werde mich zum gegenwärtigen Zeitpunkt nicht äußern ...« Er spielte auf Zeit. Auch er war mit anderen Dingen beschäftigt. Während die Veröffentlichung von *Scared to Death* fulminant gestartet war, stand das Shelton Hospital als Institution nach der Brandkatastrophe auf der Beech-Station kurz vor dem Aus und mithin auch Barkers dortige Karriere als Arzt. Doch noch war er da, sesshaft geworden in Shropshire auf dem Land, an einem lauschigen Ort unter ausladenden überwucherten Bäumen, die kaum Licht durchließen. Tagtäglich kam Barker an der völlig zerstörten Station des Shelton Hospital vorbei. Er sehnte sich danach, anderswo zu sein. Wenn die Zukunft im Hier und Jetzt existierte – wenn Barkers Zukunft im Hier und Jetzt schon präsent war –, dann blieb sie für ihn unerreichbar. Sie wogte außerhalb der Klinikmauern.

*

An einem frühen Nachmittag im Mai drehte eine Maschine der britischen Fluggesellschaft BOAC mit grauem Bauch und marineblauem Seitenstreifen westwärts, erreichte ihre Reiseflughöhe über der Irischen See und nahm Kurs auf New York. Der Flug über den Atlantik verlief ruhig. Barker, der unter leichter Flugangst litt, hatte einen Fensterplatz. Am frühen Morgen war er samt Gepäck und Dia-Material in Yockleton aufgebrochen, um sich zusammen mit seiner Forschungsassistentin Mabel Miller auf eine dreiwöchige Vortragsreise durch die USA zu begeben. Drei lange Wochen. So lange war er von Jane seit der Geburt der Kinder noch nie getrennt gewesen. Miller, deren Dienstreise zu Forschungszwecken nicht genehmigt worden war, hatte gezwungenermaßen eigens dafür Urlaub nehmen müssen.

Als das Flugzeug vom Typ Vickers VC10 um die irische Nordküste herum zog, gaben die Wolken einen kurzen Blick auf die Küstenstädte Coleraine und Portrush frei, wo Barker als Teenager eine Zeit lang gelebt hatte, während sein Vater in Belfast stationiert war. Seine Gedanken schweiften durch die Zeit, spulten vor und zurück.

Offiziell war es eine wissenschaftliche Reise mit Besuchen an Universitäten und staatlichen Psychiatrien, um Vorträge über Aversionstherapie zu halten, die in der amerikanischen Presse für großes Aufsehen gesorgt hatte. Aber wie immer, unausweichlich, ging es auch um das Thema Übersinnlichkeit. *Scared to Death* kam in den USA direkt als massenwirksames Taschenbuch auf den Markt, ohne dass Barkers amerikanische Verleger auch nur versucht hätten, sein Werk in einem nüchternen, wissenschaftlichen Licht zu präsentieren. »Gedanken können töten!«, tönt über dem Titel des Buches die Headline auf dem Cover. Unter dem Titel dann eine Frau in einem weißen Kleid, den gerafften Saum in der Hand, auf der Flucht vor

Abb. 26: *Scared to Death*, Buchumschlag der US-amerikanischen Ausgabe.

einer Erscheinung. Ein weit aufgerissenes Auge stiert durch einen Riss im Bild.

Aber Barker hatte Mittel und Wege gefunden, in den Grenz- wie auch in den Mainstream-Wissenschaften der USA seine Konzepte zu platzieren. Dort gab es ESP-Forschungsprojekte, die viel kühner und finanziell sehr viel besser ausgestattet waren als alles, was er aus Großbritannien kannte. Auf Barkers Programm stand unter anderem der Besuch im Maimonides Medical Center in Brooklyn, wo der Psychiater Montague Ullman seit 1962 Experimente zur Traumtelepathie durchführte. Barker hoffte auch darauf, vor der American Society for Psychical Research sprechen zu können, die dank Spenden des Physikers Chester F. Carlson, der den Fotokopierer erfunden hatte und an ein Leben nach dem Tod glaubte, eine Neubelebung erfuhr.

Der Zeitpunkt für die Tour lag günstig. Es war *die* Gelegenheit, die Monotonie am Shelton Hospital zu durchbrechen, und das vielleicht für immer. Und es war auch eine Chance, über sich selbst hinauszuwachsen. Doch das Abenteuer hatte auch etwas Unwirkliches, etwas Überwältigendes an sich. Barker selbst bezeichnete sie als die »Reise seines Lebens«. Er war sicher, dass sie für ihn ein einmaliges Erlebnis bleiben würde, und so schwang in all der Aufregung und Vorfreude vor seiner Abreise auch ein Hauch von Schicksal mit. Kurz nach drei Uhr am Nachmittag, irgendwo über dem Atlantik, nahm Barker seinen Füllfederhalter zur Hand und schrieb auf Papier mit BOAC-Briefkopf zwei Briefe. Der erste war an seine Eltern gerichtet. »Es ist immer noch alles schrecklich in Shelton«, schrieb er. Am Tag vor seiner Abreise hatte er sich erneut mit

Littlejohn gestritten – »dieser abscheulichen Person«. Der zweite Brief, an Jane, war sanfter und wehmütiger. Über Ostern hatte die Familie noch einmal Urlaub in Woolacombe gemacht, eine schöne Zeit, die Barker in Gedanken noch einmal Revue passieren ließ. Dann ging es kurz um Bowbells, sein neues Haus. Ihm graute davor, für immer in Shelton festzusitzen, doch die Sicherheit und Beständigkeit, die er seiner Familie jetzt bieten konnte, waren gleichzeitig tröstlich. »Endlich kannst du sagen, dass ich das mit dem Haus für dich getan habe, für euch (nach all dem Theater am Herrison Hospital etc.)«, schrieb er an Jane. Und sie solle sich bloß keine Sorgen ums liebe Geld machen, während er weg sei. »Was solls, was spielt Geld jetzt noch für eine Rolle?«

Das Abenteuer Amerika begann zunächst zermürbend. Nachdem er am Abend in New York gelandet war, gab Barker etliche Rundfunkinterviews, sprach über *Scared to Death* und Aversionstherapie und war erst gegen drei Uhr morgens auf seinem Zimmer im Hotel Manhattan auf der Eighth Avenue, gut 24 Stunden, nachdem er daheim in Barnfield aus der Tür gegangen war. Nach einem Tag Erholung ging es für ihn und Mable Miller weiter nach Philadelphia, um einen Vortrag zu halten. Von dort flogen sie nach Rochester an der Mündung zum Ontariosee, um ihre Arbeit am Universitätsklinikum vorzustellen. In den darauffolgenden zehn Tagen fuhren Barker und Miller in einem gemieteten Dodge Monaco kreuz und quer durch die Region entlang des östlichen Küstenstreifens, besuchten medizinische Fakultäten und psychiatrische Krankenhäuser.

Barker war überwältigt von den riesigen Entfernungen. Es gab Tage, da schaute er auf die Landkarte und hatte den Eindruck, keinen Meter vom Fleck gekommen zu sein. In manche Orte war er sofort verliebt. Die Schönheit von Vermont erinnerte ihn an das Wye Valley entlang der Grenze zu Wales, südlich von Shrewsbury. Die Niagarafälle im Regen waren beeindruckend. Er kaufte eine Uhr, um seine Sammlung zu erweitern. Auf Cape Cod machte Miller ein Foto von Barker, wie er auf einem Felsen sitzt, in sich versunken, hinter ihm das leise plätschernde Meer. Er trug ein braunes, langärmeliges Poloshirt. Sein schwarzes, leicht ergrautes Haar fiel ihm zausig über den sich lichtenden Ansatz an der immer höher werdenden Stirn. Er strahlte eine verhalten streitlustige Energie aus.

Auf ihrer Fahrt nahmen Barker und Miller auch immer wieder die innere Zerrissenheit des Landes in jenem Frühjahr wahr. Der Vietnamkrieg war auf seinem Höhepunkt und offenkundig von den USA nicht mehr zu gewinnen. Und vor gerade mal einem Monat war Martin Luther King auf dem Balkon seines Hotels in Memphis ermordet worden. Eines Tages, Barker und Miller waren unterwegs nach Boston, konnten sie wohl unweit von Hyannis Port einen flüchtigen Blick auf Bobby Kennedy erhaschen, der 1968 auf seiner spät begonnenen, aber mitreißenden Kampagne für die Nominierung als Präsidentschaftskandidat der Demokraten unterwegs war. Die großen Städte bereiteten Barker Unbehagen. »Amerika gefällt uns gut, hat aber eine kranke Gesellschaft«, schrieb er an Jane. Philadelphia war grauenhaft. Die vielen Drogensüchtigen und Obdachlosen in New York machten ihm Angst. Die Skyline von Manhattan erschien außerordentlich phallisch; er war wie gebannt davon.

In Boston, Miss Middletons Geburtsstadt, stellten Barker und Miller ihre Forschungen zur Aversionstherapie vor 500 Ärzten auf der Jahrestagung der American Psychiatric Association im Sheraton Hotel vor. Im Publikum saß auch Erwin Stengel, ein Schüler Freuds und eine weltweit anerkannte Autorität in der Suizidforschung. Während des Vortrags wurde viel gelacht, was Barker ziemlich verunsicherte, weil er es nicht einordnen konnte. »Ich glaube, dass ich hier nicht so gut ankomme, wie ich es mir gewünscht hätte«, schrieb er an Jane. Die meisten Kliniken deprimierten ihn. »Wir haben hier an der staatlichen Nervenheilanstalt ein paar Vorträge gehalten«, schrieb er aus Ancora, New Jersey. »Es ist furchtbar hier.« Barker ließ eine gewisse Verachtung gegenüber den Menschen und den Orten, die er besuchte, durchscheinen, während er gleichzeitig auf ein Jobangebot und Forschungsmöglichkeiten hoffte. Er erkannte seine eigene Ambivalenz als Teil des Problems. »Ich glaube, ich mag die amerikanische Psychiatrie nicht besonders – aber die britische mag ich auch nicht!«, schrieb er. Der straffe Zeitplan schlauchte ihn arg. Miller fing sich auch noch einen Magen-Darm-Infekt ein. Aber es standen noch etliche Vorträge an, also machten sie weiter. Nach zwei Wochen kehrten Barker und Miller nach New York zurück, wo sie sich weitere Konferenzen und Seminare aufluden. An einem Samstagmorgen hielten sie einen zweieinhalbstündigen Vortrag auf einem Verhaltenstherapie-Kongress. Mehrere Tage hintereinander referierte Barker morgens über Aversionstherapie und nachmittags über *Scared to Death* und Präkognition.

Im Maimonides Medical Center kamen die Parapsychologen vom Ullman's Dream Laboratory zusammen, um sich über das Büro für Vorahnungen zu informieren. Unter ihnen war der 30-jährige Robert Nelson, der ehrenamtlich im besagten Laboratory und hauptberuflich im Vertrieb der *New York Times* arbeitete. Nelson, blond und blauäugig, stammte aus Ohio, wo er der lebendigen Folk-Szene in Greenwich angehörte. Sein Zwillingsbruder William war ein Medium. Im auf Barkers Besuch folgenden Monat rief Nelson eine amerikanische Version des Premonitions Bureau ins Leben, das *Central Premonitions Registry* (Zentrales Register für Vorahnungen), das er über die Postfachadresse PO Box 482 am Bahnhof Times Square in New York betrieb.

Am 26. Mai kehrte Miller nach England zurück und nahm den größten Teil des Vortragsmaterials mit. Barker hängte noch eine weitere Woche an, die er in Kalifornien verbringen wollte. Er nahm einen Flug von New York. Über den Rocky Mountains sah er eine Kaltfront aufziehen. Er war gerade dabei, einen langen Brief an Jane zu schreiben, der bereits sieben Seiten füllte, als plötzliche Turbulenzen das Flugzeug ordentlich durchschüttelten. »Ich muss zugeben, dass ich ganz schön Angst habe, alleine hier zu sitzen«, schrieb Barker. »Aber es wäre auch schade, diese Gelegenheit sausen zu lassen – wahrscheinlich die einzige, die ich je bekommen werde.« Das Unwetter wurde heftiger, während Barker immer weiterschrieb. »Es schaukelt hin und her, wie eine Palme im Wind!« Und in einem PS fügte er hinzu: »*Scared to Death*!«

Barkers Tage in Los Angeles waren recht unausgefüllt. Er machte eine Stadtrundfahrt im Bus, bestaunte die Hand- und Fußabdrücke der Filmstars vor dem Chinese Theatre am Hollywood Boulevard und stellte fest, dass seine Füße die gleiche

Größe hatten wie die von Clark Gable. Die Stadt dehnte sich endlos, und es war drückend heiß. Er sah den Hippies auf dem Sunset Strip zu und schickte seiner Familie eine Postkarte vom Harbor Freeway, einem Busbahnhof im Zentrum von Los Angeles. »Ich habe noch nie so viele Autos auf einmal gesehen.« An einem der Tage flog er im Helikopter nach San Bernardino, um am Patton State Hospital zu sprechen, und bekam schließlich doch noch eine Stelle angeboten – am Psychiatrischen Gefängniskrankenhaus von Kalifornien für ein Jahresgehalt von 17 000 Dollar. Das war mehr, als er am Shelton Hospital verdiente. »Ich bezweifle, dass dir das gefallen würde«, schrieb er am Abend an Jane, während er sich in seinem zentral gelegenen Hotelzimmer durch die Nacht quälte und Mühe hatte, in den Schlaf zu finden.

*

Jeden Tag waren die Nachrichten voll von Bobby Kennedy. Bis zu den Vorwahlen in Kalifornien war es noch knapp eine Woche. Die Wahlkampfzentrale befand sich im Ambassador Hotel, unweit von Barkers Quartier. Zwei Tage vor Barkers Ankunft in Los Angeles war Kennedy bei einer im Fernsehen übertragenen Gala zur besten Sendezeit in der Memorial Sports Arena aufgetreten, einer Mehrzweckhalle im Exposition Park. Moderiert wurde der Abend von Kennedys Freund Andy Williams, der »Moon River« sang. *The Byrds* spielten ein Lied von Bob Dylan. Jerry Lewis führte einen Sketch auf. Gene Kelly ebenfalls. Raquel Welch trug ein bodenlanges weißes Kleid. Ethel Kennedy, Bobbys Ehefrau, war ebenfalls da, schwanger mit dem elften gemeinsamen Kind.

Abb. 27: Bobby Kennedy auf Wahlkampftour in Oakland, Kalifornien.

Es war ein Freitagabend, und der 42-jährige Kennedy gerade zurück von einer Wahlkampftour durch Oregon, 1000 Meilen weiter nördlich. Nach seinem fünften Flug an jenem Tag traf er leicht verspätet ein. Auf seinem rastlosen, 80 Tage dauernden Rennen um das Präsidentenamt machte Kennedy sich den Glanz und Reichtum der politischen Maschinerie seiner Familie zunutze, um in einem emotionalen, moralisch aufgeladenen Appell das Ende des Vietnamkriegs zu fordern, ebenso wie die Bekämpfung von Armut und Rassismus im Land. Überall schob er sich durch begeisterte Massen, ließ sich die Hände drücken und schütteln, bis sie bluteten. Um durchzuhalten, trank er Ginger Ale. Auf der Bühne in Los Angeles wurde Kennedy von Shirley MacLaine begrüßt, dem Star aus dem Film *The Apartment*. Er war schlank, adrett gekleidet im Smoking. Er riss ein paar Witze über Ronald Reagan, den Gouverneur von Kalifornien, und über Sam Yorty, den Bürgermeister von

Los Angeles, der ihn hasste, ehe er dann auf die inhaltlichen Kernaussagen seiner Rede schwenkte, in der er abwechselnd John Donne, Albert Camus oder auch mal eine alte Pyramideninschrift zitierte: »Und niemand war wütend genug, um seine Stimme zu erheben.«

Miss Middleton war sicher, dass auch dieser Kennedy ermordet werden würde. Sie behauptete, einen besonderen Einblick in die Familie zu haben, da sie in Massachusetts aufgewachsen war. Am 11. März hatte sie an Barker geschrieben und vor einem Attentat gewarnt. Vier Tage später schrieb sie erneut: »Das Wort Attentat ist immer noch da. Und ich kann es nicht trennen von Robert Kennedy. Gut möglich, dass sich Geschichte hier wiederholen wird.« Etwas später im gleichen Monat erzählte Miss Middleton einem amerikanischen Journalisten, dass zwei Männer akut gefährdet seien: Charles de Gaulle und Bobby Kennedy. Den ganzen April hindurch wiederholte sie ihre Warnungen bezüglich Kennedy.

Und sie war nicht die Einzige. Im Wahlkampfbüro gingen regelmäßig Morddrohungen ein. Jede Woche übersandte das FBI Bilder von potenziellen Schützen an Kennedys Pressesprecher Frank Mankiewicz, der die Menschenmassen dann nach den entsprechenden Gesichtern absuchte. Kennedy selbst war fatalistisch. Er hatte nur einen einzigen Personenschützer. »Das Leben ist wie russisches Roulette, jeden Tag«, sagte er zu Jack Newfield, einem Reporter, der später seine Biographie schreiben sollte. »Du musst dich den Menschen einfach hingeben, ihnen vertrauen, und dann hilft nur noch die gute alte Schlampe namens Glück … Ich bin mir ziemlich sicher, dass es früher oder später einen Anschlag auf mich geben wird. Nicht so sehr aus politischen Gründen. Das glaube ich nicht. Einfach aus purem Wahnsinn heraus. Und davon gibt es ringsum mehr als genug.«

Nach dem Tod seines Bruders im Jahr 1963 litt Robert »Bobby« Kennedy unter einer extremen Form des Überlebensschuld-Syndroms, das auch der englische Dichter John Milton in seinem epischen Gedicht *Paradise Lost* beschreibt. Kennedy suchte Trost in der Lektüre *The Greek Way*, dem Hauptwerk der deutsch-amerikanischen Schriftstellerin und Schullehrerin Edith Hamilton, das eine Einführung in die Gedankenwelt der alten Griechen gibt. Hamilton war keine Gelehrte im klassischen Sinne, vielmehr eine begabte »Populisatorin« mit einem feinen Gespür für Sprache und für Möglichkeiten zur Erlösung vom Leiden. Es waren Hamiltons freie Übersetzungen von Aischylos sowie ihre selbst verfassten Aphorismen, die Kennedy 1968 in seinen Reden zitierte.

»Der Mensch ist nicht für sichere Häfen geschaffen«, schrieb Hamilton über Aischylos, ein Satz, den Kennedy nachdrücklich unterstrich. »Die Fülle des Lebens liegt in den Gefahren des Lebens. Und, im alleräußersten Notfall, gibt es da etwas in uns, das eine Niederlage in einen Sieg verwandeln kann.« Teil der Tragödie ist die sichere Gewissheit, dass sie unaufhaltsam voranschreitet, egal wie wir uns verhalten und wie oft wir unsere Entscheidungen hinterfragen, es gibt keinen Ausweg, die Tragödie nimmt ihren Lauf. »Mein Gott, das hätte auch ich sein können«, sagte Kennedy nach der Ermordung von Martin Luther King in jenem Frühjahr. An diesem Abend aber fand er schöne und traurige Worte, als er vor einer ergriffenen Zuhörerschaft über den Tod seines Bruders in einem überwiegend von Schwarzen bewohntem Viertel von Indianapolis sprach. Er linderte ihren Schmerz, indem er Hamiltons dilettantische Übersetzung von Aischylos falsch zitierte.

*

Die griechischen Philosophen erkannten, dass das Schicksal eines Menschen untrennbar mit seinem Wesen verbunden ist. Was geschehen wird, ist das, wofür wir uns entscheiden. Unsere Handlungen sind zweierlei – Ausdruck des jedem von uns ganz eigenen (moralischen) Charakters, *ethos*, aber auch Ausdruck einer göttlichen Kraft, die auf uns einwirkt, *daimon*. Und Sokrates' *daimon* war besonders laut vernehmbar. »Einführung neuer Götter«, lautete einer der Anklagepunkte, als er 399 v. Chr. vor Gericht gebracht wurde. Der stadtbekannte Philosoph hatte ganz Athen aufgemischt, indem er öffentlich und ungeniert von einem hellsichtigen Geist sprach, der ihn leitete. »Mir aber ist dieses von meiner Kindheit an geschehen, eine Stimme nämlich, welche jedes Mal, wenn sie sich hören lässt, mir von etwas abredet, was ich tun will, zugeredet aber hat sie mir nie«[20], sagte er vor etwa 500 athenischen Bürgern, die auf der Agora, dem zentralen Versammlungsplatz der Stadt, als Geschworene über ihn zu Gericht saßen, wie Platon in »Des Sokrates Verteidigung (Apologie)« berichtet. Sokrates' Bekenntnis zu dieser inneren Stimme war absolut. Er hätte während des Gerichtsverfahrens zu jeder Zeit um Gnade ersuchen, ins Exil gehen oder eine Geldstrafe entrichten können. Er war 70 Jahre alt. Und es mangelte ihm auch nicht an guten Beziehungen. Aber er tat das Gegenteil. Er provozierte seine Ankläger. Er belehrte sie. Er forderte Belohnung statt Strafe. Die warnende innere Stimme blieb stumm, ließ sich nie hören. Selbst als das Todesurteil fiel, redete ihm der *daimon* nicht zu, den Kurs zu ändern. Seine Freunde eilten zur Zelle, in der er vor der Hinrichtung gefangen saß, und boten an, ihn zu retten, doch er schickte sie fort. Für Sokrates gab es nichts zu fürchten. »Mir ist nämlich, ihr Richter – denn euch benenne ich recht, wenn ich euch Richter nenne –, etwas Wunderbares vorgekommen«, sagte er. »Jetzt aber ist mir doch, wie ihr ja selbst seht, dieses begegnet, was wohl mancher für das größte Übel halten könnte und was auch dafür angesehen wird; dennoch aber hat mir weder, als ich des Morgens von Hause ging, das Zeichen des Gottes widerstanden, noch auch als ich hier die Gerichtsstätte betrat, noch auch irgendwo in der Rede, wenn ich etwas sagen wollte.«[21] Wenn es keine Katastrophe gibt, gibt es auch keine Vorahnung, die ihr vorausgehen könnte. Sokrates selbst führte den Schierlingsbecher an seine Lippen. »Es mag wohl, was mir begegnet ist, etwas Gutes sein, und unmöglich können wir Recht haben, die wir annehmen, der Tod sei ein Übel. Das, was mir widerfahren ist, ist zweifellos eine gute Sache«[22], räsonierte er.

*

Die letzten Tage der Vortragsreise verbrachte Barker in San Francisco. Der Pazifik lockte ihn, aber auf ein Surfbrett traute er sich dann doch nicht. Er fühlte sich träge und allein. »Im Moment, wo ich mich am liebsten einfach nur einigeln und sterben möchte, zieht es mich nach Hause, zu euch.« Gleichwohl aber graute ihm vor der ewig gleichen Alltagsmühle, die

Abb. 28: Barker in den USA, Mai 1968.

ihn daheim erwartete. »Im Shelton wartet nur Ärger auf mich«, schrieb er. »Und ich frage mich, welche Steine mir als nächstes in den Weg gelegt werden.«

Am 1. Juni, einem Samstag, war Barker zurück in Shrewsbury. Am Montag darauf, dem 3. Juni, fanden in Kalifornien die letzten Vorwahlen statt. Am späten Vormittag war Bobby Kennedy unterwegs in Chinatown in San Francisco. Er schob sich gerade durch eine dichte Menschenmenge, in der er angerempelt und angefasst wurde, als in seiner unmittelbaren Nähe ein Feuerwerkskörper explodierte, gefolgt von lauten Knallgeräuschen. Seine Begleiter nahmen ihn sofort in Deckung, während er weiter Hände schüttelte. Am folgenden Tag war Miss Middleton panisch vor Sorge. »Wieder ein Attentat, und wieder in Amerika«, schrieb sie an Barker. Am 4. Juni rief sie ganze drei Mal im Premonitions Bureau an, warnte eindringlich vor einer bevorstehenden Ermordung. An jenem Nachmittag, am Strand von Los Angeles, geriet Kennedys zwölfjähriger Sohn David im Meer in einen Strudel, der ihn nach unten zog, und Kennedy tauchte hinterher, um ihn zu retten. Kurz nach Mitternacht wurde Bobby Kennedy von einer Kugel in den Kopf getroffen, als er gerade auf dem Weg zum Pressesaal durch die Hotelküche lief, nachdem er wenige Minuten zuvor seinen Sieg in den wichtigen demokratischen Vorwahlen verkündet hatte. »Alles wird gut sein«, wisperte Kennedy, während er sterbend auf dem Boden lag. Barker bezeichnete Miss Middletons Vorhersage von der Ermordung als ihre bislang »beste«. »Sie haben nicht lockergelassen«, schrieb er an sie.

*

Staub ging nieder, in vielen Farben. Die Menschen wachten auf und sahen ihn: orangefarbene Schlieren auf Busfenstern, gelbe Flecken auf Pflastersteinen, sommerlich grüne Blätter weiß gesprenkelt. Wo er trocken blieb, hatte er die Konsistenz von Schminkpuder, so fein, dass man ihn auf den Fingern kaum spüren konnte. Wo er sich mit Regen vermischte, färbten sich die Rinnsteine rot. Es war ein Montagmorgen, der 1. Juli 1968. Und in der Luft lag ein übler Geruch. Die Hitzewelle, die über dem Osten von England stand, glühte langsam aus. London war überhitzt. Die Tower Bridge hatte sich verklemmt und ließ sich nicht mehr schließen. Parlamentsmitglieder baten darum, ihre Sakkos ausziehen zu dürfen, was ihnen verwehrt wurde. Aus Norden und Westen strömte kalte, feuchte Luft vom Atlantik heran. Am Himmel über der Stadt hingen zehn Millionen Tonnen Saharasand, den der Wind aus dem Ahaggar-Gebirge in Algerien bis über den Atlantik geblasen hatte.

Und alles hing mehr oder weniger zusammengeballt über Shrewsbury. Meteorologen beschrieben eine Böenlinie entlang der walisischen Grenze, wo die Menschen an jenem Morgen das wohl verrückteste britische Wetter seit Beginn der Wetteraufzeichnungen 1755 erlebten. Eisbröckchen fielen vom Himmel, überzogen die Straßen. Golfballgroße Hagelkörner durchschlugen vom farbigen Regen schlammverschmierte Gewächshäuser. Sintflutartige Regenfälle führten zu heftigen Überschwemmungen und schnitten die Stadt Welshpool vom Rest der Welt ab. Ein alter Mann, der gerade beim Holzhacken in seinem Schuppen war, wurde samt diesem in einen Fluss gerissen und ertrank. Schüler mussten ihre Füße hochlegen, während sich Wassermassen in ihren Prüfungssaal ergossen. In Shrewsbury riss ein Blitz ein Loch in ein Hausdach und verschmorte den Wohnzimmerteppich, während eine 73-jährige Frau allein vor dem Fernseher saß. Am Mittag färbte das Unwetter den Himmel grün und schwarz. In Stockton-on-Tees schalteten die Autofahrer die Scheinwerfer ein, der Regen drückte Gullydeckel nach oben, und die Menschen auf den Straßen knieten nieder und beteten. Und auch Aberfan versank erneut im Schlamm.

Von Donner begleitet, begann die öffentliche Untersuchung zum Brandausbruch im Shelton Hospital. Die Anhörungen fanden am Shrewsbury's Assize Court statt, der brandneuen, am Stadtrand gelegenen Hauptzentrale des County Council. Die modernistische Shire Hall, Welten entfernt von den gotischen Korridoren des Krankenhauses, war im vergangenen Frühjahr von der Queen höchstpersönlich eröffnet worden. Regen prasselte gegen die schmalen rechteckigen Fenster. Barker saß auf der Besuchergalerie. In den folgenden zwei Wochen wurden 40 Zeugen vernommen. Der Psychiater hörte zu, während die Krankenschwestern einander widersprachen und wirre Erklärungen zu den Geschehnissen in der Brandnacht abgaben. Joseph Wade, der hauseigene Feuerwehrmann der Klinik, erklärte, elf Jahre lang »nur ein besserer Hilfsarbeiter« gewesen zu sein, dem es verboten war, mit dem weiblichen Personal zu sprechen. Auch Enoch wurde vorgeladen und präsentierte seine Echolalie-Diagnose. Barker witterte eine Vertuschung. Die »widersprüchlichen Beweise sind recht schockierend«, schrieb er an Barbara Robb, »und sie werden dieses Krankenhaus in Verruf bringen, ganz sicher.«

Am 11. Juli wurde Barker 44 Jahre alt, sein Vater Charlie am Tag darauf 77. Vater und Sohn schickten sich gegenseitig einen Scheck. Jane schenkte Charlie Tabak. Seit seiner Rückkehr aus den USA tat Barker sich schwer, wieder Fuß zu fassen. Im Krankenhaus kämpfte er nach wie vor darum, einen geeigneten Raum für seine Forschungen zur Aversionstherapie zu bekommen. Und wie er bereits geahnt hatte, wurde Miller dafür bestraft, dass sie ihn auf die Vortragsreise begleitet hatte. Ihr Lohn wurde ausgesetzt und obendrein um drei Tage gekürzt, weil sie ihre Urlaubstage überzogen hatte. Barker hatte Sorge, dass sie kündigen würde, was ihn noch mehr isoliert hätte, als er es ohnehin schon war. »Ich schäme mich, hier dazuzugehören«, schrieb er über Shelton, die »Kloake«, in seinem Geburtstagsbrief an Charlie. Seinen Kindern aber ging es gut. Die langen Sommerferien standen vor der Tür, und die Renovierung von Bowbells war kurz vor dem Abschluss. Im nächsten Monat wollten sie einziehen. Doch was seine eigene Zukunft betraf, wurde Barker von einem Gefühl der Hoffnungslosigkeit gequält, von einem Gefühl der inneren Leere. »Es scheint so sinnlos, hier leben zu müssen«, schrieb er. Gegen Ende des Monats begann Barker unter Kopfschmerzen zu leiden, die sich verschlimmerten. Die Schmerzen waren oft unerträglich. Er kam ins Copthorne Hospital in Shrewsbury, von wo aus er weiter arbeitete und aus dem Krankenbett Korrespondenzen erledigte. »Er war nicht der Typ, der ›aufgibt‹ – ›die Arbeit‹ musste weitergehen«, schrieb Jane später.

In der Nacht zum 27. Juli hatte Miss Middleton abermals einen Traum, den sie als eine weitere Warnung an Barker deutete: Sie hatte sich in einer Pension am Meer einquartiert. Ihre verstorbenen Eltern waren bei ihr. »Für eine kurze Zeit waren wir glücklich und tranken Tee zusammen«, erinnerte sie sich. Dann stand ihre Mutter auf, schob Miss Middleton beiseite, stieg in ein schwarzes Auto und fuhr davon. Miss Middleton lief dem Auto noch ein paar Meter hinterher und begriff erst dann, was der Traum zu bedeuten hatte: Der Tod einer nahestehenden Person stand unmittelbar bevor. Nach dem Aufwachen fühlte sie sich wie in Trance: benommen und losgelöst von der realen Welt. Um die Mittagszeit schickte sie eine kurze Notiz an das Büro für Vorahnungen: »DIES KANN EINEN TOD BEDEUTEN.«

*

Anfang der sechziger Jahre begann Philippe Ariès, ein französischer Historiker, sich intensiv mit der Geschichte des Todes und der Art und Weise unseres Sterbens zu beschäftigen. Zuvor hatte er mit einem radikalen Buch über die »Geschichte der Kindheit« für Aufsehen gesorgt. Einen Posten an einer Universität hatte Ariès nie bekleidet. 35 Jahre lang, von 1943 bis 1978, leitete er stattdessen das Institut für die Erforschung der kolonialen Landwirtschaft (*Institut des fruits et agrumes coloniaux*, IFAC). Hin und wieder wurde er von angeseheneren Wissenschaftlern als »Bananenverkäufer« verspottet. Im Zug, auf dem Weg zur Arbeit, las er lateinische Texte. Er fragte sich, ob die französischen Bestattungsbräuche (der fromme Gang zum Friedhof, die Gräberandacht) uralt oder eine eher neuzeitliche Erfindung seien. Er befasste sich mit den Ausgrabungen der großen Pariser Stadtfriedhöfe aus dem späten 18. Jahrhundert. Dabei erhaschte er einen Blick in eine span-

Abb. 29: Eine »Merry Carlton«,
wie Miss Middleton ihre Schülerinnen nannte.

nende, frühere Welt mit mehrfach genutzten Gräbern und durcheinander liegenden Gebeinen, eine Welt, in der Männer und Frauen jeweils unterschiedlich mit dem eigenen Lebensende umgingen. Er begann, alte Bestattungsriten und die Verse der mittelalterlichen *danses macabres* zu studieren. Und einmal angefangen, konnte er nicht mehr aufhören. Zusammen mit seiner Frau Primerose stöberte er durch die Nationalarchive, wo die beiden drei Jahre lang fast jedes Wochenende verbrachten und alte Testamente aus dem 16. bis 19. Jahrhundert lasen. Sie widmeten sich voll und ganz der Geschichte des Todes. »Es gab kein Zurück!«, erinnerte sich Ariès. »Ich hatte alle Freiheit verloren, war völlig gefangen in Recherchen, die sich immer weiterspannen«. Ariès stellte fest, dass der Tod über die Jahrtausende hinweg immer mehr zur Privatsache geworden war und zunehmend aus dem öffentlichen Raum verschwand, bis hin zur Unsichtbarkeit. Bestattungsformen und Rituale nahmen alle möglichen Formen an.

Im frühen Mittelalter war der Tod eine alltägliche Gegebenheit des Lebens, eine ganz natürliche und gemeinschaftliche Sache. »Wir alle sterben.« Zu wissen, wann es so weit war, galt als Zeichen für ein erfülltes Leben. Irgendwann schlägt jedem die Stunde. War ein dreifaches Klopfen auf dem Boden des eigenen Heims zu hören, so hieß es, stand der Tod vor der Tür. Auf einem Friedhof in Toulouse erzählt eine Inschrift aus dem Jahr 1151, wie der Mesner von Saint-Paul-de-Norbonne »den Tod neben sich stehen sah«, sein Testament machte, ein letztes Gebet sprach und starb. Und in der Artus-Legende fällt König Ban von Benwick beim Anblick seiner brennenden Burg vom Pferd, blickt gen Himmel und fleht: »Oh, mein Herr und

Gott … hilf mir, denn ich sehe und ich weiß, dass mein Ende gekommen ist.« *Ich sehe und ich weiß* – Ariès hat diese Worte kursiv gesetzt. Und als Gawain, Artus' Neffe, gefragt wird: »*Oh, Allmächtiger, glaubt Ihr denn, so bald sterben zu müssen?*«, antwortet er: »*Ja. Ich sage Euch, ich werde keine zwei Tage mehr leben.*«

Ariès war fasziniert von jedem noch so kleinen Fragment aus alten Bräuchen, welches die Zeiten überdauert hatte. 1959, fast 20 Jahre bevor Ariès seine *Essais sur l'histoire de la mort en Occident* (Geschichte des Todes in der westlichen Welt) veröffentlichte, war ein pensionierter Schuhputzer namens Malete Hanzakos in Bucyrus (Ohio) dabei, sich auf sein Lebensende vorzubereiten. Hanzakos, oder Mike, wie ihn alle nannten, war nach dem Ersten Weltkrieg aus Sparta in Griechenland nach New York City ausgewandert. In den 1930er Jahren ließ er sich in Bucyrus nieder, wo er sich als Schuhputzer verdingte, Gemüse anbaute und mit seinem Kleinlaster über Rot fuhr, während er bei Grün anhielt. Er heiratete nie und sprach nicht groß Englisch. Mit 77 ging es ihm bis auf die im Alter üblichen Wehwehchen und Zipperlein soweit ganz gut. Im letzten Jahr seines Lebens wählte Hanzakos einen Friedhofsplatz für sich aus, ließ einen Grabstein gravieren (ohne das Sterbedatum), pflegte sein Grab, bestellte Blumen für seine Beerdigung (einen Strauß mit einem Band in Weiß und Blau, den griechischen Nationalfarben) und verfasste seinen Nachruf für die örtliche Zeitung, die sich weigerte, diesen zu drucken, solange er noch lebte. In *The Rule and Exercise of Holy Living* (Regeln und Übungen heiligmäßigen Lebens) des anglikanischen Klerikers Jeremy Taylor aus dem Jahr 1650 hätte er Folgendes lesen können: »Der

Tod ward dir nun so nahegekommen, dass er sich einen Teil deines Herzens holt; und nun kannst du nicht anders, als dein eigenes Grab zu schaufeln und deinen Sarg vor dein inneres Auge zu stellen.«

Am zweiten Weihnachtstag lud Hanzakos seine Schwester Constance aus Michigan mit ihrem Sohn und seiner Familie zu sich nach New York ein. Im LK Restaurant mitten in der Stadt aßen sie Burger, besuchten anschließend sein Grab, das er ihnen stolz zeigte, das aber niemand so richtig sehen wollte. Zur Bescherung quetschten sich alle in Hanzakos Einzimmerwohnung unter einer Maschinenwerkstatt, wo der Schuhputzer ein paar Gläser mit selbst eingemachtem Gemüse und Umschläge mit Bargeld verteilte. Seinem Neffen schenkte er seine Schuhbürstensammlung, die dieser sich aber weigerte anzunehmen. »Schon gut, mein Junge, ich brauche nichts mehr«, sagte er, machte einen Schritt auf den Küchentisch zu und fiel um. Bis der Arzt kam, war er tot. An den Wänden hingen zehn Kalender für 1960, das Jahr, von dem Hanzakos wusste, dass er es nicht mehr erleben würde.

»The Man Who Died on Time«, die Geschichte von Hanzakos vorhergesehenem Tod, erschien Anfang 1960 in der Zeitschrift *Life*. Ein paar Jahre später wurde George Engel, Professor für Psychiatrie an der University of Rochester (New York), der solche Geschichten sammelte, auf ihn aufmerksam. Wie Barker war auch Engel fasziniert von scheinbar plötzlichen Todesfällen, ausgelöst durch ein Übermaß an Emotionen oder die Gewissheit um das eigene Schicksal. Auf seiner Vortragsreise im Mai hatte Barker auch einen Gastvortrag an der Universitätsklinik von Rochester gehalten, wo Engel lehrte. Seitdem standen die beiden Psychiater in regelmäßigem Kontakt. Es war fast unheimlich, wie viele gemeinsame Interessen sie hatten. Engel verwies häufig auf den krampfartigen Tod von Dr. John Hunter, dessen Geist Barker als Student an der St. George's Medical School nachjagte. Auch die Katastrophe von Aberfan beschäftigte Engel immer wieder. Immer wenn er im Rahmen medizinischer Untersuchungen zur Erforschung der Hormone bei Trauer einen Film über den Haldenabrutsch zeigte, kamen ihm die Tränen.

In den 1960er Jahren sammelte Engel 170 Fälle von plötzlichen oder unheimlichen Todesfällen, die er überwiegend in Presseberichten fand. Er sortierte sie nach acht Kategorien wie »Verlust von Status oder Selbstwertgefühl«, »während akuter Trauer« oder »nach überstandener Gefahr« (wie zum Beispiel nach einem Erdbeben, was in seiner Liste immer mal wieder vorkam). Wie Barker wollte auch Engel die Grenzen der Psychiatrie ausweiten und die physiologischen Auswirkungen menschlicher Emotionen stärker berücksichtigen. 1980 schrieb er einen wegweisenden Aufsatz, in dem er für ein neues »biopsychosoziales Modell« plädierte, das nicht nur den Körper der Patienten in den Blick nahm, sondern auch ihre Psyche und die sozialen Gemeinschaften, in denen sie lebten. Auch der Nocebo-Effekt fand Beachtung. Und wie Barker war auch Engel nicht nur von ausschließlich rationalen Kräften getrieben. Am 11. Juli 1963 war Engels Zwillingsbruder Frank, ebenfalls ein angesehener Arzt, im Alter von 49 Jahren völlig unerwartet an einem Herzinfarkt gestorben. Die Zwillinge waren sehr eng miteinander verbunden: als kleine Jungs waren sie nicht auseinanderzuhalten, später auch mal

Rivalen, und in den letzten Jahren, während sie ihre medizinischen Karrieren verfolgten, arbeiteten sie wieder viel zusammen. Sie nannten sich gegenseitig »Oth«, kurz für »Other« (der »Andere«).

Nach dem Tod seines Bruders war Engel überzeugt, dass auch sein eigenes Leben bald zu Ende ginge. Er sah den Tod neben sich stehen. Dann erfasste ihn ein geradezu magischer Gedanke: Wenn er ab dem Sterbetag seines Zwillingsbruders ein Kalenderjahr überlebte, würde er ein normales Leben führen können. »Wie vollkommen irrational dieser Gedanke war, war mir absolut bewusst, ich konnte ihn aber dennoch nicht abschütteln«, erinnerte sich Engel. Am Nachmittag des 9. Juni 1964, knapp elf Monate nach dem Tod seines Bruders und wenige Stunden vor einer unangenehmen Konferenz, auf die er, ähnlich wie damals John Hunter, gar keine Lust hatte, erlitt Engel den Herzinfarkt, auf den er gewartet hatte. Es passierte in seinem Büro in Rochester. Angst empfand er dabei nicht. »Ich verspürte vielmehr eine große Erleichterung. So entkam ich nicht nur dieser unangenehmen Konferenz, sondern hatte auch diesen Herzinfarkt endlich aus dem Kopf; der zweite Schuh drückte nicht mehr, sozusagen«, schrieb der Psychiater 1975 in einem bemerkenswerten Aufsatz. »Ich fühlte mich ruhig und gelassen. Das Warten hatte endlich ein Ende.« ... *denn ich sehe und ich weiß.*

*

Fairley hatte Barker einmal gebeten, ihm zu erklären, wie Menschen sich seiner Meinung nach zu Tode fürchteten. Er denke, so der Psychiater, dass daran zwei Mechanismen beteiligt sein könnten: »Zum einen glaube ich, dass Suggestion dabei eine wichtige Rolle spielt«, sagte er. »Zum anderen aber glaube ich auch, dass der Tod zu einem bestimmten Zeitpunkt vorherbestimmt ist.« Seine Stimme wurde zögerlicher, und er wählte seine Worte mit Bedacht. »Und deshalb ist er gewissermaßen, sagen wir mal, ... festgelegt!« Anders ausgedrückt: In Fällen von ›Voodoo-Tod‹ könnte jemand durch Suggestion derart stark erschreckt werden, dass sein Herz stehenbleibt. Es besteht aber auch die Möglichkeit, dass der Tod einer Person einfach bevorsteht und ohnehin bald eintritt. Eine Warnung kann ihn nicht herbeiführen. Die Zukunft ist bereits da. Manche Menschen erhaschen einen Blick auf ihr Schicksal, die allermeisten aber nie.

Im Copthorne Hospital in Shrewsbury wurde der Psychiater von seinen eigenen Theorien eingeholt. Barker geriet in einen Zustand tödlicher Erwartung, den er über Jahre studiert und erforscht hatte. Zu Jane hatte er einmal gesagt, dass er damit rechnete, jung zu sterben. Er schien keine Angst zu haben. Vielleicht ging er davon aus, Recht zu behalten. Er näherte sich dem großen Geheimnis. War Teil des großen Ganzen.

In den 18 Monaten, die das Büro für Vorahnungen in Betrieb war, hatte es haufenweise Anzeichen dafür gegeben, dass Barker auf einem Irrweg war. Als er seine Idee in der medizinischen Fachpresse beschrieb, warfen ihm viele seiner Kollegen vor, das Büro sei ehrenrührig und peinlich. Selbst Littlejohn und die kleinkarierten Bediensteten beim National Health

Service (NHS), die ihn an der Veröffentlichung seines Buches hindern wollten, taten dies ein Stück weit wohl auch, um damit seinen guten Ruf zu retten. Und als er dann noch eine wirklich vermeidbare Tragödie in seinem Leben erleben musste – ein Großfeuer in einem betagten Krankenhaus voller Alarmsysteme und Schläuche, die aber niemand zu bedienen wusste –, erwies sich auch das Büro endgültig als nutzlos. 97 Prozent seiner gesammelten Vorhersagen hatten sich nicht bewahrheitet. Und die beiden Stars unter seinen »Perzipienten« fühlten sich am Ende ungerecht behandelt und ausgenutzt. Dass eine Wahnvorstellung eine falsche Ansicht von der Welt sei, ist keine brauchbare Definition; sie ist vielmehr eine Ansicht, die man sich weigert zu ändern, auch wenn man mit dem Beweis konfrontiert wird, dass man falsch liegt. Die eigene Annahme bleibt unbewiesen. Das Lustprinzip wird durch das Realitätsprinzip widerlegt. Unsere größten Hoffnungen, unsere überspanntesten Ängste bilden sich kaum je in Materie ab. Vorhersagefehler feuern durch unser Gehirn, und aus dem Tiger wird wieder ein Schatten. Aus Prophetie wieder Zufälligkeit. Dein Herzschlag wird wieder langsamer. Das Experiment geht nicht weiter. Das Muster setzt sich nicht fort.

Aber was passiert, wenn das Experiment zufällig dein Leben beschreibt? Was, wenn das Muster sich in deinem Fall tatsächlich als real erweist? Unser Leben ist kein Probelauf, der sich wiederholen lässt. Nur drei Prozent der vom Büro für Vorahnungen ausgewerteten Fälle lagen mit ihren Vorhersagen richtig und erhielten die volle Punktzahl in den Kategorien Ungewöhnlichkeit, Treffsicherheit, Timing. Und Barker freute sich am Ende, bei diesen drei Prozent mit dabei zu sein. Er lebte in der Erwartung, dass er bald sterben würde. Es war die beobachtbare Realität ... *denn ich sehe und ich weiß.*

*

Mitte August wurde Barker aus dem Krankenhaus entlassen. Er durfte wieder arbeiten gehen, war aber angehalten, es sachte angehen zu lassen. Eine Erklärung für seine Kopfschmerzen hatte er nicht bekommen. Auch heute noch stellen die Ärzte bei rund einem Viertel der Patienten mit Subarachnoidalblutungen eine Fehldiagnose. Die Anzeichen für dieses Krankheitsbild werden oft gar nicht erkannt. In seiner letzten Woche im Shelton Hospital begab sich Barker wie üblich auf Visite durch die Stationen. Er arbeitete an ein paar neuen Ideen zum Thema Angst. Miss Middleton schickte ihm eine Warnung, die sich auf den Duke und die Duchess von Windsor bezog. »Ich habe Ihre Vorahnung wie immer protokolliert«, antwortete er. Am Freitag der Woche war Barker auf Hausbesuch bei einer Patientin in Whitchurch, am nördlichen Ende seines örtlichen Zuständigkeitsbereichs. Die Patientin erinnerte sich später an seine »ausgesprochene Freundlichkeit, Höflichkeit und guten ärztlichen Rat«. Tags darauf verabschiedete der Psychiater seinen Freund Dr. Enoch und dessen Frau in einen Kurzurlaub nach Llandudno. Für Familie Barker war es das letzte Wochenende in Yockleton. In wenigen Tagen würden sie ihr neues Haus beziehen. Es war ein Sonntagmorgen. Jane und die Kinder hielten sich im Erdgeschoss auf, als sie ein schweres Atmen hörten, das von oben durch die Decke drang. Barker lag auf dem Boden des Schlafzimmers. Jane eilte zu ihm. In seinem

Gehirn war ein Blutgefäß geplatzt. Für eine kurze Zeit war er noch bei Bewusstsein. »Vielleicht ist es ja die scheinbare Unmöglichkeit des Ganzen, die mich fasziniert«, schrieb er einmal. In diesem Moment, kurz vor dem Donnerschlag, war überhaupt nichts mehr unmöglich. Und dann brach die Zukunft herein.

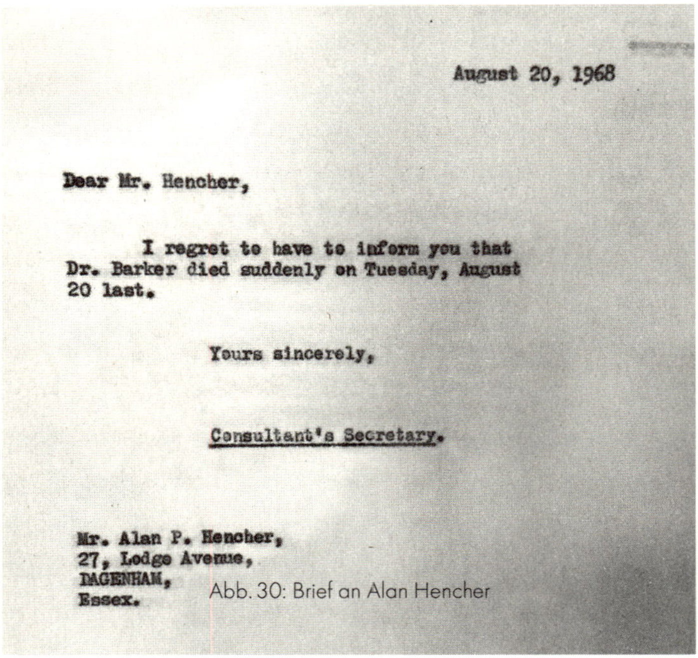

August 20, 1968

Dear Mr. Hencher,

I regret to have to inform you that Dr. Barker died suddenly on Tuesday, August 20 last.

Yours sincerely,

Consultant's Secretary.

Mr. Alan P. Hencher,
27, Lodge Avenue,
DAGENHAM,
Essex.

Abb. 30: Brief an Alan Hencher

Epilog

Am 20. August 1968 verstarb John Barker im Krankenhaus in Shrewsbury. Sein Tod und die Warnung, die ihm vorausgegangen war, schafften es auf die Titelseite der Psychic News. Am Morgen bevor Barker starb, wachte Miss Middleton erneut mit Atemnot und Erstickungsgefühlen auf. Sie rief um Hilfe. Nach Barkers Tod sandte sie die meisten ihrer Vorahnungen an das *Central Premonitions Registry* in New York, das Robert Nelson nach Barkers Besuch eingerichtet hatte.

Miss Middleton starb 1999, umsorgt von Les Bacciarelli und umgeben von ihren Katzen. Peter Fairley wurde durch seine Arbeit für das britische Fernsehen, insbesondere für seine Reportagen über die Mondlandungen und die NASA-Missionen in den 1960er und 1970er Jahren, als das »Gesicht des Alls« bekannt. Er starb 1998, im Alter von 67 Jahren. Alan Hencher brach nach Barkers Tod den Kontakt zum Büro für Vorahnungen ab und zog nach Suffolk. Jane Barker heiratete wieder, führte eine glückliche zweite Ehe und starb 2014, im Alter von 90 Jahren.

Das Premonitions Bureau sammelte bis in die 1970er Jahre hinein Visionen und Vorahnungen aus der britischen Öffentlichkeit. Jennifer Preston katalogisierte sie mit großer Sorgfalt. In ihrem Haus in Charlton, im Süden von London, empfing sie Forscher auf dem Gebiet der Parawissenschaften und Journalisten. Eigentlich aber wünschte sie sich einen ernsthaften Nachfolger für Barker, der das Projekt wieder aufnahm. »Alle Welt lechzt nach Geschichten über Vorahnungen, Hexen oder Poltergeister«, sagte sie 1973 der *Evening Post.* »Aber keiner scheint sich konstruktiv einbringen zu wollen.« Als das Experiment schließlich irgendwann endete, verfügte Preston, in Aktenschränken in ihrem Haus, über eine Sammlung von mehr als 3000 Vorahnungen, von denen etwa 1200 überprüft worden waren. Öffentliche Vorwarnungen wurden nie ausgegeben.

Dank

Ich werde den Kindern von John Barker – Nigel, Josephine, Julian und Simon – auf ewig dankbar sein. Ihr habt mir das Vertrauen geschenkt, die Geschichte eures Vaters aufzuschreiben. Ihr habt Fotos, Briefe, Zeugnisse, alte Tonbandaufnahmen und wertvolle Kindheitserinnerungen mit mir geteilt, damit ich ein rundes Bild erstellen kann. Und so hoffe ich, dass mir ein wahrheitsgetreues Porträt gelungen ist. Vielen Dank dafür. Eventuelle Fehler oder Abweichungen gehen allein auf meine Kappe.

Duncan und Alastair, die Söhne von Peter Fairley, scheuten ebenfalls keine Mühe, nach alten Fotos, Büchern und letzten vorhandenen Spuren des Premonitions Bureau zu graben. Gleiches gilt für Jonathan und Arabella Preston, die Kinder von Jennifer Preston, die das Büro noch jahrelang pflegten und verwalteten, nachdem das Projekt seine einstige Dynamik verloren hatte. Mein Dank geht auch an die Verwandten von Alan Hencher, die mir wichtige Details zu seiner Kindheit bestätigt haben. Und ohne die Hilfe von Derek Sunners und Christine Williams (eine langjährige Freundin, Schülerin und Nachbarin von Miss Middleton), wäre ich niemals in der Lage gewesen, dem Leben und dem Geist von Miss Middleton gerecht zu werden (sofern mir dies denn tatsächlich gelungen ist).

Viele heute noch lebende Mitarbeiter des Shelton Hospital, darunter Rosie Morris, David Enoch, Robert Quinlin und Harry Sheehan, haben mir einen unbezahlbaren Schatz an kleinen Erinnerungen an den Krankenhausalltag und die Stationsvisiten im Shelton Hospital der 1960er und frühen 1970er Jahre geschenkt. Auch J. Keith Cubbins frühe Memoiren über seine Arbeit am Shelton Hospital, *The Waiting Room to Hell*, waren überaus aufschlussreich. Danken möchte ich gleichwohl Sarah Davis und den Mitarbeitern im Shropshire Archive, die mich bei meinen Recherchen durch die Klinikakten hilfreich begleitet haben, auch in der Zeit der pandemiebedingten Unterbrechungen. Auch Claire Hilton, Historikerin am Royal College of Psychiatrists, mit einem großen Reservoir an Wissen, hat mich bei meinen Recherchen stets tatkräftig unterstützt. Hiltons Forschungsarbeiten über die Behandlung älterer psychisch kranker Menschen, über Reformen in der Psychiatrie oder die von Barbara Robb gegründete Aktionsgruppe AEGIS (Aid for the Elderly in Government Institutions) unterfüttern vieles von dem, was ich hier geschrieben habe. Im Archiv der Society of Psychical Research an der University of Cambridge stieß ich auf etliche von Barkers Schriften und Korrespondenzen, die mich zu diesem Buch ermutigt haben.

Chuck Rapoports Erfahrungen sowie seine Fotos von Aberfan waren ein ständiger Quell der Inspiration, und ich fühle mich geehrt, zwei davon in diesem Buch zeigen zu dürfen. Insbesondere Jeremy Deedes, Bob Trevor, Magnus Linklater und David Johnson halfen mit, ein Stimmungsbild der Fleet Street der 1960er Jahre zu zeichnen und die Atmosphäre in der Nachrichtenredaktion des *Evening Standard* einzufangen. Ich hoffe, man kann sie förmlich riechen.

Großen Dank schulde ich vielen einzelnen Forschern, die mich mit Informationen oder Analysen versorgten, die ich so nirgendwo hätten finden können. Dazu gehören: Owen Davies mit seinem Buch *A Supernatural War*, Lucy Noake mit *Dying for the Nation: Death, Grief and Bereavement in Second World War Britain*, Elizabeth Rottenberg mit *For the Love of Psychoanalysis: the Play of Chance in Freud and Derrida* und Asif Siddiqi mit seiner akribischen Analyse vom tödlichen Unglücksflug Wladimir Komarows an Bord der Sojus-1. Benjamin Wieland, Redakteur bei CH Media in Basel, tat alles, um mich über die Umstände beim Absturz der schweizerischen Globe-Air-Maschine auf Zypern im Jahr 1967 aufzuklären. Larry Tye teilte Bobby Kennedys Auffassung von Schicksal.

Luana Colloca, Fabrizio Benedetti, Ted Kaptchuk, Giulio Ongaro und Shelly Adler halfen mir, den Nocebo-Effekt zu verstehen. Peter Kennedy erzählte mir von den Hintergründen der Forschung seines Vaters Walter, der dem Phänomen seinen Namen gab. Außerordentlich profitiert habe ich von den Ausführungen meiner Freundin und Kollegin Rachel Aviv, die das »Resignationssyndrom« in Schweden beschrieben hat, ebenso wie von Karl Sallins Erkenntnissen und Einsichten dazu. Philip Corlett ging stets mit aller Geduld auf meine Fragen zu Vorhersage, Wahrnehmung und Wahnvorstellungen ein. Martin Samuels machte mich mit der Arbeit von George Engel vertraut, erläuterte seine eigenen bahnbrechenden neurologischen Forschungen über das Gehirn und dessen Wechselbeziehungen mit unseren anderen Hauptorganen, insbesondere mit dem Herz. Alle waren offen und neugierig und nahmen Barkers Beschäftigung mit außersinnlichen Phänomenen sehr ernst.

Wenn man versucht, über Zeit, Zeitlichkeit und unseren Platz darin zu schreiben, arbeitet man unweigerlich im Schatten wunderbarer Schriftsteller. Die Brillanz von Annie Dillard, Carlo Rovelli, J. B. Priestley, Charlotte Beradt, John Berger, Oliver Sacks, Marina Warner, Andy Clark, W. G. Sebald, Arthur Koestler, Philippe Ariès, Janet Malcolm und John Gray, die mich zu vielen Themen dieses Buches angeregt haben, erfüllt mich mit großem Dank, mit ehrfurchtsvoller Scheu geradezu. Teresa Gleadowe von CAST in Helston und Rohan Silva von Second Home in London stellten mir Büroarbeitsplätze zur Verfügung. Samara Clarke hat meiner Familie während der Pandemie viel Zeit und immer liebevolle Unterstützung geschenkt.

Ich hatte das große Glück, mit hervorragenden Zeitschriftenredakteuren – Alice Fishburn, Alan Burdick, Chris Cox, Jonathan Shainin und David Wolf – zusammenzuarbeiten, die diese Geschichte in allen Phasen begleiteten und mich stets ermutigten, dranzubleiben. Ich danke meinen Kollegen beim *New Yorker*, David Remnick, Dorothy Wickenden, Daniel Zalewski und Willing Davidson dafür, dass sie meinen Zeitschriftenartikel »The Premonitions Bureau« angenommen und im März 2019 publiziert haben. Zach Helfand überprüfte alle Fakten und stellte sicher, dass alles auf sicherem Boden stand. Das »Invisible Bureau« war immer nur eine WhatsApp entfernt. Willing, Gideon Lewis Kraus, Ben Power, Sue Williams, Will Carr und AC Farstad lasen erste Entwürfe zu diesem Buch und waren in allen Phasen des Schreibens wertvolle Ratgeber und Freunde. Jonathan Heaf, Ed Caesar, Mark Richards, Rose Garnett, Rebecca Servadio, Tom Basden und Emily Stokes haben mich in kritischen Momenten in die richtigen Bahnen gelenkt. Peter Straus rief mich 2006 aus heiterem Himmel an und drängte mich, ein Buch zu schreiben. Tut mir leid, dass es so lange gedauert hat.

Will Heyward von *Penguin Press* und Alex Bowler von *Faber* haben sofort verstanden, welche Art von Buch ich schreiben wollte, und haben mich auf die beste Weise herausgefordert, es zu realisieren. Natalie Coleman und Anne Owen haben dafür gesorgt, dass es tatsächlich zustande gekommen ist. Ich danke euch von Herzen. Bei Aitken Alexander hat Lesley Thorne mir stets den Rücken gestärkt, und Emma Paterson, die meine Arbeit und mein Schreiben seit unserem ersten Treffen 2014 fast (aber nicht ganz) unbemerkt gelenkt hat, kann ich gar nicht genug danken. Du bist weise, freundlich und auch mal vernichtend kritisch. Ich schätze mich glücklich, dich zu kennen. Die Liebe meiner Eltern, Bill und Stephanie, und die Liebe meiner Schwester Sarah unterstützen mich jeden Tag, mehr, als sie es ahnen. Und ich bin froh und dankbar für meine Kinder: Aggie, Tess, John und Arthur. Ich liebe euch über alles. Und ich danke welcher magischen Macht auch immer, übersinnlich oder real, die mir das große Geschenk gemacht hat, mein Leben mit meiner Frau Polly teilen zu dürfen. Dieses Buch ist für dich!

Abbildungsverzeichnis

Abb. 1, 29: Mit freundlicher Genehmigung von Christine Williams.
Abb. 3, 9, 13, 14, 22, 26, 28, 30: Mit freundlicher Genehmigung der Familie Barker.
Abb. 4, 24: © Evening Standard
Abb. 5: © James Mallinson, Shropshire Archives
Abb. 6: © IET Archives
Abb. 7: © I. C. Rapoport
Abb. 8: © I. C. Rapoport
Abb. 10: © Bentley Archive/Popperfoto via Getty Images
Abb. 11: © Evening Standard via Getty Images
Abb. 12, 25: Mit freundlicher Genehmigung von Duncan Fairley.
Abb. 15: Aus: C. P. Richter. „On the Phenomenon of Sudden Death in Animals and Man". Psychosomatic Medicine, Mai 1957.
Abb. 16: © SPR Archives, University of Cambridge
Abb. 17: © Sovfoto via Getty Images
Abb. 18: Aus: P. V. Simonov, M. V. Frolov, V. F. Evtushenko und E. P. Sviridov. „Effect of emotional stress on recognition of visual patterns". Aviation, Space, and Environmental Medicine, 1977.
Abb. 20: © Shropshire Archives
Abb. 21: Mit freundlicher Genehmigung von Jonathan Preston.
Abb. 23: © Shropshire Fire and Rescue Service
Abb. 27: © Bettmann Archive via Getty Images

Endnoten

1 Poe, Edgar Allan. Eleonora. Berlin: Propyläen Verlag 1920. Abrufbar unter https://www.projekt-gutenberg.org/poe/eleonor2/chap01.html.

2 Berger, John G. Roman. Frankfurt am Main: Fischer Taschenbuch Verlag 2003, S. 197.

3 Apostelgeschichte 2,17.

4 Kant, Immanuel. Kritik der reinen Vernunft. Hamburg: Felix Meiner Verlag 1998, S. 21.

5 Von Helmholtz, Hermann. Über das Sehen des Menschen. Leipzig: Verlag L. Voss 1855, S. 38 f. Abrufbar unter: https://books.google.de/books?id=Nlo-AAAAYAAJ&printsec=frontcover&hl=de&source=gbs_ge_summary_r&cad=0#v=onepage&q=Perspektive%20au-ging&f=false.

6 Von Helmholtz, Hermann. Zit. in: Stumpf, Carl. Über den psychologischen Ursprung der Raumvorstellung. Leipzig: Verlag S. Hirzel 1873, S. 19. Abrufbar unter: https://ia600304.us.archive.org/16/items/berdenpsycholo00stum/berdenpsycholo00stum.pdf.

7 Von Helmholtz, Hermann. Zit. in: Stumpf, Carl. Über den psychologischen Ursprung der Raumvorstellung. Leipzig: Verlag S. Hirzel 1873, S. 25. Abrufbar unter: https://ia600304.us.archive.org/16/items/berdenpsycholo00stum/berdenpsycholo00stum.pdf.

8 Jung, C. G. Erinnerungen, Träume, Gedanken. Aufgezeichnet und herausgegeben von Aniela Jaffé. Zürich/Stuttgart: Rascher 1962, S. 176 f.

9 Freud, Sigmund. Gesammelte Werke. Bd. 17: Schriften aus dem Nachlass. London: Imago Publishing 1955, S. 30. Abrufbar unter: http://freud-online.de/Texte/PDF/freud_werke_bd17.pdf

10 Freud, Sigmund. Brief an Hereward H. L. Carrington vom 24. Juli 1921. In: Briefe. 1873–1939. S. Fischer: Frankfurt a. M. 1960. Abrufbar unter: https://www.projekt-gutenberg.org/freud/briefe/chap025.html.

11 Zitiert in: Jones, Ernest. Sigmund Freud: His Life and Work. Vol. III: The Last Phase. London: Hogarth 1957, S. 424.

12 Beradt, Charlotte. Das Dritte Reich des Traums. Frankfurt a. M.: Suhrkamp 1981, S. 7.

13 Ebd. S. 20.

14 Ebd. S. 21 f.

15 Ebd. S. 19.

16 Beradt 1981, S. 19.

17 Ebd. S. 10.

18 Ebd.

19 Jung, C. G. Brief an Victor White vom 21. 09. 1951. In: Lammers, Ann / Cunningham, Adrian (Hg.). The Jung-White Letters. London: Routledge 2007. [eigene Übers. v. Regina M. Schneider]

20 Aus PLATON – Sämtliche Werke. Nach der Übersetzung von Friedrich Schleiermacher und Hieronymus Müller. Abrufbar unter: http://www.alenck.de/pdf/Platon/01_Platon_Apologie.pdf, S. 16.

21 Ebd. S. 23.

22 Ebd.